rowohlt

LOTHAR SPÄTH

STRATEGIE EUROPA

Ein Zukunftsmodell
für die globalisierte Welt

Rowohlt

1. Auflage Juli 2005

Satz Sabon PostScript, InDesign,
bei Pinkuin Satz und Datentechnik, Berlin
Druck und Bindung Clausen & Bosse, Leck
Printed in Germany
ISBN 3 498 06383 9

INHALT

VORWORT

VORWORT DES AUTORS

Das Wort Donald Rumsfelds vom «Alten Europa» lässt mich nicht los. Der US-Verteidigungsminister versuchte während des Irak-Konfliktes Anfang 2003, möglichst viele europäische Staaten auf die amerikanische Militärstrategie einzuschwören. Er behauptete dabei in einer Rede, dass der Schwerpunkt Europas sich in Richtung Osten verlagert hätte – nämlich dorthin, wo man der Kriegsentschlossenheit der USA unkritischer gegenüberstand. Natürlich ist mir klar, dass Rumsfelds Versuch, die Bedeutung des widerspenstigen Deutschlands und Frankreichs – als Repräsentanten des Alten Europas – herunterzuspielen, taktischer Natur war. Aber hat da, ungeachtet des rhetorischen Taktierens, nicht zum ersten Mal ein führender Repräsentant der amerikanischen Regierung etwas ausgesprochen, was viele Amerikaner und auch viele Asiaten denken? Es handelt sich dabei um die Annahme, dass das Europa der letzten 60 Jahre der absteigende Kontinent mit zunehmenden Wachstums- und Überalterungsproblemen sei, unfähig, die notwendigen Reformen durchzuführen. Und dass vor allem die Deutschen von Zukunftsängsten gelähmt seien und Europa keine Impulse mehr geben könnten.

Vieles spricht für diese Sicht. Doch Europa wird in der Gesamtbetrachtung auch erheblich unterschätzt – nicht zuletzt deshalb, weil wir Europäer, und vor allem wir Deutschen, zu dieser Wahrnehmung erheblich beitragen. Wer etwas gründlicher über die Zukunftschancen unseres Kontinents nachdenkt, stellt fest, dass der Globalisierungsprozess und der damit ausgelöste Wettbewerb der Weltregionen neue Chancen eröffnen. Auf globaler Ebene werden wir uns nicht nur mit den ökonomischen Wachstumsraten, sondern zunehmend auch mit notwendigen ordnungspolitischen Fragen befassen müssen. Nur so wird die Menschheit zum einen die lebenswichtige Balance zwischen ökonomischer Dynamik und ökologischer bzw. sozialer Zukunftsfähigkeit erreichen und zum anderen die Vision einer «offenen Weltgesellschaft» verwirklichen – einer Gesellschaft, die im Anschluss an Karl Popper frei ist von Unterdrückung und der Missachtung von Menschenrechten. Diese Vision steht in der Tradition der Aufklärung. Es sind die ethischen Lehren insbesondere Immanuel Kants, aus denen globale Toleranz und Achtung abgeleitet werden können und müssen.

Dieses Buch stellt ein großes und komplexes Thema in vier Teilen dar. Ich beginne mit einer Bestandsaufnahme: In was für einer Welt leben wir? Gibt es Wohlstand für alle? Und wie ließe sich eine solche Utopie verwirklichen? Welche Rolle kommt dabei den Vereinten Nationen zu? Um diese Fragen zu beantworten, bedarf es einiger Eckdaten, die ich im Kontext der Globalisierung erläutern werde. Wir werden diesen Prozess in seinen Grundzügen somit besser kennen lernen. Dabei wird sich zeigen, dass man nicht ernsthaft gegen die Globalisierung sein kann, sondern sich stattdessen den damit verbundenen Herausforderungen stellen muss. Die Globalisierung ist kein blindwütiges Geschehen, das wie ein Schicksal über uns kommt. Sie ist vielmehr etwas noch Offenes, das wir beeinflussen und zum Wohle aller gestalten können.

Der zweite Teil analysiert die internationale Wirtschaftsordnung. Es geht darum zu zeigen, wie sich auf deren Grundlage ein friedlicher Wettbewerb der Weltregionen Asien, Amerika und Europa herausbilden wird. In diesem Wettbewerb werden kulturelle Faktoren sicherlich eine wichtige Rolle spielen. Doch auch nach dem 11. September 2001 besteht nach meiner Überzeugung kein glaubhafter Anlass für Huntingtons Horrorszenario vom «Kampf der Kulturen».

Vor dem Hintergrund der ersten beiden Teile lässt sich dann im dritten leicht erschließen, worin Europas Chance besteht. Auf keinem Kontinent wurden so umfassend gemeinsame Werte und Ordnungsprinzipien entwickelt wie in unserem Alten Europa. Ein friedliches Miteinander unterschiedlicher Völker auf der Basis von Gleichberechtigung und Toleranz zu organisieren und auch zu leben ist ein Erfahrungsschatz, den wir Europäer aus schmerzlichen Lektionen unserer Geschichte gewonnen haben und nun gewissermaßen als Alterserfahrung in die junge globalisierte Welt einbringen. Von diesem Europa und seiner möglichen Rolle handelt dann auch die zentrale These: die «Strategie Europa». Diese Strategie bezeichnet eine friedliche Mission zur Herstellung eines weltweiten Ordnungsnetzes, das Platz für kulturelle Eigenheiten lässt, allerdings der Missachtung von Menschenrechten und der Zerstörung lebenswichtiger Umweltressourcen entschieden entgegentritt. Es geht um eine große gemeinsame Kraftanstrengung, in deren Folge Europa eine wichtige und stabilisierende Rolle für eine lebenswerte Zukunft unserer Welt einnehmen kann.

Und Deutschland? Welche Aufgabe dem Kernland und der größten Volkswirtschaft Europas in dieser Entwicklung zukommt und welche grundsätzlichen Probleme nun zu lösen sind, all dies wird im vierten Teil ausführlich erörtert. Aus den zuvor diskutierten Aspekten können Deutschlands Chancen und Risiken, vor allem aber die Konturen unausweichlicher Reformen nachvollziehbar abgeleitet werden. Zuallererst müssen wir jedenfalls unsere Angst überwinden und uns den ungeheuer spannenden Herausforderungen der Globalisierung stellen.

Danken möchte ich den vielen Menschen aus Politik, Wirtschaft und Gesellschaft, die mir so zahlreiche Anregungen gegeben haben. Ein ganz besonderer Dank geht an Herrn Dr. Stefan Kaletsch für die intensive Mitarbeit an diesem Buch und die tüchtigen Rechercheure Sina Weise und Danny Schorcht. Für interessante Hinweise zur Ordnung und Veranschaulichung komplexer Prozesse habe ich der Parmenides-Stiftung aus München zu danken. Die Wissensgesellschaft von morgen braucht auch neue Methoden zur Verbesserung von Planungs- und Entscheidungsgrundlagen (mehr zur Parmenides-Stiftung siehe Anhang). Herzlich danke ich schließlich dem Rowohlt Verlag und seinen Mitarbeitern für die gute Zusammenarbeit bei der Entstehung und Herausgabe dieses Buches.

TEIL EINS

DIE WELT IM GLOBALISIERUNGSZEITALTER

EINS

AUF DEM WEG IN DIE OFFENE WELTGESELLSCHAFT

Umfragen aus allen Regionen der Erde zeigen: Die allermeisten Menschen träumen von einer Welt, in der es keine Kriege gibt, in der die Menschenrechte geachtet werden, die natürlichen Lebensgrundlagen erhalten bleiben und in der niemand an Hunger, Armut oder heilbaren Krankheiten zu leiden hat. Doch trotz dieses Traumes glauben die Menschen häufig eher daran, dass schon bald ihr schlimmster Albtraum wahr wird: Elend, Weltkrieg, globaler Umweltkollaps, Epidemien, hervorgerufen durch Egoismus, Machtbesessenheit, Unersättlichkeit, Gier. Gewiss, die Bedrohungen sind vielfältig, und man darf sie vernünftigerweise auch gar nicht leugnen. Doch wir dürfen nicht vergessen, dass die zukünftige Entwicklung letztendlich zu einem guten Teil in unseren Händen liegt. Darum wäre es äußerst unvernünftig, den Mut zur Gestaltung zu verlieren, die Verantwortung für den Gang unserer gemeinsamen Welt preiszugeben und sich stattdessen einer Schicksalsgläubigkeit zu unterwerfen.

Viele halten diesen Traum von einer besseren Welt für eine regelmäßig wiederkehrende «Utopie». Damit bezieht man sich auf die vielfältigen historischen Versuche, eine bessere Welt – und den Weg, der dahin führt – zu konzipieren. Der berühmteste Versuch, dem Menschheitstraum von Frieden und Gerechtigkeit ein konkretes Gesicht zu geben, stammt wohl von Thomas

Moore. Sein Buch, geschrieben im frühen 16. Jahrhundert, trägt den Namen *Utopia* und beschreibt die Regeln und das Leben in einem fiktiven Staatsgebilde, das allen ein behagliches und menschenwürdiges Dasein ermöglicht. Auch wenn Moores eher statisches, durch Platon inspiriertes Utopia kein Modell für die moderne Welt darstellt, war seine Vision doch immerhin der Versuch, eine Ordnung zu entwerfen, die allen Menschen über die rein materielle Bedürfnisbefriedigung hinaus zu einem glücklichen Leben verhelfen sollte. Das mag unter seinen Zeitgenossen so manche Hoffnung entfacht haben. Unter Thomas Moores begeisterten Lesern befand sich auch sein Freund Erasmus von Rotterdam, der große Humanist. So gesehen hat Moore mit seiner Utopie einen wichtigen Beitrag zur Entstehung des Humanismus und der offenen Gesellschaft geleistet. Doch hat der Erfolg des Buchs seinem Autor letztendlich eine Menge Ärger eingebracht und bewegte seine Widersacher schließlich dazu, Moore 1535 wegen seiner in *Utopia* verarbeiteten Überzeugungen hinzurichten.

Sicherlich wirkt der Schrecken dieser Hinrichtung nicht bis in unsere Zeit nach. Dennoch trauen sich die Menschen heutzutage weitaus eher, ein apokalyptisches Szenario zu entwerfen, als eine positive Vision zu beschreiben. Während ein apokalyptisches Worst-case-Szenario meist recht abstrakt, mystisch und unvermeidbar daherkommt, ist die Vision einer neuen, besseren Ordnung eine klare Willensbekundung zu konkreten, weltlichen Veränderungen und stellt damit bestehende Machtverhältnisse auf irgendeine Weise in Frage. Das war es wohl auch, was Thomas Moore zum Verhängnis wurde. Nun werden heutzutage Optimisten – und das ist doch schon ein gewaltiger Fortschritt! – höchstens von moralisierenden Untergangspropheten verbal hingerichtet. Denn Optimisten wollen die angeblich an jeder Wegbiegung drohenden Gefahren nicht erkennen und deshalb die Weltuntergangsstimmung nicht teilen. Mir persönlich ist es zunächst relativ gleichgültig, wer in 500 Jahren über unsere Zeit und unsere Zukunftsüberlegungen urteilt oder sie überhaupt zur Kenntnis nehmen wird. Mir ist es aber ganz und gar nicht gleichgültig, ob in einer für Europas und vor allem für Deutschlands Zukunft wichtigen Entwicklungsphase nur diejenigen zu Wort kommen, welche die unendlichen Risiken betonen und uns weinerlich darauf einschwören wollen, sie zu erleiden. Wir müssen stattdessen nach allen Handlungsmöglichkeiten suchen, sich ergebende Chancen erkennen und aus dem festen Glauben an eine bessere Zukunft – und das meine ich weniger in einem materiellen Sinne – unsere Kräfte mobilisieren. Ich setze damit ganz bewusst auf die konkreten Einsichten und Fähigkeiten von Menschen, aber auch auf die Kraft, die sie aus ihren Träumen und ihrem Glauben an eine bessere Welt gewinnen können.

Niemand wird leugnen wollen, dass Menschen für gewöhnlich keine Unschuldslämmer sind. Im Gegenteil: Wir alle haben auch unsere schlechten Züge und Angewohnheiten. Und ein Utopia nach Thomas Moores Vorlage, das ohne Rechtsanwälte auskommt, ist allein schon deshalb auf lange Sicht nicht vorstellbar. Doch der Mensch hat auch andere, bessere Eigenschaften. Anstatt diese Eigenschaften zu verbergen und Mitgefühl, Fairness und Toleranz als Schwäche zu verstehen und den Vorwurf der Weltfremdheit zu fürchten, sollten wir unser Leben wieder verstärkt auf immaterielle Werte ausrichten. Allein dadurch wird sich schon die Welt, in der wir leben, etwas verbessern. Zumindest in Europa, wo zwar die Menschen nicht besser sind als anderswo, aber gewisse geschichtliche Lernprozesse erste Früchte tragen, hat man es nach langer Zeit und vielen grauenhaften Kriegen geschafft, sich einer gemeinsamen Ordnung zu unterwerfen, die die Menschen dem gewünschten Zustand eines friedlichen Zusammenlebens schon recht nahe gebracht hat. Doch es muss weitergehen. Wir können Europa nicht als Insellösung betreiben – eine echte Lösung kann nur in globaler Dimension gefunden werden.

Einer der bedeutendsten Philosophen des 20. Jahrhunderts, Karl Popper, der in der Tradition von Immanuel Kant steht, dem menschlichsten Philosophen der Aufklärung, nannte eine solche Ordnung, die auf den unveräußerlichen Menschenrechten jedes Einzelnen beruht, die «offene Gesellschaft». «Offen» heißt dabei, dem Einzelnen – ungeachtet von Nationalität, Hautfarbe, Glauben oder Vorlieben – ein höchstmögliches Maß an Freiheit und Selbstbestimmung zu gewähren. Eine Beschränkung erfährt das Individuum nur dort, wo es die Freiheiten seiner Mitmenschen über ein allgemein gültiges Maß hinaus einschränkt. Denn den Wert der Freiheit zu betonen kann sich nicht nur auf die eigene Freiheit beziehen, sondern bedeutet immer auch die Freiheit des anderen.

Immanuel Kant, selbst ein Mann strengster Prinzipientreue, formulierte dieses zentrale Ordnungsprinzip, welches als «kategorischer Imperativ» bekannt wurde, mit den Worten: «Handle stets so, dass die Maximen deines Willens zugleich als Prinzip einer allgemeinen Gesetzgebung gelten können.» Man kann das als eine Art Grundgesetz der Moral verstehen. Der englische Staatsphilosoph Thomas Hobbes sprach bereits im 17. Jahrhundert vom «Gesetz aller Menschen». Seine Formulierung war einfacher und daher auch nicht ganz so allgemein gültig wie Kants späterer kategorischer Imperativ. Sie lautete folgendermaßen: «Was du nicht willst, das man dir tu, das füg auch keinem anderen zu.» Dies ist eine Maxime, die so gut wie jeder kennen dürfte. Und lange vor Hobbes soll bereits Konfuzius (ca. 551–479 v. Chr.) denselben Satz auf Chinesisch gesagt haben: «Ji suo bu yu, wu shi yu ren» (vgl. Zollne, 2002, S. 25). Jeder kennt auch die beliebte pädagogische Disziplinierungsfloskel gegenüber Kindern: Stell dir vor, wenn sich auch die anderen nicht an die gegebenen Regeln halten würden. Man kommt damit Kants Forderung sogar noch ein bisschen näher, als Konfuzius und Hobbes es taten. Menschen können im Kleinen wie im Großen ohne moralische Maßstäbe nicht zusammenleben.

Die Tatsache, dass diese Maßstäbe trotzdem häufig missachtet werden, widerlegt diese These dabei nicht.

Der kategorische Imperativ – so kompliziert er sich bei näherer Betrachtung auch darstellt – ist eine vernünftige ethische Grundlage menschlichen Zusammenlebens. Er stellt einen Grundkonsens der Menschheit dar. Welchen Wert die westliche Welt den Grundlagen der Aufklärung, zu denen eben gerade auch Kants moralphilosophische Botschaft gehört, beimisst, ist bekannt. Der kategorische Imperativ besitzt darüber hinaus aber auch ausreichend Ansatzpunkte für die eher kollektivistisch geprägten, asiatischen Gesellschaften, wie etwa das Zitat von Konfuzius zeigt. Die praktische Anwendung von Kants ethischem Gebot unterliegt freilich häufig unzulässigen Deutungsverstümmelungen. So darf er keinesfalls als Argument dienen, anderen Kulturen die eigene Lebensweise aufzuzwingen. Man könnte ja auf der Grundlage der einfachen Formulierung von Hobbes leicht auf den Gedanken kommen, seine Mitmenschen nur mit dem, was man selbst für falsch und unangenehm hält, zu verschonen, jedoch alles andere für erlaubt und richtig zu halten – ungeachtet der Möglichkeit, dass die Bedürfnisse der Mitmenschen andere sein könnten. Diese Haltung kann gerade im interkulturellen Bereich zu gewaltigen Missverständnissen und zu gravierendem Fehlverhalten führen. Hier muss sehr sorgfältig zwischen zwei Arten von Regeln unterschieden werden: solchen universellen Regeln, deren Einhaltung aus Kants Perspektive in jeder Konstellation unverzichtbar ist, und solchen, die als Teil eines kulturellen Gesamtarrangements Kants Ordnungskriterium auf eine andere Weise erfüllen, als es dies das konkrete Regel- und Gesetzeswerk der Heimat tut. Da gibt es keinen Königsweg, und das erfordert Toleranz und Vorsicht in der Beurteilung. Nichtsdestoweniger stellt die Grundforderung des kategorischen Imperativs die einzig vernünftige Orientierung für ein nachhaltiges, friedliches und tolerantes Zusammenleben aller Menschen dar. Nur auf seiner Grundlage können Unterdrückung und Ausbeutung ein Ende und gegenseitige Toleranz ein Höchstmaß finden. Es ist diese Toleranz, die die offene Gesellschaft überhaupt erst möglich macht.

Nach dem Zusammenbruch der sozialistischen Ordnung der Sowjetunion, der DDR und des gesamten Ostblocks – also eben der «geschlossenen Gesellschaft» – schrieb Francis Fukuyama (1992) schon vom «Ende der Geschichte». Bei vielen Menschen keimte kurzzeitig die Hoffnung auf, dass jetzt ganz von selbst das Konzept der offenen Gesellschaft seinen weltweiten Siegeszug antreten werde und folglich die Konflikte und das Elend auf der Welt mit seinen vielen Stellvertreterkriegen bald abklingen würde. Die These des Amerikaners Fukuyama basiert auf der Annahme, die «ideologische Evolution» der Menschheit sei nun beendet und mit der westlich-liberalen Demokratie endlich eine universelle Herrschaftsform gefunden. Möglicherweise wird Fukuyama mit dieser Einschätzung ja Recht behalten, sofern man das westliche Modell nicht so eng auslegt, wie es etwa die Neokonservativen der USA tun, zu denen man gegenwärtig wohl auch Teile der Regierung von George W. Bush zählen muss. Dass mit dem Ende des Kalten Krieges auch die Zeit globaler Konflikte vorüber sei, war allerdings eine verfrühte Hoffnung. Sie wurde spätestens mit dem Terroranschlag vom 11. September 2001 zunichte gemacht. Die Geschichtsmühlen mahlen eben doch etwas langsamer, und sie bleiben vermutlich auch so schnell nicht stehen. Wir sollten daher für die Möglichkeit verschiedenartiger Demokratiemodelle offen bleiben. Der weltweite Niedergang des Sozialismus darf uns jedenfalls nicht dazu verleiten, in Intoleranz und Phantasielosigkeit gegenüber allen anderen Gesellschaften zu erstarren.

Trotz neuer Schrecken und alter Unvollkommenheiten befinden wir uns nicht im freien Fall der Ordnungen, sondern vielmehr in einem turbulenten Lern- und Verbesserungsprozess, der uns allerdings einiges abverlangt. Die zum Teil beängstigenden Geschehnisse nicht pauschal als einen Ordnungsverfall wahrzunehmen und entsprechend einzuordnen, erfordert freilich mehr als das Einschalten eines Fernsehgerätes. Die Unmengen an hässlichen Nachrichten über Gewalttaten und Katastrophen, die uns von den Medien hartnäckig serviert werden, sind derartig erdrückend, dass sie fast zwangsläufig allen Apokalyptikern, die die Menschheit einmal mehr kurz vor ihrem Untergang sehen, in die Hände spielen. Technologische Fortschritte haben auch unsere Erfahrungswelt globalisiert. Es ist zunehmend schwierig, Scheußlichkeiten außerhalb unserer persönlichen Lebensbereiche einfach zu ignorieren. Diese Schwierigkeit eröffnet allerdings auch eine Chance, denn sie mag dazu beitragen, dass – aus solchen negativen Erfahrungen heraus – Lernprozesse beschleunigt werden.

Wer wie ich entgegen allen apokalyptischen Verheißungen an einen positiv verlaufenden Prozess glaubt, der hat heutzutage eine Bringschuld. Denn er muss erklären, woraus sich dieser Optimismus speist. Ich möchte das im vorliegenden Buch tun. Allerdings will ich hier auch keinen Zweckoptimismus verbreiten und gebe ohne Umschweife zu bedenken, dass die Menschheit Gefahr läuft, sich der eigenen Lebensgrundlagen zu berauben. Der bekannte Kapitalismusskeptiker Ervin Laszlo, Präsident des Club of Budapest, etwa bezeichnet die aktuelle Lage der Menschheit nicht ganz zu Unrecht mit einem Begriff aus der Chaostheorie als «Macroshift». Damit ist eine Situation gemeint, in der sich die bisherige Entwicklung eines komplexen Systems – nämlich der menschlichen Gesellschaft – nicht einfach nach dem ewig selben Muster fortsetzen wird, sondern der zukünftige Entwicklungspfad sich in zwei mögliche Richtungen aufgabelt. Die eine führt in diesem Fall in den Abgrund, die andere in eine bessere Welt. Welche Richtung unsere weitere Entwicklung nimmt, wird sich – zumindest laut Laszlo – innerhalb der nächsten Jahre entscheiden und von unser aller Verhalten abhängen. Wenn die Menschheit aus den Fehlern und Fehlentwicklungen der Vergangenheit nichts lernt, beraubt sie sich ihrer Lebensgrundlagen und wird in selbstvernichtenden Konflikten untergehen.

Die Lage – Umweltschäden, Armut – wirkt bedrückend, der Handlungsbedarf ist nicht zu leugnen. Mehr denn je gilt es, die Herausforderungen und Chancen unseres Globalisierungszeitalters klar zu fixieren. Allerdings sind die anstehenden Probleme keine ganz neuen, und deshalb wäre es kurzsichtig und falsch, sie komplett der Globalisierung zuzuschreiben. So wird die Globalisierung seit einiger Zeit von den unterschiedlichsten Interessengruppen als Projektionsfläche benutzt, sämtliche Missstände werden, häufig ohne stichhaltige Argumente oder gar Beweise, darauf zurückgeführt. Von Umweltaktivisten bis zu Gewerkschaftsfunktionären, von Altsozialisten und Kapitalismuskritikern bis zu Nationalisten und Traditionalisten, sie alle instrumentalisieren den für viele Menschen undurchsichtigen Globalisierungsprozess zum Inbegriff allen Übels. Insofern Globalisierungsgegner ein ernsthaftes ethisches Anliegen vertreten, verkennen sie dennoch häufig die Wirkungszusammenhänge und verheddern sich in unbewiesenen, widersprüchlichen und zum Teil sogar längst widerlegten Vorurteilen. Tatsächlich trägt die Globalisierung häufiger zur Lösung bestehender Probleme bei als zur Entstehung neuer Probleme. Darauf werde ich noch zu sprechen kommen.

Um das alles richtig einzuschätzen, brauchen wir eine Vision. Wir benötigen eine präzise Vorstellung vom Weg, den wir zurücklegen müssen, um den eingangs skizzierten Menschheitstraum zu verwirklichen. Nur mit einer solchen Vorstellung kann man auch die Hoffnung und das Durchhaltevermögen erzeugen, die ein Lern- und Verbesserungsprozess benötigt. Ervin Laszlo jedoch gelangt ähnlich wie die übrigen Globalisierungsgegner über das Bedrohungsszenario und die Gewissensappelle an jeden Einzelnen nicht hinaus. Doch sie allein reichen nicht aus. Dass die Menschen ihr Verhalten ändern müssen, ist ja hinlänglich bekannt. So lautet die weitaus dringlichere Frage: Wie erschaffen wir einen institutionellen Rahmen, innerhalb dessen die Menschheit den selbstgesetzten ethischen Ansprüchen endlich auch genügen kann? Die Globalisierung für das bisherige Fehlen eines solchen globalen Rahmens verantwortlich zu machen ist jedenfalls paradox. Denn die Globalisierung ist vielmehr ein notwendiger und konsequenter Schritt, diesen Rahmen zu implementieren.

ZWEI

«WEALTH OF NATIONS» – RELOADED

Die Angst, im Wettbewerb mit anderen Nationen Wohlstand und Souveränität einzubüßen, ist nicht neu. Sie existiert schon seit Mitte des 17. Jahrhunderts, so lange, wie es nationale Flächenstaaten gibt. Mit deren Auftreten bildete sich auch die wirtschaftliche Doktrin des Merkantilismus heraus, die ihr Ziel in einer aktiven Außenhandelsbilanz, also in einem Überschuss von Exporten gegenüber Importen sah. Der daraus resultierende Goldüberschuss sollte die inländische Kapitalanlage fördern, auf diese Weise heimische Arbeitsplätze schaffen und sichern und so letzten Endes der Stärkung der nationalen Staatsmacht gegenüber anderen dienen. Um eine aktive Handelsbilanz zu erreichen, bediente man sich weit reichender protektionistischer Maßnahmen. Eine ausgeprägte Zollpolitik bis hin zu Export- beziehungsweise Importverboten, aber auch ausgewählten Exportförderungsmaßnahmen, die den internationalen Handel stark beschränkten und verzerrten, waren typische wirtschaftspolitische Instrumente jener Zeit. Auf diese Weise verdienten sich die Merkantilisten den Ruf der «Staatenbauer des 17. Jahrhunderts». Denn sie waren es, die dem Flächenstaat unter absoluter Herrschaft zur Geltung verhalfen, während zuvor die Städte das institutionelle Zentrum wirtschaftlicher Entwicklung waren. Interessant ist, dass diese Entwicklung im Globalisierungszeitalter, in dem der Nationalstaat an Einfluss verliert, sich gewissermaßen wieder umkehrt. Doch dazu später mehr.

Nun fand im 18. Jahrhundert, zur Zeit der Aufklärung, eine totale Demontage der merkantilistischen Doktrin statt. Hauptakteur dieser Entzauberung war der schottische Moralphilosoph Adam Smith. Im Jahr der Unabhängigkeitserklärung der Vereinigten Staaten von Amerika 1776 erschien die erste Auflage von Smiths berühmtem und umfangreichem Werk *Wealth of Nations*, dem *Wohlstand der Nationen*. Besorgt um die Armut weiter Bevölkerungsteile seiner Heimat, entlarvte Adam Smith die wettbewerbsfeindlichen merkantilistischen Gesetze und die große Macht der Zünfte als das Ergebnis lobbyistischer Aktivitäten. Die Behinderung des freizügigen internationalen Handels, der Niederlassung von Produzenten im Ausland sowie der inländischen Gewerbefreiheit gingen zu Lasten des allgemeinen Wohlstands und der verarmten Besitzlosen.

Adam Smith konnte etwas sehr Wichtiges mit einfachen, aber scharfsinnigen Argumenten verdeutlichen: Der Wohlstand aller Nationen – nicht nur weniger Privilegierter – wird erheblich erhöht, wenn einerseits freier Handel gewährt und andererseits der Einfluss der wettbewerbsbeschränkenden Zünfte geringer ist. Auf diese Weise maximiere die internationale Arbeitsteilung die Arbeitsproduktivität aller, sodass sich Nationen durch den Tausch der jeweils überschüssigen Produktion den Gewinn dann quasi teilen könnten. Voraussetzung sei natürlich eine friedliche Ordnung unter den Nationen.

Der offene Wettbewerb bewirkt nach Smith, dass sich jedes Land auf diejenigen Güter spezialisiert, die es besser beziehungsweise billiger als die anderen Länder herstellen könne. Klimatische Bedingungen und kulturelle Errungenschaften – also natürliche wie erworbene Vorteile – sind die Gründe dafür, dass Länder unterschiedlich hohe Kosten bei der Herstellung gleicher Güter haben. So ließen sich zwar beispielsweise selbst in Schottland mit Hilfe von Treibhäusern, Mistbeeten und erwärmtem Mauerwerk recht gute Trauben ziehen und – nach Smiths Einschätzung – auch sehr gute Weine keltern, doch würden diese etwa das Dreißigfache der Weine vergleichbarer Qualität aus dem südlichen Ausland kosten (Smith 1789, S. 373). Wenn sich jedes Land auf diejenigen Güter konzentriert, die es kostengünstiger herstellen kann, wird es bei diesen Produkten einen Überschuss erwirtschaften, während es bei anderen auf das Ausland angewiesen ist. Die Mengen, welche die Länder in ihrer Spezialisierung über den eigenen Verbrauch hinaus produzieren, können dann gegeneinander getauscht werden. Auf diese Weise würde für alle am Ende eine größere Menge sämtlicher Produkte vorhanden sein, als wenn jedes Land nur autark für sich gewirtschaftet hätte. Handelsverlierer gebe es dabei nicht. Es könne lediglich der Fall eintreten, dass die Tauschgewinne zwischen den Ländern nicht gleich verteilt seien. Adam Smiths vernichtendes Urteil gegenüber der gängigen Doktrin der Merkantilisten lautete deshalb: «Es gibt wohl kaum etwas Törichteres als die ganze Lehre von der Handelsbilanz [...].» (S. 402) Smith wäre sicher enttäuscht, wenn er noch lebte: Er müsste zur Kenntnis nehmen, dass die Doktrin von der positiven Handelsbilanz noch immer in vielen Köpfen der freiheitlichen Welt herumspukt.

Nun gab es einen spitzfindigen Einwand gegenüber Smiths Argument von der beidseitigen Vorteilhaftigkeit einer internationalen Arbeitsteilung bei freiem Handel: Was passiere denn, wenn ein Land Nachteile bei der Herstellung sämtlicher Waren besitze? Man könnte auf die Idee kommen – was Smith offenbar gar nicht in Erwägung zog –, dass dann das eine Land alles, das andere aber gar nichts produziert. Darüber, dass selbst in diesem Fall die internationale Arbeitsteilung für alle Handelspartner eine gewinnbringende Sache wäre, klärte wenige Jahrzehnte später der reiche Börsenmakler und spätere Wirtschaftswissenschaftler David Ricardo auf. In einer solchen Situation sei es trotzdem von erheblichem Vorteil für alle Beteiligten, wenn das Land mit den Nachteilen sich auf diejenigen Güter konzentriere, bei denen der Nachteil am geringsten ist, sodass sich das vorteilreiche Land auch in diesem Fall auf Güter konzentrieren könne, deren Herstellung es besonders gut beherrscht. Insgesamt kommt auch hier mehr für alle heraus. Der internationale Handel sorgt für eine entsprechende Verteilung. Diese Grundregel von Ricardo nennt man allgemein das «Theorem der komparativen Kostenvorteile». Es dient bis heute dazu, die Struktur internationaler Arbeitsteilung zu erklären.

Tatsächlich ist die Menge der international gehandelten Güter ebenso wie die Anzahl der Handelspartner ungleich höher als in diesem einfachen Modell. Trotzdem bleibt der positive Effekt immer derselbe, und dies kann von niemandem, der die Grundrechenarten beherrscht, ernsthaft bezweifelt werden. Inwiefern allerdings das breite Volk von einem solchen Wachstumseffekt profitiert, hängt vom jeweiligen Gesellschaftssystem ab, das die inländische Verteilung regelt. So kann selbst bei den größten Freiheiten im internationalen Handel und bei einem gesteigerten Sozialprodukt die Bevölkerung eines Entwicklungslandes weitgehend leer ausgehen, wenn sie unter einem gierigen und grausamen Despoten zu leiden hat, der letztlich den einfachen und besitzlosen Menschen keine Rechte zuerkennt. Doch dieser Umstand kann selbstverständlich nicht per se dem Freihandel und ebenso wenig der Globalisierung zugeschrieben werden. Ein grausamer Despotismus – das zeigen auch genügend Beispiele aus der jüngsten Weltgeschichte – geht gerade ohne internationale Öffnung zu Lasten des Volkes. Ob die wirtschaftliche Internationalisierung in einer solchen Situation einen positiven, negativen oder gar keinen Einfluss auf die freiheitliche Entwicklung eines diktatorischen Staates hat, darüber wird freilich heftig gestritten. Ich werde hierzu später noch einiges sagen. So viel nur vorweg: Die internationale wirtschaftliche Verflechtung bietet durchaus eine Plattform, auf der man wirkungsvoll einen positiven Einfluss geltend machen kann. Das hat die Vergangenheit immer wieder gezeigt.

Adam Smith jedenfalls forderte aufgrund seiner eindeutigen und niederschmetternden Analyse des merkantilistischen Systems die Aufhebung der Zölle, die Freigabe der Kolonien sowie die Einschränkung der Macht der Zünfte. Smith hielt – entgegen heutzutage weit verbreiteten Vorurteilen – eine starke Rolle des Staates in einer Marktwirtschaft für unersetzlich und widmete der Ausformulierung seiner Aufgaben circa zwei Fünftel seines ökonomischen Hauptwerks: der Pflege eines unabhängigen Justizwesens, der Erstellung einer Infrastruktur für Handel und Verkehr, der Unterhaltung von Bildungseinrichtungen für die Jugend und sogar für Erwachsene sowie der Landesverteidigung. Dem Staat sollte ebenso die Aufgabe zukommen, Monopole und Kartelle, die letztendlich nur die Allgemeinheit schädigten und der Wettbewerbsbeschränkung dienten, zu verhindern.

Dieses Resümee zeigt sehr deutlich, wie ungerechtfertigt und fahrlässig Globalisierungskritiker die Ideen des klassischen Wirtschaftsliberalismus verteufeln. Dieser wirtschaftliche Liberalismus ist ein wesentliches Element unserer freiheitlichen Gesellschaftsordnung, einer Ordnung, die nicht zuletzt verhindern soll, dass es zu einer Machtkonzentration kommt, welche gegen die Bevölkerung ausgespielt wird und zu einer ungerechten Verteilung führt. Nur so kann eine Zementierung bestehender Machtverhältnisse und die Blockade einer echten Chancengleichheit wirksam verhindert werden. Der klassische Liberalismus von Adam Smith stellt ein Konzept dar, das die friedliche Völkerverständigung ermöglicht, weil es – «wie von unsichtbarer Hand gelenkt» – Menschen- und Völkerrechte in Einklang mit den wirtschaftlichen Zielen von Individuen und Volkswirtschaften bringt.

Nichts ist demnach abwegiger, als das ursprüngliche Konzept des wirtschaftlichen Liberalismus mit einem Versuch gleichzusetzen, das Recht des Stärkeren durchzusetzen. Vielmehr ist der Liberalismus in seiner klassischen Konzeption von Adam Smith eine wichtige historische und theoretische Errungenschaft auf dem Weg in die offene Weltgesellschaft. Auch wenn sich die aktuelle Situation aufgrund umwälzender neuer Technologien im Globalisierungsprozess des 21. Jahrhunderts etwas anders darstellt als vor 230 Jahren, so haben Smiths Appelle nichts an Aktualität verloren. Das relativ große Volumen freien internationalen Handels ist die heutige Grundlage für ein überaus vielfältiges und üppiges Warenangebot – ein Angebot, das vor allem einfachen Menschen ein weitaus besseres Leben ermöglicht, als das jemals zuvor der Fall war. Doch anstatt diese Zusammenhänge endlich anzuerkennen, beginnt die Diskussion in mancherlei Hinsicht von neuem. Die Merkantilisten schlüpfen in neue Gewänder und versuchen, den unbändigen Kräften der offenen Gesellschaft entgegenzutreten.

Auf die Belange der gesamten Menschheit bezogen ist das Ziel vieler Globalisierungsgegner, die heimischen Märkte zu schützen, moralisch nicht zu rechtfertigen. Nur die Globalisierung kann der logisch nächste Schritt auf dem Weg in die offene Weltgesellschaft sein; nur so bekommen alle Menschen – und nicht nur eine privilegierte Minderheit – eine Chance, der Armut zu entkommen. Wer deshalb Gleichberechtigung und ein friedliches globales Miteinander anstrebt, der kann nicht gleichzeitig gegen eine weltweite marktwirtschaftliche Vernetzung sein. Ebenso wenig kann man ein ignorantes Nebeneinander von geschlossenen Staaten für eine erstrebenswerte und stabile Lösung halten. Eine solche Vorstellung ist heutzutage schlicht und einfach realitätsfremd. Man sollte daher nicht den Fehler begehen, wegen der Unvollkommenheiten des Weges in die offene Weltgesellschaft das Ziel selbst zu verfluchen und in Resignation zu verfallen.

DREI

GLOBALISIERUNG – WOHLSTAND FÜR ALLE?

Das Ziel einer offenen Weltgesellschaft ist zweifelsohne mit einer Chancengleichheit verbunden, die Wohlstand für alle Erdenbürger möglich macht. Die Globalisierung ist ein Prozess, der im Weltmaßstab eine bessere Chancenverteilung in Gang zu setzen vermag. Trotzdem polarisiert die Globalisierung. Sie spaltet unsere Gesellschaft förmlich in zwei Lager. Die einen schauen auf die große, weite Welt und nehmen begeistert die neuen Möglichkeiten wahr. Die anderen, selbstdeklarierte Globalisierungsgegner, sehen in den neuen Perspektiven eine einzige moralische Verfehlung. Ein Teil der Kritiker begründet die ablehnende Haltung mit der Behauptung, die Globalisierung ginge auf Kosten der Schwachen dieser Welt. Ein anderer Teil sieht hauptsächlich die Möglichkeiten aller anderen, nur nicht die eigenen, und nimmt die Globalisierung nur noch als eine Bedrohung des eigenen gewohnten traditionellen Lebensstils wahr, den man auf keinen Fall verlieren will. Bei den einen also weckt der Begriff Globalisierung den Pioniergeist, bei den anderen ruft er Angst, oft auch Aggression hervor.

Wer mich kennt oder meine Kommentare zum Thema Globalisierung verfolgt, weiß, dass ich auf der Seite der optimistischen Pioniere stehe. Dennoch: Es gibt einen Unterschied zwischen Optimismus und Ignoranz. Ich halte es für falsch, über die Probleme, die mit der Globalisierung einhergehen, in falscher Großzügigkeit hinwegzusehen. Es gibt sie, und sie könnten die Entwicklungschancen gefährden. Wir müssen also bei aller Begeisterung auch die Gefahren und Unzulänglichkeiten des Globalisierungsprozesses ernst nehmen, sonst können wir unsere vielfältigen Gestaltungsmöglichkeiten bei weitem nicht ausschöpfen. Und auch die Ängste vieler Menschen müssen ernst genommen werden – selbst dann, wenn sie zum Teil ungerechtfertigt scheinen. Schaffen wir es nicht, den weit verbreiteten Unmut zu beseitigen, wird schließlich die gesamte Gesellschaft an den neuen Herausforderungen scheitern.

Niemand sollte glauben, es gebe eine Wahlmöglichkeit zwischen Globalisierung und dem Status quo. Selbst wenn uns aber jemand fragte: «Möchtet ihr ein bisschen bei der Globalisierung mitspielen?», wäre es unmöglich zu sagen: «Nein danke, wir haben keine Lust, uns Deutschen liegt das nicht so, wir spielen lieber unser eigenes Spiel.» Diese Wahl stellt sich nicht. Selbst wenn wir per Volksentscheid die Frage «Wollen Sie die Globalisierung?» mit einer Zweidrittelmehrheit verneinen würden, gäbe es keine Regierung, die den Status quo konservieren könnte. Und selbst wenn unsere Regierung das könnte – was hätten wir damit gewonnen?

Das gilt übrigens nicht nur für die Deutschen, sondern selbstverständlich auch für die Amerikaner, Briten oder jede andere Nation auf dieser Erde. Menschen, die nostalgisch den Fortgang der Entwicklung beklagen, gab es wohl schon immer. Der griechische Philosoph Platon hat sogar seine ganze, bis heute äußerst einflussreiche Philosophie auf der Vorstellung begründet, dass sich die Gesellschaft mit jeder Veränderung nur vom ursprünglichen Ideal entferne. Das ist eine Annahme, der viele Menschen zu jeder Zeit leichtfertig verfielen. Folgt man Karl Poppers Analyse über die «offene Gesellschaft und ihre Feinde», hat Platons Doktrin eine Menge Unheil in die Welt gebracht. Wir dürfen der Versuchung dieser Doktrin nicht erneut verfallen.

Ungeachtet aller Skepsis und Kritik bietet die Globalisierung letztendlich überwiegend Vorteile und ist deswegen in vollem Gange. In diesem unaufhaltsamen Prozess bleibt aber dem einzelnen Menschen – ebenso wie dem einzelnen Nationalstaat – die Möglichkeit, sich zu positionieren und mitzugestalten. Das ist allerdings eine ganze Menge. Wir müssen die Herausforderung nur annehmen. Wir können es gut machen – oder aber schlecht. Dorthinein müssen wir unsere Leidenschaft und unsere ganze Entscheidungskraft legen. Auf die Mitgestaltung lieber verzichten zu wollen bedeutet nicht, aussteigen zu können und seinen eigenen Weg zu gehen. Einen solchen Weg wird es nicht mehr geben. Wenn wir uns infolge eines solchen Irrglaubens allerdings schlecht positionieren, werden wir uns noch viel weiter und schmerzhafter vom Status quo entfernen, als leichtgläubige Globalisierungsgegner je befürchtet hätten.

Gerade diejenigen, die gegen die Globalisierung sind, weil sie die Veränderungsdynamik scheuen, müssen sich daher sehr genau überlegen, worin die Alternative liegen soll. Und sie sollten sich einmal die Mühe machen, die geläufigen Argumente gründlich auf ihre Stichhaltigkeit zu überprüfen. Wenn wir uns in eine schlechte Ausgangslage manövrieren, wird auch unser Einfluss auf die Entwicklung der Welt nicht steigen, sondern sinken. Diejenigen, die sich berechtigterweise Sorgen um den Zustand unserer globalen Umwelt machen, müssen ebenfalls prüfen, ob eine Ausbremsung des Globalisierungsprozesses – selbst wenn dies irgendwie organisierbar wäre – die langfristigen Aussichten auf die notwendigen weltweiten Standards verbessern würde; oder ob wir nicht gerade dann alle Chancen auf eine global wirkungsvolle Regulierung verspielt hätten.

Diejenigen, die gegen die Globalisierung sind, weil sie darin eine Ausbeutung der Entwicklungsländer sehen, muss man auf die Tatsache hinweisen, dass die stärkere wirtschaftliche Einbindung dieser armen Länder die einzig greifbare Chance für eine Verbesserung ihrer Lage darstellt. Nur so kann die Armut überwunden werden. Die Welthandelsorganisation (engl. World Trade Organization = WTO), die aus über 140 gleichberechtigten Mitgliedsstaaten besteht, ist eine Organisation, die die Interessen der Entwicklungs- und Schwellenländer im Blick hat, schon allein weil diese Länder das Gros der Mitgliedsstaaten ausmachen. Und wer die WTO kennt, weiß, dass sie nicht gegen Globalisierung, sondern ganz im Gegenteil ihr Motor ist. Der Welthandelsorganisation trotzdem heimliche Verschwörungspakte gegen die Ärmsten dieser Welt anzuhängen, offenbart eine ideologische Verblendung, die an der Wirklichkeit vorbeigeht. Die WTO-Vertreter der Entwicklungsländer wissen nur zu gut, dass die Chance, die Lebensgrundlagen ihrer Heimatländer zu verbessern, entscheidend von der Einbindung in einen freien Weltmarkt abhängt. Die wird ihnen namentlich auf dem Agrarmarkt noch weitgehend verweigert. Hier ist eine Kritik voll berechtigt. Doch für diesen Missstand die Globalisierung verantwortlich zu machen ist falsch und kontraproduktiv und läuft den Interessen der Entwicklungsländer zuwider.

Auch belegen einige Zahlen, dass – entgegen häufigen Behauptungen – an einer globalisierungsbedingten Armut auf der Erde nichts dran ist. In den vergangenen zwei Jahrzehnten, in denen die Globalisierung stark an Dynamik gewann, hat sich die Zahl der unterhalb der Armutsgrenze lebenden Menschen nicht vergrößert. Das ist zwar kein Grund zum Jubeln. Wenn man allerdings bedenkt, dass in dieser Zeitspanne die Weltbevölkerung von 5 auf 6,4 Milliarden angewachsen ist und dieser Zuwachs fast ausschließlich den Entwicklungsländern zuzurechnen ist, widerlegt das die ideologischen Schnellschüsse der Globalisierungsgegner. Durch diese Entwicklung hat sich die absolute Zahl der ärmsten Menschen zwar nicht verringert, doch ist ihr Anteil an der Gesamtbevölkerung um mehrere Prozentpunkte gesunken.

Dass die Weltbevölkerung fast nur in den ärmsten Ländern wächst, ist sicherlich kein Zufall und verweist auf ein ernstes

Problem. Das Faktum partieller Überbevölkerung hängt durchaus mit der Armut der Regionen zusammen, die jedoch keine Folge der Globalisierung ist. Häufig hat diese Armut den einfachen Grund, dass Kinderreichtum der einzige Reichtum ist, der Menschen, die unterhalb der absoluten Armutsgrenze leben, bleibt. Wir brauchen demnach schnellstens auch neue Ansätze, um etwa zu verhindern, dass gerade die ärmsten Menschen der Erde gezwungen sind, sich durch die Geburt möglichst vieler Kinder wirtschaftlich abzusichern. Die Lösung dieses Problems würde Europa längerfristig betrachtet zugleich auch vor einer unkontrollierten Zuwanderungsflut bewahren. Die Globalisierung abzuschaffen ist hingegen eine naive Vorstellung. Dieses Ansinnen gehört deshalb sicherlich nicht zu den Erfolg versprechenden Ideen.

In Europa, vor allem in Italien und Deutschland, haben wir es versäumt, rechtzeitig für eine stabile Reproduktionsrate zu sorgen. Unsere Gesellschaft schrumpft. Das zieht schwere wirtschaftliche und soziale Probleme nach sich. Obwohl auch in den Entwicklungsländern durch den prozentualen Rückgang der Geburtenraten der Anteil der über 65-Jährigen seit 1950 stetig wächst und in der Prognose bis 2050 weiter voranschreitet, ist die Situation dort bekanntlich immer noch eine ganz andere (Birg 2004). Die Entwicklungsländer sind nach wie vor die Brutstätte der Weltbevölkerung. Sie haben mittlerweile einen Anteil von 99 Prozent am Bevölkerungswachstum der gesamten Menschheit. Und die wird erst einmal weiter wachsen, und zwar beschleunigt.

Während der jüngste Zuwachs von 1,1 Milliarden Menschen 20 Jahre benötigte, so brauchen nach Experteneinschätzungen die nächsten 1,1 Milliarden nur noch eine Spanne bis zum Jahr 2015, also etwa die Hälfte der Zeit. Die Rolle, welche die ärmsten Länder dabei spielen, wird sich wohl kaum ändern. Der Anteil der über 65-Jährigen wird 2050 in den Industrieländern mit 44,4 Prozent mehr als doppelt so hoch sein wie in den Entwicklungsländern. Nüchtern gesehen stellt sich damit die Situation wie folgt dar: Die gut versorgten Wohlhabenden bekommen immer weniger Nachwuchs, während dort, wo noch viele Kinder geboren werden, die Bevölkerung schon jetzt unter Hunger leidet. Genau die umgekehrte Verteilung wäre ökonomisch und sozial sinnvoll. Man spricht daher von dem «demographisch-ökonomischen Paradoxon». Diese problematische Entwicklung muss auf eine ethisch vertretbare Weise korrigiert werden. Grundsätzlich kann das nur durch die Verschmelzung aller vier Welten geschehen. In welcher Form diese Verschmelzung stattfinden könnte, ist noch offen. Die Spanne reicht von einer massiven Entwicklungshilfe zur Selbsthilfe bis hin zu einer unaufhaltsamen, ungesteuerten Einwanderungswelle in die reiche Welt.

Wir können nicht mehr so tun, als gebe es eine Erste, Zweite, Dritte und sogar Vierte Welt, die jede für sich genommen ein spezielles Problem zu lösen hat. Wenn wir bislang noch geglaubt haben, die Sorgen ferner Länder könnten uns niemals wirklich erreichen, so sehen wir sie allmählich immer klarer auf uns zukommen. Die Welt ist so klein geworden, dass jeder schon im Vorgarten des anderen sitzt. Wir leben alle im selben Ökosystem. Und wir haben alle die gleichen Grundbedürfnisse. Wir können also unsere ethischen Ansprüche und Normen auch nicht auf eine Teilwelt beschränken. Je globaler unsere Lebenszusammenhänge werden, desto absurder muss es uns erscheinen, wenn irgendwo auf der Erde Menschen als chancenlose Wesen auf die Welt kommen. Wir müssen daher massive Anstrengungen unternehmen, um aktiv alle Welten miteinander zu verschmelzen und auf diese Weise für einen Ausgleich der Lebenschancen, der Grundversorgung und der Bevölkerungsentwicklung zu sorgen. Wir erfüllen damit nicht nur unsere humanitären Pflichten, sondern retten auch unsere eigene Zukunft. Jeder sollte heutzutage wissen, dass die Erde nur begrenzte Ressourcen besitzt. Sogar Luft und Wasser werden knapp. Alles, was wir zum Leben brauchen, muss unser Ökosystem produzieren, das sich nun einmal nicht in vier Welten aufteilen lässt.

Tatsache ist, dass das Trinkwasser langsam knapp wird, Meere überfischt werden, die schützende Ozonschicht durch zu hohe Schadstoffemissionen abgebaut wird und selbst die Bodenfläche bei weiterem Anstieg der Weltbevölkerung den gewohnten Fleischkonsum nicht mehr decken könnte. Eine Tatsache, die man weder leugnen kann noch muss, ist ebenso, dass der Kapitalismus ein ungeheurer Motor des technischen Fortschritts war und ist. Ohne Kapitalismus hätte es vielleicht keine Industrielle Revolution gegeben, zumindest wäre sie weniger dynamisch und rasant verlaufen. Ob uns aber ohne den Kapitalismus – der so häufig für die Umweltschäden verantwortlich gemacht wird – letztendlich bedrohliche Umweltschäden oder vernichtende kriegerische Auseinandersetzungen erspart geblieben wären, wage ich zu bezweifeln. Denn immerhin ist ein Gros der Technologien aus militärischer Konkurrenz erwachsen. Daran hätte vermutlich auch das Ausbleiben des Kapitalismus nichts geändert. Und welcher ökologische Raubbau im Sozialismus herrschte, sollte bei dieser Rechnung ebenfalls nicht vergessen werden.

Es ist nicht zu leugnen, dass der Kapitalismus die alltägliche Nutzung von Erfindungen sowie deren schnelle und weiträumige Verbreitung ermöglicht hat. Er ist mit seiner innovationstreibenden Kraft ein ganz entscheidender Grund für die Überwindung der Armut in der westlichen Welt. Die Kehrseite dieses Verdienstes ist allerdings die Verbreitung umweltbelastender Technologien auf die breite Masse der (westlichen) Bevölkerung. Die beschleunigte Globalisierung der letzten fünfzehn Jahre konfrontiert uns heute viel klarer mit einer unangenehmen Tatsache: Die reiche Erste Welt kann ihre stolzen technologischen Errungenschaften und die mit ihnen lieb gewonnenen Lebensgewohnheiten nicht auf die zusammenwachsende Welt übertragen. Der Überfluss, in dem wir leben, vom enormen

Energieverbrauch, der Schadstoffemission bis hin zum hohen Fleischkonsum, kann kein Lebensmodell für 6, vielleicht 7 oder gar 10 Milliarden Menschen sein.

In China erfreuten sich im Jahr 2004 Formel-1-Rennen größter Beliebtheit. Deren Fernsehübertragung in die Volksrepublik hatten ungewöhnlich hohe Einschaltquoten. Offensichtlich können sich die Chinesen ebenso für Autos begeistern wie die Europäer oder die Amerikaner. Was aber – bei allem Verständnis für die Autoliebe – passiert, wenn nur jeder dritte erwachsene Chinese und vielleicht auch noch jeder dritte Inder unsere Gewohnheiten übernimmt, ein Auto fährt und es womöglich stolz jeden Samstag mit 50 Litern Wasser und den dazugehörigen Reinigungsmitteln auf Hochglanz poliert? Wie viel Weidefläche für Rinder müsste man zur Verfügung haben, wenn es ganz Afrika den USA gleichtäte und sich von Hamburgern statt von Hirse ernähren würde? Ich kann dem Leser die frustrierenden Zahlenkolonnen zur Beantwortung dieser Fragen ersparen. Sie sind kein Phantasiegespinst der Globalisierungsgegner und Kapitalismusskeptiker. Sie bestätigen allesamt das, was sich jeder an drei Fingern abzählen kann: Die Ressourcen und Widerstandskräfte einer einzigen Erde reichen bei weitem nicht aus für eine globale Verbreitung des modernen westlichen Lebensstils.

«Wohlstand für alle», war Ludwig Erhards Formel für die soziale Marktwirtschaft. Dahinter stand der – schließlich eingelöste – Vorsatz, allen Deutschen eine echte Chance auf ein friedliches Leben ohne Armut zu bieten. Heutzutage erscheint uns nichts selbstverständlicher, als allen Menschen diese Chance zu ermöglichen. Und so geraten wir hier in einen Gewissenskonflikt, nicht nur aufgrund unserer christlichen Ethik. Auch gemäß Kants kategorischem Imperativ, der die einzig zu rechtfertigende Grundlage für eine Weltfriedensordnung darstellt, dürfen wir grundsätzlich keinem Mitmenschen das verwehren, was wir für unerlässlich halten. Wie könnten wir daher Schwellen- oder

Entwicklungsländern zu untersagen versuchen, eine Industrielle Revolution nachzuholen, die breite Bevölkerungsmassen aus den Fängen der Armut befreien würde. Auf der anderen Seite fühlen gerade wir Deutsche, als Vorreiter des Umweltschutzes, uns der Erhaltung der natürlichen Ressourcen verpflichtet. Die schnell voranschreitende Globalisierung des Kapitalismus hat diesen Gewissenskonflikt hervorgebracht und forciert, einen Konflikt, dessen nachhaltige Auflösung nur mit einer massiven Änderung der Lebensgewohnheiten in den Industriestaaten beginnen kann. Vielleicht ist dieser schwer auflösbare Konflikt ein Grund dafür, dass so viele Menschen hierzulande die Globalisierung schnell zur Projektionsfläche ihrer Aggressionen und Ängste machen. Doch sie sollten stattdessen die Chancen sehen.

VIER

DIE WELT, IN DER WIR LEBEN

Wir haben uns bereits mit einigen Zahlen vertraut gemacht, die den Zustand der Welt umreißen. Zur Verdichtung des Befunds will ich auf den nächsten Seiten noch ein paar relevante Daten zusammentragen, die sich auf die dringlichsten Probleme der Menschheit beziehen. Zuvor sei noch einmal betont, dass sich nachhaltige Lösungen der anstehenden Probleme nur unter Berücksichtigung der globalen Gegebenheiten finden lassen. In dem Maß, wie die Welt im Globalisierungszeitalter zusammengeschrumpft ist, bestehen auch keine Ansatzpunkte mehr für partielle Lösungen. Die künstliche Aufteilung der Menschheit in drei oder vier Welten hat diese Notwendigkeit bislang nur verdeckt.

Die wichtigen Fragen der globalen Zukunft drehen sich um Armutsbekämpfung, Chancengleichheit und Nachhaltigkeit in der Nutzung der natürlichen Ressourcen. Häufig stehen diese drei Aspekte in einem direkten Zusammenhang. So ist Armut nicht selten das Ergebnis einer ungleichen Chancenverteilung. Die Chancen eines Menschen auf ein würdiges und die Grundbedürfnisse deckendes Leben ergeben sich vor allem aus seiner Basisausstattung, welche Ökonomen gerne als Humanvermögen bezeichnen. Damit ist das wirtschaftliche Potenzial gemeint, das ein Mensch entfalten kann. Hierzu gehört die körperliche

Leistungsfähigkeit, die in unseren Breitengraden viel selbstverständlicher ist als in Regionen, die etwa von Aids und Malaria heimgesucht sind oder ihre Bevölkerungen nicht ernähren können. Setzt man körperliche Gesundheit einmal voraus, verbirgt sich hinter dem Begriff Humanvermögen vor allem das Verfügen über Wissen und Fertigkeiten. So selbstverständlich wir versuchen, unseren Kindern gerade durch die Erstausstattung mit Humanvermögen alle Chancen zu eröffnen, sosehr fehlt vielen Kindern auf der Erde gerade dieser Keim eines lebenswerten Daseins. Auf der Welt leben circa 100 Millionen Kinder, die keine Schule besuchen. 60 Prozent davon sind Mädchen. Jedes vierte Kind besucht die Schule nicht einmal fünf Jahre lang. Weltweit kann knapp eine Milliarde Menschen nicht lesen und schreiben. Über 60 Prozent der Analphabeten sind weiblich. Fast alle diese Menschen leben in Entwicklungsländern.

Hinzu kommen die Möglichkeiten, die das Rechts- und Wirtschaftssystem den Menschen bieten – oder eben nicht bieten. Es braucht einen Rahmen, in dem die Menschen sich entfalten können. Der gesündeste und gebildetste Mensch kann in Armut und Elend versinken, wenn es ihm die gesellschaftlichen Institutionen nicht ermöglichen, sich zu entwickeln. Hernando de Soto (2002, S. 47), Gründer und Präsident des Institute of Liberty and Democracy (ILD), hat gezeigt, dass in den Entwicklungsländern und ehemals sozialistischen Staaten weltweit ein Vermögen an Immobilien und Ländereien von 9,34 Milliarden US-Dollar für eine Kapitalisierung nicht genutzt werden kann, weil die Eigentumsrechte in den betreffenden Ländern nicht hinreichend abzusichern sind. Mit totem Kapital, das nicht zum Leben erweckt werden kann, sind die Möglichkeiten, durch unternehmerische Aktivitäten zu Wohlstand zu gelangen, äußerst gering. Offenbar reicht es nicht aus, wenn der Kapitalismus als staatliches Wirtschaftssystem beschlossen wird. Es gehören eine ganze Reihe von Institutionen und eine funktionstüchtige Bürokratie dazu, den kapitalistischen Prozess in Gang zu setzen.

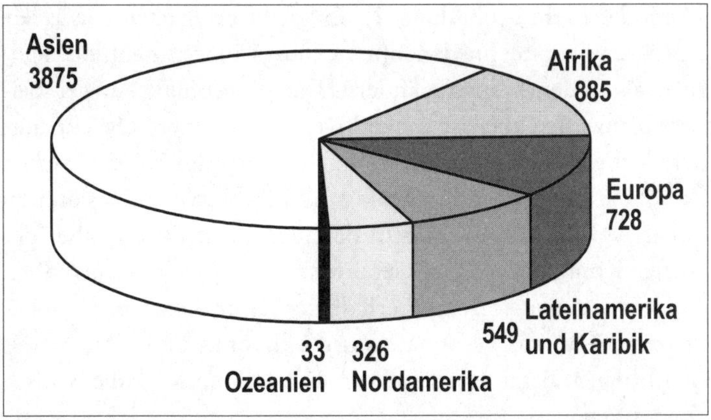

Abbildung 1: Bevölkerungszahlen nach Kontinenten (in Millionen), Stand 2004

Schauen wir uns unsere Welt also einmal genauer an und versuchen wir, eine grobe Vorstellung der Verteilung von Chancen, Armut und Umweltgefährdung zu gewinnen. Auf dem Erdball leben derzeit circa 6,4 Milliarden Menschen. Sie verteilen sich geographisch auf die Erdteile wie folgt: Asien 3,875 Milliarden, Afrika 885 Millionen, Europa 728 Millionen, Lateinamerika und Karibik 549 Millionen, Nordamerika 326 Millionen, Ozeanien 33 Millionen. Die Erdbevölkerung wird bis 2070 weiter auf rund 9 Milliarden Menschen anwachsen, bevor sie in eine Phase der Schrumpfung eintritt. 99 Prozent des derzeitigen Bevölkerungswachstums findet in den Entwicklungsländern statt. Die Wachstumsrate in den Industrieländern beträgt nur 0,1 Prozent, die Wachstumsrate in Afrika hingegen liegt bei 2,4 Prozent, in Lateinamerika und der Karibik bei 1,6 Prozent und in Asien bei 1,3 Prozent. Das Phänomen der Überalterung wird allerdings die ganze Welt betreffen. Das heißt, die Geburtenrate sinkt auf der gesamten Erde. Der Altenquotient, die Zahl der über 65-Jährigen in Prozent der 15- bis 65-Jährigen, steigt dadurch beständig (siehe Abbildung 2). Er bleibt zwar ebenso wie das Durchschnittsalter in den Entwicklungsländern deutlich niedriger als in den Industrieländern. Der prozentuale Anstieg beider Kennzahlen aber ist sowohl wegen des steileren Rückgangs der dortigen Geburtenrate als auch wegen der relativ starken Zunahme der Lebenserwartung in den Entwicklungsländern höher (vgl. Birg 2004, S. 50). Bei alledem ist Europa aber der einzige Kontinent, dessen Geburtenrate nicht nur gesunken ist, sondern seit einiger Zeit unterhalb der Reproduktionsrate von 2 Prozent liegt, was besondere sozio-ökonomische Probleme mit sich bringt. Hierzu werde ich im Teil «Europas Chance» noch einiges sagen.

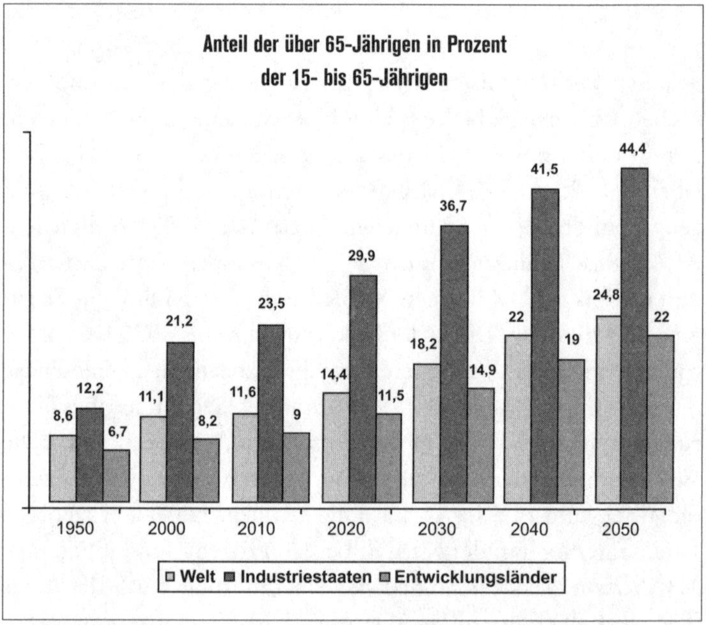

Abbildung 2: Demographische Alterung, ab 2010 Schätzungen.
Quelle: Birg 2004, S. 50

Wenden wir uns nun der Verbreitung der Armut zu. In wohlhabenden Ländern taucht Armut als ein relatives Phänomen auf. Wenn die Differenz zwischen dem verfügbaren Geld eines Menschen und dem des Durchschnitts ein bestimmtes, als unzumutbar empfundenes Maß überschritten hat, spricht man von relativer Armut. Armut bedroht im Allgemeinen insofern nicht das Leben, als es für eine Grundversorgung diverse Hilfen gibt. Manche Staaten gewähren Sozialhilfe, andere sorgen nur für Suppenküchen und einen warmen Schlafplatz. Das Problem der relativen Armut besteht hauptsächlich im Ausschluss vom gesellschaftlichen Leben und seinen – meist durch hohen Konsum gekennzeichneten – üblichen Standards. Der absolute Armutsbegriff hingegen geht von einem Grenzwert zur direkten Existenzbedrohung aus. Als «absolut arm» gilt dementsprechend in der Armutsstatistik üblicherweise jemand, der von weniger als nur einem einzigen Dollar (umgerechnet in lokale Kaufkraft) pro Tag leben muss. Damit ist nicht etwa gemeint, dass beispielsweise ein absolut armer Äthiopier täglich einen knappen US-Dollar zur Verfügung hätte. In diesem Fall wäre er wohl eher ein überdurchschnittlich gut verdienender Äthiopier. Es bedeutet vielmehr, dass er in etwa das kaufen kann, was man Vergleichbares für einen Dollar in den USA bekäme. Nach dieser Definition befinden sich heute circa 1,2 Milliarden Menschen in absoluter Armut. Sie stellen fast ein Fünftel der aktuellen Weltbevölkerung. Über 800 Millionen Menschen leiden an Hunger, und täglich sterben circa 24 000 Menschen daran (Stand: 2001). Drei Viertel davon sind Kinder.

Wie ungleich Wohlstand und Lebensqualität darüber hinaus auf der Erde verteilt sind, zeigt sich schnell, wenn man die Länder in zwei Gruppen mit konträren Einkommenspolen einteilt, auf der einen Seite die ärmsten, auf der anderen die reichsten Staaten. Den armen Pol bilden weite Gebiete Afrikas, Indonesien, Indien, große Teile Lateinamerikas sowie die ländlichen Regionen Chinas. Ihr jährliches Pro-Kopf-Einkommen reicht maximal bis zu einer vergleichbaren Kaufkraft von 1500 US-Dollar. Das sind nur 4 Dollar und 11 Cent pro Tag. Dem gegenüber stehen die OECD-Staaten mit einem mindestens vierzehnmal so hohen Pro-Kopf-Einkommen von etwa 21 000 US-Dollar. Das sind immerhin schon durchschnittlich 57 Dollar und 53 Cent pro Tag. Relativ wenige Regionen beherbergen Menschen, die sich zwischen diesen beiden extremen Polen einordnen lassen. Hierzu zählen beispielsweise die städtischen Regionen Chinas, Mexikos oder Russlands, mit einem Durchschnittseinkommen von maximal 9000 US-Dollar. Die Anzahl derer, die ein Einkommen zwischen 9000 US-Dollar und 21 000 US-Dollar pro Kopf besitzen, ist sogar verschwindend gering. Es existiert daher praktisch keine globale Mittelschicht (vgl. Messner 2002). Die Welt vermittelt eher das Bild einer relativ kleinen wohlhabenden Gesellschaft, die sich recht scharf von einer massenverelendeten Welt abgrenzt.

Es liegt auf der Hand, dass allein infolge dieser ungleichen Verteilung auch die Lebensweisen sehr stark divergieren. Große Auswirkungen hat das insbesondere im Bereich moderner Kommunikationstechnologien. Zwei Milliarden Menschen auf der Welt haben beispielsweise keinen Zugang zum Stromnetz. Nach Schätzungen des World Resources Institute in Washington existieren in New York City mehr Telefonanschlüsse als im gesamten ländlichen Raum Asiens, und in London gibt es mehr Internetzugänge als in ganz Afrika. Der Nahe und Mittlere Osten sind noch fast vollständig offline. Die Zahl der afrikanischen Internetnutzer hat sich zwar seit dem Jahr 2000 von zwei auf sechs Millionen verdreifacht. Etwa die Hälfte kommt jedoch aus Südafrika, es folgen Ägypten und Marokko mit je 500 000 Nutzern. Kaum mehr als 300 afrikanische Internet-Provider versorgen den gesamten Kontinent, ein Drittel davon befindet sich in Südafrika.

Seit Anfang der 1990er Jahre sinkt der Anteil der in Armut lebenden Menschen an der Weltbevölkerung zwar. Dieser Trend vollzieht sich aber nicht gleichmäßig über die Regionen hinweg: Während zwischen 1987 und 1998 die Zahl der armen Menschen in China um mehr als 80 Millionen, in ganz Ostasien sogar um etwa 140 Millionen Menschen sank, stieg im gleichen Zeitraum deren Zahl im so genannten Subsahara-Afrika um 73 Millionen, in Südasien um 48 Millionen, in den ehemaligen sozialistischen Ländern um 23 Millionen und in Lateinamerika um 15 Millionen (vgl. Messner 2002). Nach Untersuchungen der Vereinten Nationen ist Armut nach wie vor die Todesursache Nummer eins auf der Welt. Heute leben weltweit circa 200 Millionen Menschen in Ländern, in denen die durchschnittliche Lebenserwartung nicht einmal 45 Jahre beträgt. In den 48 ärmsten der insgesamt 194 Staaten der Erde haben die Menschen eine statistische Lebenserwartung von nur 49,2 Jahren, während sie in den Industriestaaten mit 75,2 Jahren um mehr als 50 Prozent höher liegt. Am stärksten bedrückt die aussichtslose Lage vieler Kleinkinder. Täglich sterben laut UNICEF 30000 Kinder unter 5 Jahren an behandelbaren oder gar vermeidbaren Krankheiten einschließlich Unterernährung. Das bedeutet, spätestens alle drei Sekunden stirbt ein Kind, weil seine Eltern nicht das Geld für die notwendige Ernährung, Hygiene, für Medikamente oder eine Operation besitzen (vgl. UNICEF 2004). Das ist eine beschämende Bilanz.

Natürlich besteht auch eine auffällige Verbindung zwischen Armut und der Verbreitung ansteckender Krankheiten. Allgemein ist die Lage der ärmsten Länder durch ansteckende Krankheiten wie Malaria und Aids besonders schlimm. Zwar gibt es sogar hierfür mittlerweile Medikamente, die diese schweren Erkrankungen weitgehend in Schach halten können. Nur sind solche Mittel in Afrika und anderen Entwicklungsländern kaum verfügbar, weil ihr Preis von der breiten Masse der Betroffenen nicht gezahlt werden kann. Vorsorge und Behandlung sind durch fehlende finanzielle Mittel und geringe Aufklärung extrem erschwert, was die Dynamik der Verbreitung erhöht. Es gibt auf der Erde knapp 40 Millionen Menschen mit einer HIV-Infektion. 2003 starben weltweit 3,1 Millionen Menschen an Aids, 2,3 Millionen – also fast drei Viertel – allein in Afrika. Aids ist in den südlich der Sahara gelegenen Staaten bereits die Todesursache Nummer eins.

Ein direkter Zusammenhang besteht häufig auch zwischen Armut und Raubbau an der Natur. Wer vor der Wahl steht, die nächsten drei Tage zu überleben oder die nächsten dreißig Jahre für ein stabiles Klima oder für saubere Flüsse zu sorgen, der wird in seiner Not das Leben kurzfristig betrachten. Wer von uns wollte einem Menschen vorhalten, die Chance zu nutzen, seiner Armut – vielleicht sogar dem Tod – auf Kosten der Umwelt zu entfliehen. Doch führt ihr umweltschädigendes Verhalten diese alternativlosen Menschen letztendlich in eine noch schlechtere Versorgung. Die Effekte einer lokalen Verunreinigung können beispielsweise erhebliche Versorgungsprobleme mit sauberem Trinkwasser hervorrufen. So besitzen schon jetzt die in absoluter Armut lebenden 1,2 Milliarden Menschen keinen Zugang zu sauberem Süßwasser. Doppelt so viele sind auch nicht an ein Abwasserentsorgungssystem angeschlossen.

Laut einer UNO-Studie wird in 50 Jahren sauberes Wasser so knapp sein, dass es kostbarer als Gold und strategisch bedeutender als Erdöl sein wird. Die Süßwasserreserven sind von circa 17000 Kubikmeter pro Erdbewohner im Jahr 1950 auf 7300 Kubikmeter 1999 gesunken (vgl. Laszlo 2003, S. 69). Das ist eine Entwicklung, die sich aufgrund der massiven Eingriffe in die ökologischen Systeme und wegen des anhaltenden Bevölkerungswachstums weiter fortsetzen wird. Am schlimmsten werden Afrika, der Mittlere Osten sowie Süd- und Zentralasien von der Wasserverknappung betroffen sein, wo man aller Voraussicht nach schon in 20 Jahren mit weniger als 1700 Kubikmeter pro Person wird auskommen müssen. Aber auch die übrigen Regionen werden langsam an ihre Grenzen gebracht. Im nördlichen Asien und in Lateinamerika werden die Wasserreserven auf ein Viertel des Volumens von 1950 sinken. Und sogar in den USA und Europa werden wir 2025 vermutlich nur noch über die Hälfte an Reserven verfügen.

Die Bekämpfung des Raubbaus und der Umweltverschmutzung ist immer auch mit der Bekämpfung von Armut verbunden. Der ehemalige Generaldirektor der WTO Mike Moore sagte einmal treffend: «Armut ist der größte Feind der Umwelt.» Doch das Dilemma dieser Verknüpfung besteht darin, dass der Weg eines Entwicklungslandes aus der Armut für gewöhnlich in seiner Industrialisierung besteht. Die wirkt sich dann nicht nur auf die lokalen Umweltressourcen der Verursacher aus, sondern hat auch globale Effekte. Das, was die Industrienationen lange Zeit bedenkenlos auf Kosten der globalen Umwelt betrieben haben und zuweilen noch immer tun, imitieren die Schwellenländer in ihrer Aufholjagd zu den Industrieländern. Das anschaulichste und eindrucksvollste Beispiel hierfür ist China. Das riesige aufstrebende Land ist schon heute der zweitgrößte Emittent von Treibhausgasen weltweit, 2020 wird es sogar die USA, die jetzige Nummer eins, überholen, obwohl auch deren Klimagasausstoß wahrscheinlich weiter zunehmen wird. Laut FAZ vom 8. September 2004 werden in China von 6 Millionen Kumpel jährlich 1,9 Millionen Tonnen Kohle gefördert. Der Anteil der Kohle, der zur Stromversorgung verbrannt wird, soll in den nächsten Jahren um jährlich 60 bis 80 Millionen Tonnen ansteigen. Das ist mehr als die gesamte Kohle, die in Deutschland jährlich zur Stromgewinnung verbrannt wird.

Die Verknappung von Wasser wird nicht die einzige ökologische Auswirkung bleiben, die wir nicht verantworten können. Saubere Luft und fruchtbare Erde sind für das Überleben der Menschheit kaum weniger elementar. Um einen kurzen und anschaulichen Gesamteindruck über die aktuelle Situation zu geben, möchte ich eine Hochrechnung von Ervin Laszlo (2003, S. 63 f.) auf der Grundlage des *Living Planet Report 2000* wiedergeben. Demnach läge für den fiktiven Fall, dass die gesamte

Menschheit nach dem Muster der 42 reichsten Länder der Erde leben würde, die weltweite Nutzung der Acker- und Weideflächen sowie der Fischgründe 100 Prozent über dem, was unser Planet zu produzieren und zu regenerieren vermag. Mit anderen Worten: Wir bräuchten für die weltweite Verbreitung des westlichen Lebensstils noch einen zweiten Planeten Erde. Doch solange wir diesen nicht gefunden haben, müssen wir uns an den Gedanken gewöhnen, dass Armutsbekämpfung letztendlich auch den Rückzug aus Verschwendungssucht und eine Orientierung an Nachhaltigkeit verlangt.

FÜNF

GLOBALE MÄRKTE OHNE GLOBALE GESELLSCHAFT

Globalisierung muss mehr sein als eine wirtschaftliche Veranstaltung. Oder anders gesagt: Eine globale Wirtschaft braucht auch eine Wirtschafts- und Gesellschaftsordnung, die über Ländergrenzen hinweg wirksam ist. Da wir eine solche Ordnung bislang nicht besitzen – obwohl es einige Ansätze dafür gibt –, ist die Welt wie ein Marktplatz ohne Dorf. George Soros, der unter dem Einfluss von Poppers Philosophie den «Open Society Fund» gründete, verdiente als Hedgefondsverwalter einst Milliarden durch weltweite Spekulationen. Mit einem Teil seiner Ersparnisse finanzierte er im Jahr 2004 massiv den Wahlkampf gegen George W. Bush. Soros weiß, wovon er spricht, wenn er die unbegrenzten Möglichkeiten auf den internationalen Finanzmärkten kritisiert. Er schreibt in seinem Buch *Globalisierungsreport*: «Wir haben globale Märkte, aber keine globale Gesellschaft. Und wir können keine globale Gesellschaft errichten, ohne über moralische Fragen nachzudenken.» (Soros 2002, S. 162)

Wenn wir von der marktwirtschaftlichen Konzeption Adam Smiths ausgehen, so müssen Produktion und Handel sich innerhalb eines verbindlichen Ordnungsrahmens abspielen. Zwar hat der Staat nichts auf den Märkten selbst zu suchen, doch ist er gewissermaßen als Veranstalter und Ordnungshüter unersetzlich. Zur Veranschaulichung: Wer ein Fußballspiel veranstaltet, darf sich auch nicht in das Spiel selbst einmischen, um dessen Ausgang zu beeinflussen. Er muss aber dafür Sorge tragen, dass der Rasen gemäht ist, die Begrenzungslinien korrekt gezogen sind, die Netze an den Toren hängen, Sanitäter für Notfälle bereitstehen und Schiedsrichter über die Einhaltung der Regeln wachen. Analog dazu benötigt auch jeder Markt ein klar definiertes Rahmenwerk für Produktion und Handel und eine ständige Aufsicht darüber, ob alles mit rechten Dingen vor sich geht. Zu den Voraussetzungen, für die der Staat – gewöhnlich unter Einsatz öffentlicher Steuermittel – sorgen muss, gehört die Infrastruktur: Straßen, Schifffahrtswege, Flughäfen und Schienennetze, damit ein reibungsloser Lieferverkehr stattfinden kann. Er muss für eine stabile Währung sorgen, sodass sich jede Art von Handel uneingeschränkt entfalten kann und auch das Geldsparen nicht zu einem unkalkulierbaren Risiko wird. Ebenso gehört eine solide schulische Grundbildung zur Infrastruktur, damit zum einen durch gewisse Erziehungs- und Bildungsstandards die öffentliche Ordnung besser gewährleistet werden kann, zum anderen der notwendige Grundstock für das Humanvermögen eines Landes, das ganz entscheidend auch dessen Prosperität bestimmt, gelegt ist.

Es darf sich unter dem Deckmantel des Wettbewerbs nicht einfach das Recht des Stärkeren breit machen. Dazu aber bedarf es spezieller Gesetze, eines allgemein gültigen Justizwesens und einer polizeilichen Gewalt, die das Recht auch durchsetzt. Eine Marktwirtschaft kann hierauf selbstverständlich nur deshalb nicht verzichten, weil die Teilnahme am Markt freiwillig ist. Freiwillige Geschäfte und Vereinbarungen irgendwelcher Art gibt es auch in der kriminellen Unterwelt. Deshalb stellt dieses System noch lange keine nachahmenswerte marktwirtschaftliche Ordnung dar. Eine solche Gauner-Ordnung wäre hingegen genau das, was die Bezeichnung «Sozialdarwinismus» verdient. Dies ist nun kurioserweise aber ein Begriff, mit dem Kapitalismuskritiker häufig die freiheitliche Wettbewerbsordnung betiteln, weil auch sie vermeintlich auf dem Recht des Stärkeren beruhe. Eine Marktwirtschaft nach dem klassischen liberalen Modell von Adam Smith aber ist darauf angelegt, einen fairen Wettbewerb zu gewährleisten, und fair ist der Wettbewerb letztendlich dann, wenn alle unter denselben Grundbedingungen produzieren und Handel betreiben. Das Recht des Stärkeren hat hier keinen Platz. Auch darf der Wettbewerb nicht dazu führen, dass er sich selber abschafft, indem tüchtige Unternehmen zu großen Konzernen heranwachsen und ihre Omnipotenz dahin gehend ausnutzen, kleinere Neueinsteiger nicht mehr auf das Spielfeld zu lassen. Diskriminierung ist weder dem Staat noch den Marktteilnehmern erlaubt. Nur so kann gewährleistet werden, dass die Gesellschaft insgesamt am besten und eben auch nachhaltig versorgt wird. Darin liegt der Sinn einer liberalen, marktwirtschaftlichen Ordnung. Alles andere entfremdet und verzerrt das Wohlstand fördernde Ursprungskonzept.

Solange also ein fairer offener Wettbewerb garantiert werden kann, bildet eine Marktwirtschaft, wie sie etwa in Deutschland existiert, per se auch eine soziale Institution. Sie stellt bestehende Machtverhältnisse permanent in Frage und setzt handfeste Anreize, sich am Wohl der Allgemeinheit zu orientieren. Für die Grundväter der sozialen Marktwirtschaft – in diesem Zusammenhang sind vielleicht besonders die Professoren Walter Eucken, Alfred Müller-Armack und Wilhelm Röpke zu nennen – und ihren genialen Vollstrecker Ludwig Erhard war die Machtbeschränkung einzelner Menschen und einzelner Unternehmen durch die wettbewerbliche Offenheit des Systems ein zentrales konzeptuelles Element. Sie maßen diesem Aspekt, nicht zuletzt wegen der Erfahrungen des Dritten Reichs, außerordentlich große Bedeutung zu.

Doch Wettbewerb zu garantieren ist selbst innerhalb eines geschlossenen Staates schwierig und wird umso problematischer in einer globalisierten Welt, in der es kein Herrschaftsmonopol gibt. Wettbewerber, die naturgemäß Wachstum und Gewinn anstreben, neigen dazu, Verabredungen zu treffen, die den aus ihrer Sicht lästigen Konkurrenzkampf beschränken sollen. Adam Smith schrieb seinerzeit, dass, sobald sich zwei Kaufleute träfen, sie bereits einen Plan zur Wettbewerbsbeschränkung ausheckten. Wir kennen das Spielchen etwa vom Benzinmarkt an den Tankstellen. Die Versuchung unter Wettbewerbern, zu kooperieren, ist seit jeher groß, zumal es sich um eine Verhaltensweise handelt, die in anderen Lebensbereichen als anständig und moralisch geboten gilt. Innerhalb der Belegschaft eines Unternehmens, in der Familie und im Freundeskreis ist Kooperation angesagt und Konkurrenz moralisch geächtet. Im Wettbewerb hingegen muss auf diese Art der Zusammenarbeit ganz entschieden verzichtet werden, um nicht permanent Dritten Schaden zuzufügen. Denn gelingt es auf überschaubaren Märkten den Unternehmern, die Wettbewerbsregeln durch Absprachen zu unterwandern, dann geschieht dies immer zum Nachteil der Gesellschaft. Entweder werden die Preise künstlich hochgehalten oder es bleiben die sonst möglichen Produktverbesserungen aus.

Um diese so genannten Kartelle zu verhindern, gibt es ganze Gesetzesbücher und spezielle Behörden, die versuchen, einer entsprechenden Gesetzgebung zur Geltung zu verhelfen. In der Bundesrepublik heißt dies beispielsweise «Recht gegen Wettbewerbsbeschränkungen». Und es wird ergänzt durch das «Recht gegen unlauteren Wettbewerb». Soll mit dem zuletzt genannten der Wettbewerb in geordnetere Bahnen gebracht, quasi gezügelt werden, so soll das erstgenannte die Wettbewerbsanreize und Markteintrittschancen erhalten. Mit diesen beiden Gesetzesbüchern will der Staat erreichen, dass jeder Wettbewerber seine Leistung ungehindert am Markt anbieten darf, damit der Verbraucher frei auswählen kann. So sind auch Versuche verboten, die es ausschließlich darauf anlegen, einen Wettbewerber mit Untereinstandspreisen in den Konkurs zu treiben, um sich auf diese Weise eine Monopolstellung zu verschaffen. Obwohl kurzzeitig die Verbraucher von den niedrigen Preisen profitieren könnten, würden sie langfristig durch die Monopolisierung viel größeren Schaden nehmen.

Auf globalen Märkten, deren Rahmenordnung nur sehr unvollständig ist, entstehen zum Teil Probleme, die sich mit der nationalen Wettbewerbsordnung nicht mehr lösen lassen. Am auffälligsten ist das Problem nationaler Industriepolitik. So gibt es immer wieder den Fall, dass Unternehmen mit den Steuergeldern desjenigen Staates, in dem ihr Hauptsitz liegt, unterstützt werden, damit der jeweiligen Volkswirtschaft Arbeitsplätze erhalten bleiben. Doch auf diese Art wird der Wettbewerb mit Unternehmen aus anderen Ländern, die diese Unterstützung nicht erhalten, stark verzerrt. So ist es beispielsweise möglich, dass ein subventionierter Stahlproduzent aus den USA ein europäisches Unternehmen, das diese Unterstützung nicht erhält, aus dem Markt drängt. In diesem bekannten konkreten Konflikt wurde das verhindert, indem die Europäische Union auf den amerikanischen Stahl einen Strafzoll erhob, um damit den Preis wieder auf sein quasi natürliches Niveau zu heben. Auch der Streit auf dem Flugzeugmarkt zwischen der amerikanischen Boeing und dem europäischen Airbus geht auf ähnliche Argumente zurück.

Die Wettbewerbsfähigkeit eines Unternehmens auf dem globalen Markt hängt von vielen Faktoren ab, etwa dem Unternehmen, seinen Managern und Mitarbeitern. Zum Wohl der Gesellschaft von jedem das Beste zu fordern und gleichzeitig jedem Einzelnen die Chance zu geben, durch Leistung mehr Geld zu verdienen, Karriere zu machen und davon zu profitieren, ist Sinn und Zweck einer fairen Wettbewerbsordnung. Solange der Wettbewerb so organisiert ist, dass die Akteure auf die Anreize reagieren können, ohne gegen Normen und Gesetze zu verstoßen, führt das zu den gewünschten Ergebnissen. Nun gibt es aber auch solche Faktoren, die nicht durch ein einzelnes Unternehmen und schon gar nicht durch einzelne Mitarbeiter beeinflussbar sind. Darunter fallen zum Beispiel die natürlichen

Gegebenheiten eines Landes. Unterschiedliche Rohstoffvorkommen und Klimabedingungen sind von niemandem veränderbar. Doch solche Unterschiede können durch Spezialisierung innerhalb der internationalen Arbeitsteilung prinzipiell ohne Schaden für die Menschheit bewältigt werden.

Ganz anders mag es sich hingegen bei künstlich geschaffenen Bedingungen darstellen. Die Rede ist von gesetzlichen Vorschriften, unter ihnen auch solche, die mit guter Absicht zum Schutz von Mensch und Umwelt geschaffen wurden. Durch die Einhaltung besonderer Vorschriften, welche an einem bestimmten Standort gelten, kann ein Produkt bei gleicher Qualität in der Herstellung teurer als das eines Konkurrenten sein, der in einem anderen Hoheitsgebiet produziert, wo diese Vorschriften nicht gelten. So sind Umweltstandards ein typisches Beispiel für einen Wettbewerb, der nicht von gleichen Voraussetzungen ausgeht. Emissionsfilter einzubauen, spezielle Besteuerung für fossile Brennstoffe, strikte Verbote, Chemikalien in die Flüsse zu leiten, und vieles mehr sind zwar notwendige Maßnahmen zum Schutz der lebensnotwendigen Ressourcen. Eine einseitige Anwendung verschiebt aber die Wettbewerbsvorteile unter Umständen hin zu Ländern, die am skrupellosesten mit der Natur umgehen. Das ist selbstverständlich nicht die Absicht derjenigen, die mit hohen Umweltstandards die gemeinsame Lebensgrundlage der Menschheit ja gerade bewahren wollen.

Lokale Umweltschäden können globale Auswirkungen haben, ungeachtet des Ortes ihres ersten Vorkommens. Das ist etwa beim Ozonloch und dem Treibhauseffekt der Fall. Es kann aber auch sein, dass die Umweltschädigung lokal von einer anderen Bevölkerungsschicht ausgebadet werden muss als von der, die ihre Profite daraus geschlagen hat. Die Abholzung der südamerikanischen Regenwälder dient einer kleinen Minderheit von Großgrundbesitzern und schadet – abgesehen von den globalen Auswirkungen – massiv den Regenwaldbewohnern. Und solange es keine global verbindlichen Regeln gibt, wonach derjenige bezahlen muss, der den Schaden verursacht hat, wird es auch zur Ausbeutung und Übernutzung der Umwelt kommen. Man denke nur an die immer wiederkehrenden Bilder von einer Öltankerhavarie, die Tausende von Menschen ins Unglück stürzt und die schönsten Strände samt Fauna auf lange Zeit hin verseucht. Auf nationalstaatlichem Gebiet kann die Verursachergerechtigkeit durch verschiedene Maßnahmen hergestellt werden, was schnell dazu führt, dass vernünftig mit den Reichtümern der Natur gewirtschaftet wird. Deutschland hat ja – vor allem durch die Initiative der Grünen – bereits einige Maßnahmen realisiert. Manches wirkt sich dabei als eklatanter Wettbewerbsnachteil aus, weil überall sonst auf der Welt keine solchen Restriktionen herrschen wie in Deutschland. Man kann daher erst dann eine befriedigende Lösung im Sinne von Umweltschutz bei fairem Wettbewerb finden, wenn sich alle Staaten auf gemeinsame, verbindliche Standards einigen und sich dann auch daran halten. Genauso, wie Doping bei den Olympischen Spielen verboten ist, um zu verhindern, dass sich die Sportler in einem unfairen Wettbewerb gesundheitlich ruinieren, bedarf es auch in Umweltfragen einer international gültigen Autorität. Wie aber kommt es zu einem solchen umfangreichen internationalen Abkommen?

Im Bereich der Arbeitnehmerrechte begegnen wir einer ähnlichen Argumentation. Auch hier können unterschiedliche gesetzliche Grundlagen verschiedener Länder zu einem unfairen Wettbewerb und zu einer unangebrachten Ausbeutung von Arbeitnehmern führen. Man muss allerdings in der Beurteilung, wann dieser Einwand tatsächlich berechtigt ist und wann nicht, sehr vorsichtig sein und genau differenzieren. Zunächst einmal stellt sich dabei die Frage, inwiefern Wettbewerbsvorteile für ein Land dadurch entstehen, dass es die Menschenrechte nicht garantiert. Wir wissen zwar aus der Geschichte, dass eine extreme Situation der Rechtlosigkeit von Arbeitnehmern, wie sie in einer Sklavenwirtschaft vorherrscht, letztendlich nicht nur ethisch verwerflich ist, sondern im Endeffekt auch wirtschaftlich keinen Bestand hatte. Man kann dennoch in einigen Ländern die Existenz extremer existenzieller Abhängigkeiten von despotischen Arbeitgebern – die gelegentlich ihre Monopolstellung auf dem Arbeitsmarkt skrupellos ausnutzen – nicht leugnen und auch nicht darüber hinwegsehen, dass innerhalb eines gewissen Rahmens der Ausbeuter als Einziger davon profitiert.

Wir kennen die Berichte über manche Konzernniederlassungen in Entwicklungsländern. Da wird von Arbeitern verlangt, dass sie sich für einen wirklichen Hungerlohn massiven Gesundheitsschädigungen aussetzen. Wer aber auch nur einen Tag krank ist und nicht zur Arbeit kommen kann, wird fristlos entlassen. Derartige Arbeitsverhältnisse sind in einem Land wie Deutschland zu Recht schon lange nicht mehr erlaubt. Die Produktion erfordert stattdessen meist aufwendige Schutzinstallationen, und für den Fall der Erkrankung gibt es seit dem 19. Jahrhundert eine Versicherungspflicht. Beides erhöht unter Umständen die Kosten der Produktion. Sofern die Unternehmen aus zwei Ländern, in denen so unterschiedliche arbeits- und sozialrechtliche Bedingungen herrschen, in direkter Konkurrenz zueinander stehen, erwächst den vorbildlichen Unternehmen des einen Landes ein klarer Wettbewerbsnachteil, der sie möglicherweise sogar ganz vom Markt verdrängt. Das kann natürlich nicht Ziel der offenen Gesellschaft sein.

Man könnte fordern, Unternehmen und sogar ganze Länder, die eine solche Form der Arbeiterausbeutung zulassen, zu sanktionieren, indem man ihre Waren auf den Märkten der offenen Gesellschaft nicht mehr zulässt. Diese Diskussion wird auch regelmäßig im Zusammenhang mit der geächteten Kinderarbeit geführt. Richtig sind meines Erachtens hartnäckige wirtschaftliche Sanktionen gegen Länder, die Profit aus der Diskriminierung und Unterdrückung der Bevölkerung schlagen. Das wurde etwa im Fall des rohstoffreichen Südafrikas zu Zeiten der Apartheid getan und führte dort bekanntlich auch zum Ziel. Aber wie wirkt diese Methode bei wirklich armen Ländern ohne Rohstoffe? Kann man es ethisch rechtfertigen, internationale Konzerne zu boykottieren, weil sie sich die Armut der Menschen zunutze machen, indem sie ihnen Arbeit zu schlechten Bedingungen geben? Verkannt werden darf nicht, dass die Alternativen für die betroffenen Menschen meist schlimmer aussehen. Was hier geschieht, ist im Grunde nichts anderes als ein freiwilliges Geschäft zum Nutzen beider Seiten. Ich werde in Teil II noch genauer auf die Umstände und Bedingungen der Produktionsverlagerung in Billiglohnländer eingehen. Dadurch wird auch klar werden, dass es dabei nicht um eine Verordnung zur internationalen Angleichung der allgemeinen Lebensverhältnisse gehen kann. Dies kann nicht mehr als ein Fernziel sein, welches sich durch faire Wettbewerbsprozesse langsam einstellen kann. Eine zwangsweise Verordnung aber wäre weder durchsetzbar, noch wäre sie zur Erreichung des humanistischen Ziels sinnvoll.

Wir müssen somit zwischen substanziellen Menschenrechten, die ja auch gewisse Grundrechte von Arbeitnehmern beinhalten, und solchen Rechten und Vereinbarungen unterscheiden, die sich von Land zu Land und von Branche zu Branche auf unterschiedliche Arten und in unterschiedlichem Ausmaß herausbilden, ohne dabei geltende Menschenrechte zu verletzen. Während wir im Falle der Menschenrechte durchaus eine zentrale Instanz benötigen, die beobachtet, beurteilt, sanktioniert und im Extremfall – was immer diesen auch kennzeichnen mag – notfalls militärisch eingreifen kann, müssen wir auf der anderen Seite alle nationalen Unterschiede bei Reallöhnen, sozialer Absicherung, Arbeitszeiten und Ähnlichem gelten lassen. So wäre es unzulässig, etwa Indien des Lohndumpings zu bezichtigen, nur weil man dort aufgrund der allgemeinen wirtschaftlichen und gesellschaftlichen Situation (noch) nicht in der Lage ist, unseren Standard zu übernehmen. Im Übrigen ist unser Standard etwa in Sachen Arbeitszeit und soziale Absicherung, wie das vergangene Jahr gezeigt hat, keinesfalls das Maß aller Dinge und unterliegt auch innerhalb eines Staates Veränderungsprozessen, die nicht zwangsläufig nur in eine Richtung laufen müssen. Doch das ist nicht der Abwesenheit einer zentralen Instanz zuzuschreiben, denn eine solche könnte dieses Problem noch viel weniger lösen. Vielmehr muss der angemessene Umfang an sozialer Absicherung und Freizeit durch internationalen Wettbewerb ermittelt werden, damit die globale Arbeitsteilung – wie wir später noch ausführen werden – zum Wohl aller funktioniert.

SECHS

UNO À LA CARTE

Wir können nun sehen, dass eine ganz bestimmte Kategorie von Problemen eine Ordnungsinstanz benötigt, die globale Gültigkeit besitzt und der sich letztendlich niemand ohne Sanktionierung entziehen kann. Wer die Globalisierungsmöglichkeiten unserer Zeit vor allem dazu nutzt, um sich aus grundlegenden Verantwortlichkeiten zu flüchten, der muss in die konsensuellen Grenzen gewiesen werden. Freier Wettbewerb darf kein Synonym für Regel- und Schrankenlosigkeit werden. In vielen Bereichen ist das auch heute schon nicht der Fall – in manchen aber eben doch, wie die Übernutzungstendenz lebensnotwendiger Umweltressourcen zeigt. Hinter diesem Problem steckt das ganze Dilemma im Umgang mit so genannten Kollektivgütern.

Einen verantwortungslosen Umgang mit natürlichen Kollektivgütern gibt es schon seit Jahrtausenden. Nun aber wird das Ausmaß der irreparablen Schäden durch die weltweite Verbreitung umweltbelastender Technologien sehr bedrohlich. Man denke hier nur an die Vermehrung von Verbrennungsmotoren bei Autos. Während sich diese Erkenntnis in den wirtschaftlichen Pionierländern langsam durchsetzt, richten viele andere weniger entwickelte Länder jetzt die Prioritäten auf ihre rein wirtschaftlichen Interessen aus und beginnen das zu tun, was wir uns abgewöhnen wollen. Dies geschieht überdies häufig mit derselben Rücksichtslosigkeit gegenüber der Natur, die wir noch im Rahmen unserer Industriegesellschaft praktizierten. Bei allem Verständnis für diese nachholende Entwicklung müssen wir alles dafür tun, gemeinsam neue Standards einzuführen, damit wir unseren Planeten nicht innerhalb kürzester Zeit ruinieren. Die entstehenden Anreize, die ein zügelloser globaler Wettbewerb Unternehmen und Volkswirtschaften setzt, macht zumindest Teile der Erde unbewohnbar und verschlechtert schon bald unser aller Lebensqualität. Die ärmsten Regionen, die bislang die geringste Schuld an der Zerstörung natürlicher Ressourcen tragen, werden die ersten Auswirkungen am härtesten zu spüren bekommen.

Ein ungezügelter globaler Wettbewerb, ein Wettbewerb also, der ohne eine disziplinierende Ordnungspolitik nach nationalstaatlichem Muster stattfindet, läuft außerdem Gefahr, in den Entwicklungsländern noch einmal das 19. Jahrhundert der Industrieländer zu wiederholen. Der Kapitalismus des 19. Jahrhunderts war das, was Karl Marx und Friedrich Engels zum *Kommunistischen Manifest* anregte. Und so sicher wir den Kommunismus hinter uns gelassen haben, so berechtigt war die damalige Kritik am Umgang mit den Schwachen und Armen der Gesellschaft. Marx' Lösungsansatz, das wissen wir heute, war falsch. Doch seine Kritik war berechtigt und hat vermutlich ihren Teil dazu beigetragen, dass die «soziale Frage» in Deutschland und Europa schließlich auf einer demokratischen Basis gelöst wurde. Gewerkschaften und andere Institutionen, die die Verhandlungsmacht der Arbeiterschicht stärkten und auf diesem Weg menschenwürdige Arbeitsbedingungen erreichten, haben den Kapitalismus nicht geschwächt, sondern überlebensfähig gemacht. So und nur so konnten schließlich die negativen Effekte, die eine rein auf Vertragsfreiheit beruhende Wettbewerbsordnung auf dem Arbeitsmarkt mit sich brachte, zum Wohl der gesamten Gesellschaft kanalisiert werden.

Wenn daher gewisse kapitalistische Fehlentwicklungen im Zuge der Globalisierung nicht wiederholt werden sollen, ist ein stabiler Ordnungsrahmen, der bestimmte Mindeststandards setzt, unerlässlich. Dazu zählen insbesondere Institutionen, die jedem Menschen eine Chance geben, sein Schicksal selbst in die Hand zu nehmen. Eine Schulbildung gehört dabei sicherlich zu den wichtigsten Voraussetzungen. Doch wer soll einen solchen Rahmen gewährleisten? Wer hat ein Interesse daran und wie lässt sich dieser Rahmen schaffen und aufrechterhalten? Nun könnte man sagen, die Vereinten Nationen (UNO) seien die gesuchte zentrale Instanz, von denen doch schon die Belange der gesamten Menschheit vertreten würden. Mittlerweile zählt sie 191 Mitgliedsstaaten und umfasst damit fast alle Länder dieser Erde. Bei näherer Betrachtung wird aber deutlich, dass die Vereinten Nationen nicht zu der regulierenden Weltregierung führen werden. Die UNO ist eine Organisation, die sich von ihrer Konzeption her nicht zur Durchsetzung der hier diskutierten Ziele eignet. Der Generalsekretär wird nicht wesentlich über die Rolle eines Mahners hinauskommen – vielleicht ähnlich dem deutschen Bundespräsidenten.

Zur Vergegenwärtigung: Noch während des Zweiten Weltkrieges beschlossen am 1. November 1943 die Außenminister der USA, der UdSSR, Chinas und Großbritanniens, eine Organisation zur Schaffung und Erhaltung des internationalen Friedens zu gründen. 1944 entstand in Dumbarton Oaks (USA) der Entwurf einer Satzung und gegen Ende des Zweiten Weltkriegs klärten Roosevelt, Churchill und Stalin in Jalta noch strittige Fragen etwa zu Abstimmungsmodus und dem Vetorecht im Sicherheitsrat. Auf einer Konferenz in San Francisco, an der alle Staaten teilnehmen durften, die Deutschland vor Kriegsende den Krieg erklärt hatten, wurde schließlich am 26. Juni 1945 von 51 Nationen die Charta der UNO verabschiedet, die vier Monate später in Kraft trat. Von Beginn an war jedoch die Geschichte der vermeintlich «Vereinten» Nationen vom

Kalten Krieg überschattet. Es mutet geradezu paradox an, dass die Gründerstaaten der UNO gleichzeitig die Antagonisten des Ost-West-Konfliktes waren. Das Vetorecht erwies sich daher so ziemlich bald als ein reines Blockadeinstrument. Die jährlichen Vollversammlungen wurden zu Propagandaveranstaltungen missbraucht, und die Schaffung einer friedenssichernden Weltpolizei scheiterte schon allein an der Rivalität der Weltmächte Amerika und Sowjetunion.

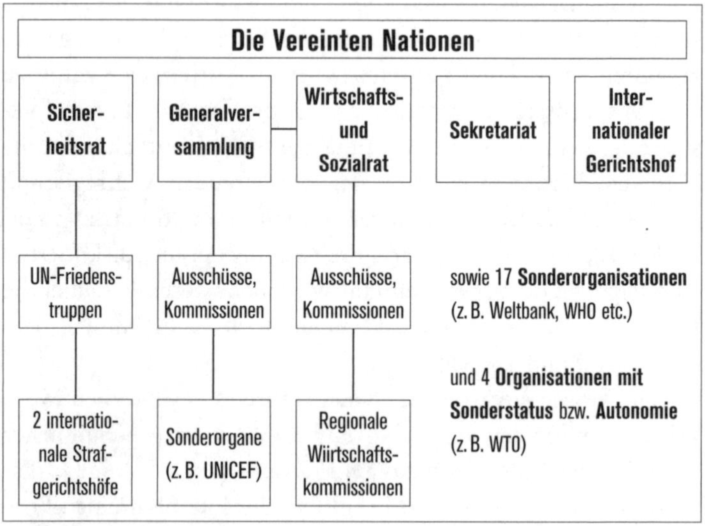

Abbildung 3: Das Organisationsschema der Vereinten Nationen

Mit dem Ende des Kalten Krieges 1990 bekam die UNO ein anderes Gesicht. Viele Menschen hofften in Übereinstimmung mit den Erwartungen, die aus Francis Fukuyamas *Ende der Geschichte* sprachen, dass jetzt aufgrund der geringeren ideologischen Gegensätze auch die Vereinten Nationen stärker an einem Strang ziehen würden. Das war in gewisser Weise sogar der Fall, doch reichte es nicht aus, den Entscheidungen der UNO zu einer größeren Geltung zu verhelfen. Sie blieb weiter an die Interessen der Großmächte und deren Konsens untereinander gebunden. Dadurch wurde etwa der Einsatz der UNO-Friedenstruppen im ehemaligen Jugoslawien stark eingeschränkt.

Schließlich waren es wieder die USA als stärkste souveräne Nation, die für ein Ende von Mord und Vertreibung mitten in Europa sorgen mussten. Wenige Jahre später konnten wir dann im jüngsten Irak-Krieg alle Zeuge der relativen Bedeutungslosigkeit der UNO werden. Die Vereinten Nationen hätten ohne die militärische Schlagkraft der USA letztendlich niemals den von ihr eingeforderten Verhandlungsdruck erzeugen können. Doch theoretisch hätte sich andererseits Amerika mit all seiner Kraft in die Verhandlungsstrategie der UNO einbringen können. Obwohl es zunächst den Anschein erweckte, hatte die USA dies zu keinem Zeitpunkt in Erwägung gezogen. Amerika stand vor der Frage, ob es die Funktion der Weltpolizei auf eigene Rechnung übernehmen wollte oder sich den Vereinten Nationen unterordnen sollte, um gegebenenfalls zu ihrem Instrument zu werden.

Wer die amerikanische Mentalität und die geschichtlich begründete Einstellung der Amerikaner zur UNO kennt, den konnte es kaum wundern, dass sich ihre Strategie nicht nach UNO-Resolutionen richten würde. Die Haltung der USA in dieser Situation hat uns mehr denn je vor Augen geführt, dass Weltmächte, namentlich die USA, aber auch China, ihre nationalstaatliche Souveränität niemals zugunsten einer internationalen Konsensrunde aufgeben würden. Der bekannte amerikanische Erfolgsautor Robert Kagan (2003, S. 90) verweist etwa auf die Einstellung Dean Achesons, eines der führenden Architekten der Nachkriegsordnung. Für Acheson, der die UNO-Charta als «Heilige Schrift» verhöhnte, sei die Unterstützung der Vereinten Nationen nichts weiter als «eine Hilfsleistung für die Diplomatie» gewesen. Die USA sind nicht ganz zu Unrecht der Ansicht, dass ihr Kampf für Freiheit – ein idealistisches Ziel, mit dem sich in der Tat die meisten Amerikaner identifizieren – nicht Seite an Seite mit Staaten ausgetragen werden kann, die diesen Wert nicht uneingeschränkt teilen. Da die UNO aber von jeher auch solchen Staaten ein Forum bot, wollen die USA allein schon aus diesem Grund ihre Souveränität nicht freiwillig beschränken. Amerika kennt überdies die Schwächen der Entscheidungsfindung der UNO. Und schließlich stellt Amerika fast allein das militärische Potenzial im Falle eines Krieges. Aus Sicht der USA sind damit Zugeständnisse an die Vereinten Nationen überflüssig und schränken den eigenen starken Staat in der Verfolgung seiner Ziele nur ein.

Ich will die moralische Bedeutung der gewandelten UNO nicht unterschätzen. Und sicherlich brauchen wir auch eine solche Instanz, die zu einem Bewusstseinswandel in der Weltbevölkerung durchaus beitragen kann. Wir dürfen jedoch nicht erwarten, dass dieser Konstellation aus der UNO jemals eine Art Weltregierung erwachsen kann, die einen gemeinsamen Ordnungsrahmen garantiert. Das Gebilde der Vereinten Nationen bietet für starke wie für schwache Staaten gleichermaßen wenig Anreize zu einer umfassenden Abgabe nationalstaatlicher Souveränitätsrechte. Zumindest verlieren die Stärksten unter dem Strich an Macht. Die Schwachen wiederum haben keine realen Aussichten auf ein Mitbestimmungsrecht. Die Legitimation einer Weltregierung wird sie daher niemals aus eigener Kraft gewinnen können. Und eine zentrale Weltregierung – die derzeit eben eher eine Illusion als eine Vision ist – halte ich auch für die Lösung der anstehenden Probleme für überhaupt nicht erforderlich. Weitaus pragmatischer wäre vielmehr eine «UNO à la carte», die nur in ausgewählten Bereichen eine internationale Kooperation mit autorisierten zentralen Behörden betreibt.

Um die zuvor angesprochenen Standards zu regeln, genügen meiner Einschätzung nach global wirkende Institutionen, die eine weitgehende politische Unabhängigkeit besitzen. Sie müssen allerdings trotz Beachtung nationalstaatlicher Souveränität von nahezu allen Nationen akzeptiert werden. Ich denke dabei an Einrichtungen nach dem Muster des Internationalen Gerichtshofs, der zwar auch eines der Hauptorgane der UNO ist, jedoch nicht auf der Grundlage von Resolutionen und politischen Konsensentscheidungen agiert. Ein anderes Beispiel ist die Europäische Notenbank, die nach dem erprobten Muster der unabhängigen Deutschen Bundesbank als Wächter über Inflation und Stabilität der Finanzmärkte herrscht. Institutionen dieser Art kann man allerdings nicht einfach in die Welt setzen. Sie müssen wachsen, um sich die erforderliche Akzeptanz zu verschaffen. Wo immer in der Menschheitsgeschichte stabile Strukturen existierten, waren sie das Ergebnis eines Evolutionsprozesses. In einem solchen Prozess sehe ich eine wesentlich realistischere Chance, wie die Menschheit zu einer Art Meta-Ordnung gelangen kann, worin die unterschiedlichen Kulturen nicht verleugnet werden müssen und die ihr trotzdem ein friedliches Überleben gewährleistet.

Ein gutes Beispiel ist in diesem Zusammenhang die bisherige Geschichte des Kyoto-Protokolls. Das 1997 verabschiedete Protokoll ist ein internationales Abkommen zum Klimaschutz. Am 16. Februar 2005 wurde es von den Unterzeichnerstaaten endlich in Kraft gesetzt. Das Kyoto-Protokoll wird dabei von der UNO geführt und schreibt verbindliche Ziele für die Verringerung des Ausstoßes derjenigen Treibhausgase vor, die für eine bedrohliche Erwärmung des Erdklimas verantwortlich gemacht werden. Da die problematische Emission von Treibhausgasen – vor allem Kohlendioxid (CO_2), Methan und die Ozon zersetzenden Fluorchlorkohlenwasserstoffe (FCKW) – bislang vornehmlich von den Industriestaaten verursacht wird, sieht das Protokoll vor, dass die meisten Industrieländer das Ausstoßniveau bis 2012 auf 6 bis 8 Prozent unter den Stand von 1990 zurückführen müssen. Für Russland und die Ukraine reicht laut Protokoll als Höchstgrenze das Niveau von 1990, während für Entwicklungsländer, zu denen gemäß damaliger Definition auch die aufstrebenden Länder China und Indien zählen, keine Beschränkungen vorgesehen sind.

Die Übernutzung der Umwelt wird natürlich nicht verhindert, indem sich eine Minderheit freiwillig Grenzen setzt. Man muss die üblichen Schwierigkeiten im Umgang mit kollektiven Umweltgütern eindämmen. Und deshalb ist vereinbart worden, das Abkommen erst dann automatisch in Kraft zu setzen, wenn es mindestens 55 Staaten, die gemeinsam mehr als 55 Prozent der Kohlenstoffdioxid-Emissionen (bezogen auf 1990) der Industrieländer verursachen, ratifiziert haben. Die EU-Staaten, die im Mai 2003 allesamt das Kyoto-Protokoll unterzeichneten, können bei diesem Projekt als treibende Kraft angesehen werden. Deutschland ratifizierte das Abkommen sogar schon im April vor allen anderen EU-Staaten. Da sich jedoch insbesondere die USA seit der Regierungszeit von George W. Bush weigerten, das von seinem Vorgänger Bill Clinton bereits unterzeichnete Protokoll auch zu ratifizieren, konnte trotz der großen Zahl der Staaten die kritische Masse von 55 Prozent der Gesamtemissionen lange Zeit nicht erreicht werden.

Das Hauptinstrument des Kyoto-Protokolls zur Emissionssenkung ist der Emissionsrechtehandel. Dieser geht letztendlich auf eine Idee des Wirtschaftswissenschaftlers Ronald Coase zurück. Schon 1932, noch während seines Studiums, entwarf Coase eine Studie, die 59 Jahre später vom Nobelpreiskomitee gekrönt wurde. Hierin zeigte er, dass die Wirtschaft immer dann an einer möglichst geringen Umweltverschmutzung interessiert ist, wenn exklusive Nutzungs- beziehungsweise Verschmutzungsrechte vergeben werden und die Umwelt dadurch nicht mehr wie ein endloser, von allen beliebig nutzbarer Ressourcenpool behandelt werden kann. Auf diese Weise finden die Kosten der Umweltzerstörung automatisch Eingang in die betriebliche Kostenrechnung, da die Rechte gekauft oder verkauft werden können. Der Handel mit Verschmutzungsrechten, deren Gesamtwert anfänglich – wie auch im Fall von Kyoto – natürlich von einer übergeordneten Instanz durch Experten ermittelt werden muss, sorgt dafür, dass die betrieblichen und volkswirtschaftlichen Produktionsgewinne nicht per se auf Kosten der globalen Umwelt gemacht werden können. Eine für die einzelne Volkswirtschaft überhöhte Umweltverschmutzung muss somit durch den Erwerb von entsprechenden Rechten erkauft werden. Ist ihr Preis zu hoch, lohnt die Produktion nicht mehr. Auf der anderen Seite können Rechte verkauft werden, wenn die anfangs zugebilligten Anteile aufgrund einer schadstoffärmeren Produktion nicht benötigt werden.

Aber auch die Entwicklungsländer bleiben nicht ganz unberührt vom Kyoto-Protokoll. Es sieht den so genannten «Clean Development Mechanism» vor, der ein Industrieland belohnt, wenn es Maßnahmen zur CO_2-Reduzierung in einem Entwicklungsland durchführt. Neben den verschmutzungsstarken USA bleiben jedoch insbesondere China und Indien bislang ein Problem. Allein China und Indien bringen im Ausbalancierungsprozess gemeinsam 2,5 Milliarden Menschen auf die Waage, die auf dem Pfad der nachholenden Entwicklung die Umwelt, etwa im Bereich der Treibhausgase, klar zu überfordern drohen. Es gilt somit, diese drei wichtigen Staaten unbedingt mit ins Boot zu holen. Wir haben bereits gesehen, in welchem beträchtlichen Maße gerade der Energiebedarf Chinas wächst. Die Chinesen wollen sich in dieser rasanten Phase nachholender Entwicklung natürlich nicht so leicht durch die Anerkennung von Verschmutzungsrechten bremsen lassen. Das mag verständlich sein, doch muss der sanfte Druck auf das bevölkerungsstärkste Land der Erde zunehmen. Denn ohne China werden letztendlich alle Bemühungen nicht ausreichen. Es würde sicherlich die Überzeugungskraft des Kyoto-Protokolls steigern, wenn ihm endlich auch die USA beitreten würden und sich aktiver an der Rettung und Sicherung der natürlichen Umwelt beteiligten.

Hingegen ist die Integration Russlands recht glücklich verlaufen. Die Kalkulation auf der Grundlage der ursprünglich zugeteilten Emissionsrechte beflügelte schließlich das Land, dem auf der Basis von 1990 mit etwa 18 Prozent der Emissionen mehr Verschmutzungsrechte zugeteilt wurden, als es – nach der Schließung einiger ausstoßintensiver Fabriken – mittlerweile benötigt. Am 22. Oktober 2004 unterschrieben die Russen daher das Kyoto-Protokoll. Damit hatten nicht nur 126 Staaten das Abkommen ratifiziert, sondern es wurde mit über 60 Prozent auch die notwendige Grenze von 55 Prozent der Gesamtemission von 1990 deutlich überschritten. Das Protokoll konnte unter der Führung der Europäischen Union am 20. Januar 2005 somit auch ohne die Ratifizierung der emissionsstarken USA offiziell in Kraft treten. Interessant ist nun zu beobachten, dass sich die US-Wirtschaft über diesen Marktmechanismus trotz anhaltender Verweigerung der Regierung auf den Emissionshandel ebenfalls langsam einstellt. So wurde bereits in Chicago eine Klimabörse für den Handel von Verschmutzungsrechten gegründet. Große amerikanische Unternehmen wie der Chemiegigant Dupont oder der Automobilhersteller General Motors haben in der Erwartung, dass auch die USA sich langfristig anschließen werden, bereits freiwillig ihren Schadstoffausstoß reduziert.

Auf diese Weise verdichtet sich langsam das globale Netzwerk und hinterlässt auch ohne Weltregierung eine Ordnungsstruktur, die die Zerstörung unserer globalen Umwelt – so bleibt zu hoffen – noch rechtzeitig verhindern wird. Wahrscheinlich können globale Ordnungskonzepte nur in solchen langwierigen Prozessen wachsen, die durch eine Konsenssuche auf steigendem Niveau gekennzeichnet sind – in Abwägung zwischen Wirkungsgrad und Wirkungsfeld.

TEIL ZWEI

DIE WELT IM WETTBEWERB UM DIE BESTEN LÖSUNGEN

EINS

DIE DYNAMIK DER WELTWIRTSCHAFT

Zu Beginn der Industriellen Revolution, als auch der wirtschaftliche Liberalismus aus der Taufe gehoben wurde, konnte man sich natürlich nicht vorstellen, welche technologischen Errungenschaften die Menschheit 150 Jahre später hervorbringen sollte – Technologien, die die Faktoren Raum und Zeit grundlegend verändern sollten. Brauchte ein Handelsschiff der schon damals global agierenden East India Company eine halbe Ewigkeit, um begehrte Waren um die Erdkugel zu transportieren – flankiert von einer kleinen Schutzflotte –, werden heutzutage etwa die beliebten Mikrochips, die in unserer digitalen Welt mittlerweile ein Kernelement sämtlicher moderner Elektronik geworden sind, innerhalb weniger Stunden und ohne größeren Sicherheitsaufwand durch die Lüfte geschickt. Bei schwereren und geräumigeren Gütern, die noch immer zu Wasser oder zu Lande verfrachtet werden müssen, dauert es zwar selbst im Globalisierungszeitalter etwas länger, doch kommt ein LKW auf gut ausgebauten Straßen schon um einiges schneller voran als eine Kutsche auf steinigen Wegen. Schiffe sind weit weniger von der Gunst der Winde abhängig, und die Gefahr, der Natur oder der Piraterie zum Opfer zu fallen, ist trotz des aktuellen Terrorismusproblems seither deutlich gesunken.

Moderne Kommunikationstechnologien erlauben es heutzutage, in Sekundenschnelle und nahezu unabhängig vom Standort weltweit Informationen auszutauschen, spontane Vereinbarungen zu treffen, Bestellungen, logistische Planungen, Zahlungen und ein erhebliches Maß an Kontrollen zeitgerecht und sicher vorzunehmen. Mittlerweile werden täglich allein 36 Milliarden E-Mails um die Welt geschickt. Die Portokosten gehen für den Einzelnen nahezu gegen null. Es stehen beste Telefonverbindungen nach Übersee zur Verfügung, und zwar zu einem Bruchteil des Preises, der noch vor zehn oder zwanzig Jahren gezahlt werden musste. Darüber hinaus können heutzutage die Gesprächspartner visuell übertragen und nach Wunsch eine ganze Konferenz geschaltet werden. Der enorm gestiegene Wert von Mobilität und Kommunikationsfähigkeit spiegelt sich in der rasanten Verbreitung von Mobiltelefonen wider. Das dicht besiedelte Europa hat hier die Nase vorn, und Italien, das um die Jahrtausendwende als erstes Land mehr Verträge für die Nutzung von Mobiltelefonnetzen als für Festanschlüsse abgeschlossen hatte, ist in dieser Hinsicht der vorläufige Spitzenreiter.

Der Kapitalmarkt ist mit den neuen Technologien noch transparenter und virtuell geworden. Eine weltweite Informationsversorgung in Echtzeit macht es für den Anleger prinzipiell gleichgültig, ob er mit dem europäischen, dem amerikanischen oder dem asiatischen Aktienmarkt zu tun hat. Auch die modernen Fortbewegungsmittel und die ausgeprägte technologische Vernetzung haben sicherlich für eine im Allgemeinen wesentlich intensivere diplomatische Auseinandersetzung auf höchster Ebene gesorgt, was deutlich dazu beigetragen hat, dass die Rechtssicherheit in der internationalen Wirtschaft gestiegen ist. Man kann ganze Bücher mit Beispielen füllen, die vor Augen führen, wie sehr sich der Lebens- und Kommunikationsraum zumindest der führenden Wirtschaftsnationen vergrößert hat.

Die logische Folge dieser Entwicklung ist, dass die Frage nach dem besten Produktionsstandort mit Hilfe neuer Kriterien beantwortet wird. Je stärker sich sichere Transportwege, schnelle Fluglinien sowie Telefon- und Internetverbindungen verbreiten, desto unabhängiger wird man von angestammten Unternehmensstandorten. Sofern es sich um die Herstellung von Exportgütern handelt, kann sich etwa die Frage stellen, warum man nicht gleich in den Ländern ferner Märkte das produzieren sollte, was man sonst kostenaufwendig erst dorthin bringen müsste. Das Kieler Institut für Weltwirtschaft will herausgefunden haben, dass die Erschließung neuer Absatzmärkte für deutsche Multi-Konzerne ein gewichtigerer Grund für die Verlegung von Produktionsstätten ist als das reine Kostenargument. Am wahrscheinlichsten erscheint mir aber die Verschränkung beider Gründe. Will man mit den Produkten (auch) den heimischen Markt bedienen, stellt sich jedenfalls ganz schlicht die Frage, ob die Summe der Investitions-, Transport- und Transaktionskosten so niedrig ist, dass sich die Einsparpotenziale durch die Produktion an einem billigeren Standort immer noch gut rechnen.

Die Produktionsverlagerung in kostengünstigere Länder ist keinesfalls eine Neuerscheinung der letzten zwanzig Jahre und schon gar nicht des neuen Jahrhunderts. Die unternehmerische Grundüberlegung, durch eine Verlagerung des Produktionsstandorts Kosten zu sparen, ist alt und unserer Gesellschaft durchaus vertraut. Die ständigen technologischen Weiterentwicklungen des 20. Jahrhunderts haben jedoch eine stetige Senkung sowohl der Transportkosten als auch der Transaktionskosten, also solcher Kosten, die etwa durch Vertragsabschlüsse, Koordination und notwendige Kontrollen anfallen, bewirkt. Die Reduzierung dieser internationalen Transaktionskosten hat die Globalisierung beschleunigt, vielleicht sogar erst jenes Maß an Dynamik verursacht, mit dem wir heute das Wort Globalisierung verbinden. Denn je geringer Transport- und Transaktionskosten ins Gewicht fallen, desto höher wirken sich die übrigen Kostenkategorien auf die Standortentscheidung aus: Lohnkosten, Energiekosten und sicherlich auch die Unternehmenssteuern. Braucht ein Unternehmen also bei der Standortverlagerung ausschließlich die Kostensituation zu berücksichtigen – eine Bedingung, die keinesfalls immer zutrifft –, wird es sich für einen Standort entscheiden, an dem Löhne und Steuern niedrig und die Energie billig ist – Rechtssicherheit und das jeweils notwendige Maß an Infrastruktur einmal vorausgesetzt. Wenn gleichzeitig der Standort noch ein nennenswerter Absatzmarkt ist, begünstigt das die Entscheidung für eine Produktionsverlagerung natürlich zusätzlich.

Selten steht sofort die Entscheidung einer kompletten Produktionsverlagerung an. Es geht zunächst eher um die Überlegung, ob man nicht die arbeitsintensiven Bereiche in ein Land, dessen Arbeitskosten deutlich unter denen im eigenen Land liegen, auslagern will. Man spricht dabei von Outsourcing. So wird der Innenraum eines Luxusliners, der in der deutschen Meyer-Werft produziert wird, mittlerweile nicht mehr von Grund auf vor Ort gebaut, sondern etwa mit vorgefertigten Kabinen bestückt, die in Billiglohnländern produziert wurden. In der Automobilbranche ist das nicht anders. Auch dort beschränkt sich, wie in vielen anderen Bereichen auch, die Wertschöpfung mittlerweile auf die Endmontage und die logistische Abhandlung einschließlich der Zertifizierung. Hans-Werner Sinn (2004, S. 29) spricht in diesem Zusammenhang gerne von der «Basarökonomie», weil die Produktionsteile aus aller Welt zusammengetragen werden. In einem stark exportorientierten Land wie Deutschland heißt das daher nicht, dass der Wert der von Deutschland ausgeführten Fertigprodukte auch in voller Höhe hier entstanden ist.

Neben dem Schwung, den die technikbedingte Reduzierung der Transport- und Transaktionskosten in den internationalen Standortwettbewerb gebracht hat, ist noch ein zweiter Faktor für die außerordentlich hohe Verlagerungsdynamik unserer Zeit verantwortlich: der Zusammenbruch der sozialistischen Welt. Auch dieses historische Großereignis hat dazu beigetragen, dass seit den 1990er Jahren der Prozess der Verlagerung von Fertigungsstätten in kostengünstigere Länder an Dynamik stark gewonnen hat. Die Systemtransformationen ganz Osteuropas zuzüglich Russlands und dazu noch Chinas kapitalistische Öffnung haben neue Karten ins Spiel gebracht, die erst einmal verteilt werden müssen. Das erhöht die Unruhe auf dem Weltmarkt zwischenzeitlich noch. Für Deutschland und andere Länder des alten Europas hat der Zusammenbruch des Ostblocks besondere Auswirkungen, da nun die so genannten Billiglohnländer direkt vor unserer Haustür liegen. Gerade Mittelständlern fällt eine Verlagerung nun leichter als zuvor. Waren für ein kleines Unternehmen mit geringen Verwaltungskapazitäten die Transaktionskosten für eine Verlagerung nach Fernost oder Südamerika im Verhältnis noch viel zu hoch, so ist das Wagnis Osteuropa heute relativ leicht zu bewältigen – insbesondere bei denjenigen Ländern, die kürzlich der Europäischen Union beigetreten sind.

Für die alten arbeitsintensiveren Industrien in Deutschland und anderen Industrieländern ist diese zunehmende Dynamik zunächst einmal nichts Erfreuliches, weil relativ plötzlich viele Arbeitsplätze in Frage gestellt werden. Die verkürzte Argumentation mancher Globalisierungsgegner, die sich um die Arbeitsplätze der reichsten Industrienationen sorgen, hinterlässt allerdings leicht den Eindruck, als richte sich die Entscheidung für einen Industriestandort immer nur nach den Lohnkosten und der Höhe von Unternehmenssteuern. Eine ebenso wichtige Rolle spielt aber die Qualität der Standortfaktoren. Unter ihnen nimmt die internationale Verteilung des Wissens eine zentrale Stellung ein. Nur unter Einbeziehung beider Aspekte, also im Wesentlichen der Höhe der Lohnkosten auf der einen Seite sowie der Verfügbarkeit qualifizierter Mitarbeiter auf der anderen Seite, lässt sich das vollständige Bild einer realistischen Entscheidungssituation zeichnen. Will man das Entscheidungsmuster und die Gesetzmäßigkeiten verstehen, nach denen Industrien in so genannte Billiglohn- und Niedrigsteuerländer abwandern, muss man einen Blick auf die innere Logik des kapitalistischen Entwicklungsprozesses werfen.

Joseph A. Schumpeter begann seine Laufbahn als österreichischer Finanzminister, bevor er sich der Wissenschaft zuwendete. Schließlich ging er als einer der wohl bedeutendsten Wirtschafts- und Gesellschaftstheoretiker aller Zeiten und einer der wichtigsten Vertreter des 20. Jahrhunderts in die Annalen der Geschichte ein. Schumpeter sah den dynamischen Unternehmer als zentrale Figur der Wettbewerbswirtschaft. Für ihn war nämlich das wesentliche Element einer kapitalistischen Marktwirtschaft nicht die Herstellung von und der Handel mit altbekannten, längst ausgereiften Gütern und Dienstleistungen, deren Anbieter im Preiskampf um Kunden werben, bis die schlechtesten unter ihnen in Konkurs gehen und der Gewinn der übrigen schließlich auf einem Minimalniveau stagniert. Das sei allenfalls ein Teil der realen wirtschaftlichen Welt. Viel typischer noch sei der unternehmerische Versuch, sich durch Innovationen neue Marktpotenziale zu eröffnen. Dem Unternehmer kommt dabei die Funktion der Führung zu. Der Prozess der Innovation wird stets von gesellschaftlichen Widerständen aller Art begleitet, ist durch ein relativ hohes Maß an Ungewissheit gekennzeichnet und stellt damit ein hohes Risiko für den Innovator dar. Der Unternehmer versucht, diese Hürden zu überwinden und sich und seinen Schutzbefohlenen einen eigenen kleinen Bereich zu erobern. Eine solche Situation erfordert Mut und kompetente soziale Führung, die nur auf der Grundlage einer unternehmerischen Vision gemeistert werden kann. Schumpeters Unternehmer ist folglich nicht einfach jemand, der einem Betrieb vorsteht, sondern jemand, der diese wirtschaftliche und soziale Führung übernimmt, um neue Lösungen zu erkennen und sie am Markt durchzusetzen.

Schumpeter war der Erste, der klar erkannte, dass im modernen Kapitalismus der Wettbewerbsprozess maßgeblich über die Suche nach neuen Lösungen stattfindet. Dynamische Unternehmer versuchen, die Produktionsfaktoren – wie er sich ausdrückte – neu zu kombinieren. Gemeint ist damit nichts anderes, als

Arbeitskräfte anders einzusetzen und Ressourcen anders zu verarbeiten, als das bislang der Fall gewesen war, um letztendlich auf dem Markt überlegene Lösungen anbieten und sich damit einen deutlichen Wettbewerbsvorteil verschaffen zu können.

Man unterscheidet hauptsächlich zwischen «Produktinnovation» und «Verfahrensinnovation». Durch eine Produktinnovation, die im Normalfall auf eine Erfindung zurückgeht, die auch patentierbar ist, verschafft sich die Unternehmung eine zeitlich begrenzte Monopolstellung und entzieht sich damit dem die Gewinne schmelzenden Preiswettbewerb. Diese Art von Monopol ist für die Gesellschaft in einer Zeitraumbetrachtung nicht schädlich, sondern stellt einen starken Leistungsanreiz dar, nach besseren oder billigeren Lösungen für die Bedürfnisse der Verbraucher zu suchen. Eine überlegene Lösung kann sich auch auf eine kostensparende Verbesserung im Produktionsverfahren (Verfahrensinnovation) beziehen, die sich dann natürlich auch wieder im Preiswettbewerb bemerkbar macht. Meistens beruhen nennenswerte Verfahrensinnovationen allerdings wieder auf Produktinnovationen, die unter Umständen eine ganz neue Qualität ermöglichen. So erleben wir etwa seit einigen Jahren, wie sämtliche Arbeitsabläufe im Industrie- wie im Dienstleistungsgewerbe mit Hilfe von innovativen computergestützten Systemen umstrukturiert und rationalisiert werden. Das kann entweder zur Folge haben, dass die Produkte durch die Verfahrensinnovation eine neue, bisher unerreichte Qualität erlangen. Oder das Produkt ändert sich selbst gar nicht, wird aber durch die Verfahrensinnovation in der Herstellung billiger. Beides kommt dem Verbraucher zugute und erweitert den Absatzmarkt des Unternehmens.

Innovationen gibt es in nahezu jeder Branche. Sie führen zu einer ständigen Reformierung – oder sogar Revolutionierung – der Produktionsstruktur. Dabei geht die Spanne von kleinen, volkswirtschaftlich unbedeutenden Innovationen bis hin zu so genannten Basisinnovationen, die über Jahrzehnte Auswirkungen auf zahlreiche Branchen und den Lebensstil einer ganzen Gesellschaft haben. Die Spanne reicht von der Kaffeemaschine über den CD-Player bis zum Personal Computer, vom Aspirin über Sonnenkollektoren bis zum Automobil, von geschlossenen Immobilienfonds über Flachbildschirme bis zum Mobilfunk und von Nylonstrümpfen über Franchisesysteme bis zum Hubschrauber. Alle diese Produkte waren Innovationen des 20. Jahrhunderts. Sie sind freilich längst Teil unserer Lebenswelten geworden. Manche dieser Produkte erfahren weiterhin ihre alljährlichen kleinen innovativen Veränderungen, damit sie auch weiterhin noch gekauft werden. Andere Innovationen, z. B. die Dampflokomotive oder der Baustoff Asbest, kommen in unserer Volkswirtschaft nicht mehr vor. Jedes Produkt – so kann man es sich vorstellen – wurde irgendwann einmal geboren, und in den meisten Fällen stirbt es nach einer gewissen Zeit auch wieder, verschwindet also vom Markt. Und was für einzelne Produktentwürfe gilt, lässt sich ebenso für die zugrunde liegende Technologie und somit eine ganze Industriebranche abbilden. Schumpeter (1942, S. 138) sprach in Anlehnung an die biologische Evolutionstheorie von einem «Prozess der industriellen Mutation, [...] der unaufhörlich die Wirtschaftsstruktur *von innen heraus* revolutioniert, unaufhörlich die alte Struktur zerstört und unaufhörlich eine neue schafft». Dieser Prozess der «schöpferischen Zerstörung» sei das für den Kapitalismus wesentliche Faktum.

ZWEI

DIE INTERNATIONALE VERERBUNG VON INNOVATIONEN

Wer verstehen will, warum die Dynamik in der internationalen Arbeitsteilung so groß ist, muss sich insbesondere die Basisinnovationen im Hochtechnologiebereich ansehen. Während ihrer «Lebenszeit» durchläuft eine Technologie idealtypischerweise verschiedene Phasen der Marktdurchdringung: Entstehung, Wachstum, Reife und Alter (siehe Abbildung 4). Vor der Markteinführung steht selbstverständlich noch die Entwicklungsphase, nach dem Auslauf gegebenenfalls noch die Entsor-

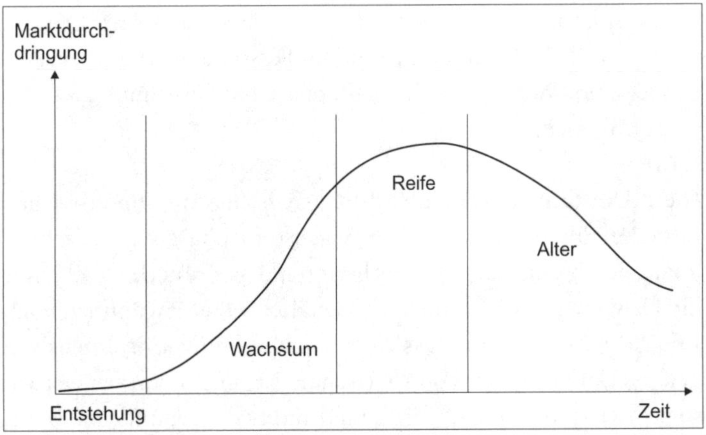

Abbildung 4: Lebenszyklusphasen von Technologien und Produkten

gung. Ein solcher Zyklus kann mitunter über einige Jahrzehnte verlaufen.

Jeder Phase lassen sich nun bestimmte Standortkriterien zuordnen. Je dichter sich eine Technologie am Ursprung des Produktlebenszyklus (Entstehungsphase) befindet, desto innovativer ist sie. Dies trifft derzeit etwa auf die Gentechnologie, Biotechnologie oder die Nanotechnologie zu. In dieser Phase bestehen auch die höchsten Anforderungen an die Profile auf dem Arbeitsmarkt. Die folgenden Punkte veranschaulichen, warum entsprechend qualifiziertes Fachpersonal den Unternehmen nicht im ausreichenden Umfang zur Verfügung steht:

1. Es kann nur auf einen geringen Erfahrungsschatz bei der Produktion und der Anwendung zurückgegriffen werden.
2. Es kann sich auf dem Arbeitsmarkt erst seit einer verhältnismäßig kurzen Zeit die Nachfrage nach den neuen spezifischen Kompetenzen entfalten.
3. Die zumeist langen und aufwendigen Ausbildungszeiten für die Beherrschung komplexer Technologien verhindern einen schnellen Ausgleich der Nachfragelücke auf dem Arbeitsmarkt.
4. Weil die neu aufkommende Industriebranche in die Wachstumsphase eintritt, wächst auch der Personalbedarf. Die Nachfragelücke an kompetentem Personal wird typischerweise erst mit Beginn der Reifephase einer Technologie geschlossen.

Diese Umstände, verbunden mit den hohen monopolistischen Einnahmeüberschüssen in der Wachstumsphase einer Technologie, bewirken, dass in den betreffenden Branchen nicht nur die Gewinne, sondern auch die Gehälter außergewöhnlich hoch sind. Je größer der Einfluss einer solchen innovationsintensiven Technologie in einer Volkswirtschaft ist, desto stärker werden sogar die Gehaltstarife direkt und indirekt verbundener Branchen mit hochgezogen. So verteilt sich der Wohlstand auf viele

Köpfe. Mit Beginn der Wachstumsphase werden typischerweise auch die Standards einer Technologie etabliert, die die Konkurrenten und Anbieter von Ergänzungsprodukten in der weiteren Entwicklung meist berücksichtigen müssen. Man denke etwa an die Betriebssysteme von Microsoft. Das verschafft dem normierenden Pionier auf lange Zeit hin Vorteile, selbst wenn aufkommende Konkurrenzprodukte möglicherweise gleichwertig und/oder billiger sind.

Während der Reifephase, in der die Wachstumsraten der betreffenden Technologie zu sinken beginnen, verschwindet auch langsam die Knappheit auf dem Branchenarbeitsmarkt. Gleichzeitig treten immer mehr die Nachahmer in den Markt ein, und der Wettbewerb beginnt. Durch ständige Verbesserungen und kleinere Folgeinnovationen der Technologie hat der Pionier aufgrund seines Erfahrungsvorsprungs meist noch die Nase vorn. Wenn die Technologie schließlich vollkommen ausgereift und ausgereizt ist, setzt in der Altersphase der Preiswettbewerb zwischen den Anbietern ein. Je weiter dieser fortgeschritten ist, desto stärker verbreiten sich auch international das notwendige Wissen und die Fachkompetenz in Ländern, die wirtschaftlich noch längst nicht so weit entwickelt sind. Der Preiswettbewerb um Kunden, von dem wir als Konsumenten enorm profitieren, zwingt die Unternehmen schließlich zu Konsolidierungs- und Rationalisierungsmaßnahmen. Da die Nominallöhne wegen des Arguments sozialer Unzumutbarkeit selten sinken, werden früher oder später die Arbeitsplätze in solche Länder verlegt, die im Lauf der Zeit die notwendigen Branchenkompetenzen aufbauen konnten, deren Lohnniveau aber deutlich niedriger liegt. Solches Outsourcing stellt aus Sicht des Pionierlandes quasi eine lebensverlängernde Maßnahme für die gealterte Technologie dar. Durch sie können die Produktpreise so gesenkt werden, dass sie wieder eine höhere Nachfrage hervorrufen.

Dieser «Lebenslauf» einer Industrie ist typisch und stellt eigentlich keine Bedrohung für eine hoch entwickelte Volkswirtschaft wie Deutschland dar. Er bewirkt hingegen, dass sich die internationale Arbeitsteilung gemäß dem klassischen Theorem der komparativen Kostenvorteile sinnvoll organisiert. Die einst Wohlstand bringenden Industrien werden den Ländern nachholender wirtschaftlicher Entwicklung gewissermaßen vererbt. Sie nutzen ihre komparativen Kostenvorteile und übernehmen die Produktion der ausgereiften Technologien. Den Entwicklungsländern, die praktisch keinerlei spezifische Fachkompetenzen haben und auf keine begehrten Rohstoffvorkommen zurückgreifen können, bleibt nur noch der Vorteil der billigsten Löhne. Und das bedeutet zwangsläufig ein niedriges Wohlstandsniveau. Ein vernünftiges wirtschaftspolitisches Ziel aller Länder muss daher der Versuch sein, komparative Vorteile zu erwerben, die näher am Ursprung des Technologielebenszyklus liegen. Sich im Laufe der Jahre langsam dem Ursprung des Zyklus zu nähern entspricht der wirtschaftlichen Entwicklung eines Landes, das etwa von einem Entwicklungs- zu einem Schwellenland oder von einem Schwellen- zu einem Pionierland wird.

Hohe Löhne und hohe Gewinne kann also ein Land nur aus innovativen Industrien schöpfen. Je besser es einem Land gelingt, innovative Technologien hervorzubringen, desto größer ist sein Wohlstand. Ein hohes Wohlstandsniveau kann daher auch nur durch ein kontinuierliches Ringen um Innovationen in Gang gehalten werden. Für ein Pionierland, das ja kein Technologieerbe antreten kann, bedeutet dies eine besondere Herausforderung. Bedeutsame Technologien basieren nahezu immer auf wissenschaftlichen Erkenntnissen, es muss also auch ein hoher Forschungsaufwand betrieben werden. Eine gute Forschungsstruktur, die schon von sich aus attraktive und produktive Arbeitsplätze hervorbringen kann, gilt wiederum als echter Standortvorteil und zieht Kapital für attraktive Arbeitsplätze ins Land.

Ich hoffe, ich habe wirtschaftlich weniger interessierten Lesern hiermit nicht zu viel zugemutet. Aber es ist wichtig zu erkennen, dass so weit kein Grund besteht, den Internationalisierungsprozess von Technologien zu verteufeln. Die Verlagerung der Produktion in Billiglohnländer bringt dabei allerdings auch ein Problem mit sich, das eine Pionier-Gesellschaft bewältigen muss. Denn verlegt ein Unternehmen seine Produktion ins Ausland, gehen die Arbeitsplätze im Inland verloren. Sofern in jungen, wachsenden Industrien wieder neue, bessere und höher bezahlte Jobs entstehen, passen sie in den seltensten Fällen zu den konkreten Qualifikationen der freigesetzten Arbeiter. Diejenigen, die durch Verlagerung oder Niederkonkurrierung ihren Arbeitsplatz verlieren, besitzen für gewöhnlich nicht das Eignungsprofil, welches sie für die neuen beziehungsweise die durch die Umwälzungen neu entstehenden Arbeitsplätze benötigen. Das stellt sowohl an das Gesellschaftssystem als auch an den einzelnen Bürger hohe Anforderungen bezüglich Flexibilität und Anpassungsfähigkeit.

Der Kapitalismus garantiert also keinesfalls, dass sich die Märkte im Gleichgewicht befinden und es hier automatisch zu einer Deckung kommt. Verläuft der Prozess sehr langsam, so können durch rechtzeitige und verantwortungsvolle Entscheidungen des Managements sowie durch eine vorausschauende, unterstützende Bildungs- und Sozialpolitik große Brüche vermieden werden. Die hohe Geschwindigkeit des Globalisierungsprozesses aber scheint diese Gangart aus dem Rhythmus gebracht zu haben.

Diese sozialpolitische Problematik hat zwar auch Schumpeter schon vor der Geschwindigkeitserhöhung der Globalisierung gesehen und sprach von der Notwendigkeit eines «geordneten Rückzugs» aus den alten Industrien. Die meisten Ökonomen aber neigen auch in aktuellen Diskussionen dazu, diese sozialpolitische Seite zu übergehen. Sie beschränken sich lieber auf die Betonung unstrittig positiver, langfristiger Effekte. Der berühmte britische Ökonom John Maynard Keynes mokierte sich hierüber schon in den 1930er Jahren mit dem bekannt gewordenen Satz: «Langfristig sind wir alle tot.»

Im September 2004 geisterte eine Meldung durch die Wirtschaftsteile der Zeitungen. Der Generalist Paul A. Samuelson, Nobelpreisträger und Grand Senior der Wirtschaftswissenschaften, distanzierte sich vom Credo und der Selbstgefälligkeit seiner Zunft. Seine «schlauen Studenten» – und davon hatte der 89-jährige Professor der amerikanischen Eliteuniversität MIT eine Menge, mitunter auch berühmt gewordene – behaupteten stets dogmatisch, Freihandel und die Verlagerung von Arbeitsplätzen ins billigere Ausland werde alle Beteiligten beglücken. Das jedoch sei offenkundig falsch. Die Gesellschaft, so kann man wohl seinen berechtigten Einwand zusammenfassen, profitiere zwar als Ganzes von den Bewegungen kapitalistischer Dynamik sowie der Globalisierung, doch das heiße nicht, dass sie diesen Gesamtgewinn auch jedem einzelnen Bürger zugänglich mache. Wer seinen Arbeitsplatz verliert, weil die Produktion ins billigere Ausland verlagert wird, und möglicherweise arbeitslos bleibt, der könnte trotz aller Gesamtvorteile schlecht dabei wegkommen.

Es ist gut, wenn der Papst der zeitgenössischen Wirtschaftslehre die Wahrheit auch offen ausspricht. Denn erst von dem Moment an, da bestehende Probleme fixiert werden, kann auch eine ernsthafte Diskussion über eine Verbesserung beginnen. Doch was die Medien sogleich als die «Attacke auf die klassische Freihandelslehre» oder als «Tabubruch eines Häretikers» bezeichneten und als Sensation ausschlachten wollten, war keine Abkehr von alten Erkenntnissen, sondern nur eine ehrliche Vervollständigung des Bildes. Samuelson gab denn auch im gleichen Atemzug zu, dass es keine überzeugende Alternative zur Freihandelslehre und dem Gedanken der komparativen Kostenvorteile gibt. Protektionismus sei keine Lösung. Durch ihn versiege die Lebensader kapitalistischer Errungenschaften, die Schumpeter so eindrucksvoll beschrieben habe. Und Samuelson betonte ebenfalls, dass weder George W. Bush noch John F. Kerry, die sich seinerzeit im amerikanischen Präsidentschaftswahlkampf befanden, den Verlagerungsprozess stoppen könnten. Man müsse, so Samuelson, die Lasten sowie die Wohlfahrtsgewinne der Globalisierung aber besser verteilen. In diesem Zusammenhang berief er sich schließlich auch auf alte Weisheiten, die bis auf Adam Smith zurückgehen. Es wäre unter anderem gut, Schlupflöcher für Lobbygruppen zu schließen und verstärkt in Grundlagenforschung und Bildung zu investieren.

Die Dynamik des Kapitalismus hat immer auch ihre Opfer gehabt. Jeder weiß eigentlich, dass es im «Prozess der schöpferischen Zerstörung» auch Verlierer gibt. Strukturelle Umwälzungen dieses Ausmaßes vollziehen sich nicht ohne Reibungen und Brüche. Jedes Unternehmen, das vom heimischen Arbeitsmarkt verschwindet – sei es nun wegen Insolvenz oder aber wegen Verlagerung in Billiglohnländer –, entlässt seine Angestellten in die Arbeitslosigkeit. Genau diese Unsicherheit, die die industrielle Mutation nun einmal mit sich bringt, ruft den Widerstand direkt oder indirekt Betroffener hervor und obendrein noch all jener, die sich aus empathischer Betroffenheit oder eigener potenzieller Gefährdung solidarisch mit jenen erklären. Eine Gesellschaft, die die Früchte aus Kapitalismus und Freihandel ernten will, muss auch die inhärenten und unvermeidbaren Brüche akzeptieren. Wer auf der einen Seite hochtechnologischen Fortschritt und breiten Wohlstand fordert und auf der anderen Seite den zugrunde liegenden «Prozess der schöpferischen Zerstörung» ausbremsen will, hat die Zusammenhänge nicht verstanden und glaubt, sich aus allen Systemen nur die Rosinen herauspicken zu können.

Richtig aber bleibt der Appell an die Gerechtigkeit. Das Wohl einer Mehrheit darf nicht auf Kosten einer hoffnungs- und arbeitslosen Minderheit gehen – auch dann nicht, wenn vor dem Spiel keiner weiß, ob er zu den Gewinnern oder zu den Verlierern gehören wird. So kann man Samuelson, der große Sympathien für den europäischen Weg hegt, prinzipiell nur Recht geben, wenn er eine gerechtere Verteilung der Lasten und der Gewinne der Globalisierung fordert, selbst wenn dies die Effizienz beeinträchtigt. Die notwendige Akzeptanz erfährt die kapitalistische Dynamik ohnehin nur, wenn seine zeitweiligen Verlierer von der profitierenden Mehrheit aufgefangen und wieder integriert werden. Da diese Art von Arbeitslosigkeit, die ihren Grund in der industriellen Mutation und nicht direkt in persönlichen Verfehlungen des Betroffenen hat, prinzipiell jeden wie eine Krankheit erwischen kann, ist es gerecht, wenn die Gesellschaft nach dem Versicherungsprinzip die Kosten der Wiedereingliederung übernimmt. Hierfür fallen etwa Lebenshaltungskosten für eine Phase der Stellensuche an, aber auch Kosten für eine Umschulung in einen Berufszweig, in dem die Nachfrage hoch ist. Dies ist eine turbulente Welt, die wir nur begrenzt berechnen können, deren Spielregeln uns aber bekannt sein sollten. Wie viel Selbstbehalt und Eigenverantwortung der einzelne Bürger dabei jedoch für sein Schicksal noch zu tragen habe – darüber gehen die Meinungen weit auseinander. Doch dazu mehr im vierten Teil.

DREI

NETZWERKE OHNE GRENZEN

Die internationale Verteilung komparativer Vorteile und das Gebot der ihr folgenden internationalen Arbeitsteilung gehen vom Nationalstaat als kleinster Einheit aus. Wir leben seit dem Westfälischen Frieden im Jahr 1648 innerhalb solcher institutioneller Gebilde. Der moderne Flächenstaat, der die Geschichte der Menschheit in den letzten Jahrhunderten bestimmt hat, besitzt zwar nach wie vor die größte politische Bedeutung unter allen Institutionen. Doch im Globalisierungsprozess verringern sich seine Einflussmöglichkeiten. Wir haben gesehen, dass in dem Maß, wie die internationale Freizügigkeit von Unternehmen wächst, der Einfluss nationalstaatlicher Regierungen auf die Wirtschaft sinkt. Gleichzeitig aber steigt dabei die Bedeutung der Regionalpolitik. Wer vom Standortwettbewerb spricht, denkt häufig noch in nationalstaatlichen Kategorien. Doch das hat nur insofern noch seine Berechtigung, als der regionale Standort ein Teil des Flächenstaates ist und somit auch seinen Gesetzen unterliegt. Trotzdem kann ein Standort innerhalb derselben nationalen Grenzen vollkommen uninteressant sein, während der andere größtes Interesse hervorruft. Obwohl es sich also bei der Globalisierung um einen Prozess handelt, der seine Existenz der Überwindung räumlicher Distanz verdankt, gewinnen die engen regionalen Bedingungen eines Standortes enorm an Bedeutung.

Die Rede ist von so genannten Clustern (deutsch: Trauben). Cluster sind branchenbezogene Netzwerke aus Unternehmen, Forschungs- und Bildungsinstituten sowie dazugehörigen Dienstleistungsunternehmen, die sich an einem Ort zusammenhorten. Ein Cluster ist eine Anhäufung von konkurrierenden Unternehmen, ihrer Zulieferer sowie Spin-offs und Start-ups, die gemeinsam mit der öffentlichen Hand auf engem Raum eine speziell angepasste Infrastruktur mit einem spezifischen Knowhow unterhalten. Obwohl also Unternehmen derselben Branche unter Umständen miteinander in direktem Wettbewerb stehen, suchen sie die Nähe zueinander. Sie tun das nicht etwa, weil sie von dort aus den umworbenen Absatzmarkt am besten beackern können. Vielmehr profitieren sie von einer gemeinsamen Infrastruktur, zu der sie mit ihrer bloßen Existenz selber beitragen und die jedem Unternehmen für sich allein niemals zur Verfügung stünde. Ein Cluster stellt eine gut ausgewogene Mischung aus Kooperation und Konkurrenz dar. Er ist ein Netzwerk aus privaten und öffentlichen Interessen und doch nicht das Produkt einer konzertierten Aktion. Ein Cluster entwickelt sich vielmehr und wird ab einer bestimmten Größe quasi zum Selbstläufer.

Wie aber entstehen Cluster? Der Standort eines Clusters ist zunächst keinesfalls beliebig, meistens geht ihm eine lange Geschichte voraus. Das Beispiel Silicon Valley, der wohl größte und bekannteste Cluster, zeigt sehr deutlich, wie eine solche Geschichte etwa aussehen kann. Das Valley war ursprünglich ein Obstanbaugelände in Kalifornien südlich der Francisco Bay. In den 1940er Jahren siedelten sich hier zunächst Rüstungsfabriken an. Später wurde ein Forschungszentrum der staatlichen NASA errichtet. Die in dieser Zeit aufstrebende Elektronikbranche konnte vermutlich keinen geeigneteren Ort finden als in der Nähe der weltführenden Weltraumforschungsorganisation, sodass zügig privatwirtschaftliche Firmen folgten. Unter ihnen befand sich die erste Halbleiterfabrik des Unternehmensgründers William Shockley, aus dem schließlich der Halbleiterproduzent Fairchild Semiconductor hervorging. Eine beträchtliche Anzahl an Ausgründungen sowie weiterer Ansiedelungen führte in den 1980er Jahren zu einer Vermehrung allein in der Halbleiterindustrie von bis zu 70 Firmen, unter ihnen der Riese Intel. In den 1970er Jahren begann zwar schon das Outsourcing der Produktionsstätten insbesondere nach Ostasien. Geblieben sind aber die innovativen Bereiche der Forschung und Entwicklung. Mittlerweile zählt das Silicon Valley über 1000 Unternehmen im IT-Bereich, deren geballte Wirtschaftsleistung größer ist als die Leistung ganz Schwedens oder der Schweiz. Als charakteristisch für das Silicon-Valley-Muster gilt auch die räumliche Nähe zur berühmten Stanford University, mit der die dortige Industrie eine enge Zusammenarbeit pflegt.

Silicon Valley ist wegen der herausragenden Bedeutung der Computertechnologie für die vergangenen Jahrzehnte ein prominentes Beispiel. Allerdings ist die Clusterbildung keinesfalls ein nur amerikanisches Phänomen. Europas bekannteste Cluster der Zukunftsindustrien liegen etwa in Straßburg und München für Biotechnologie, in Stockholm, Helsinki und Poitiers für Telekommunikation, in Barcelona, Nizza und Ypern für Software. Und neben Dresden, das im Bereich IT und Mikroelektronik in den letzten Jahren eine große Anziehungskraft gewonnen hat, ist auch Jena ein hoffnungsvolles junges Beispiel deutscher Hightech-Cluster. Dessen ältere Geschichte begann im Jahre 1875, als der Erfinder des Mikroskops, Ernst Abbe, auf den Jenaer Feinmechaniker Carl Zeiss traf, mit dem er die legendären Zeisswerke aufbaute. Seine jüngere Geschichte begann mit der Wiedervereinigung im Jahr 1990, als ich mich mit der Treuhand darüber einigen konnte, Teile der traditionsreichen Zeisswerke, die zu Zeiten der DDR trotz der Bewahrung eines wertvollen optoelektronischem Know-hows ihre internationale Wettbewerbsfähigkeit verloren hatten, wieder unter dem Namen Jenoptik auf eine neue zukunftsfähige Basis zu stellen.

Ein wichtiger Bestandteil des neuen Konzepts war die Integration der Jenaer Universität. Die neue Innenstadtarchitektur verbindet den Campus unmittelbar mit dem Jenoptik-Gebäude, das wiederum das Zentrum der wirtschaftlichen Aktivitäten in der Region ist. Die guten Kontakte zwischen Universität und der Unternehmenslandschaft haben auch hier beiden Seiten vielfältige Vorteile gebracht und Jena zu großer Attraktivität sowohl als Studienort wie auch als Unternehmensstandort der Branche verholfen. Heute ist die Stadt einer der führenden deutschen Unternehmenscluster im Bereich der Optoelektronik und der Biotechnologie. Seit Jena im bundesweiten Bio-Regio-Wettbewerb als einziger Ost-Standort einen Preis gewann, sind allein über zwanzig Biotechnologiefirmen aus dem Boden geschossen. Schon mit der anfänglichen Aufteilung in die Jenoptik (später Jenoptik AG) und die Carl Zeiss Jena GmbH entschlossen sich viele der einst 30 000 Beschäftigten, ein eigenes Unternehmen zu gründen. Die Basis war das bereits vorhandene Know-how an Jenas und Ilmenaus traditionsreichen Hochschulen und wissenschaftlichen Instituten. Diese Substanz – gemischt mit den Freiheiten und positiven Leistungsanreizen des neuen Gesellschaftssystems – stellte ein impulsives Potenzial dar, das allerdings noch beherzt gezündet werden musste, um wieder in Bewegung zu geraten.

Jenas Entwicklungserfolg hätte somit nicht irgendwo in Deutschland stattfinden können, sondern knüpfte an ein schon vorhandenes spezifisches Know-how an. Dies geht auf die gewachsene Tradition in den Bereichen Optik und Feinmechanik zurück, auf deren Grundlage die Entwicklung und Produktion von optischen Komponenten, Lasertechnik und medizinischen Apparaten für die Bio- und Gentechnik heute fortgeführt werden kann. Besonders wichtig war auch, dass aus den alten DDR-Forschungsbeständen auf dem Beutenberg mehrere wissenschaftliche Institute entwickelt worden sind. Weitere, aus westdeutscher Tradition, wie das Fraunhofer- oder das Max-

Planck-Institut, kamen hinzu. Und schließlich half eine Technologiefabrik jungen Unternehmern bei der direkten Verwirklichung ihrer Ideen für eine Unternehmensgründung.

Jede Geschichte nimmt immer irgendwo ihren Anfang. In der Retrospektive, wenn bekannt ist, wie die Geschichte ausgeht, wirkt die Entstehung eines Clusters immer sehr deterministisch. Das verkennt jedoch die Tatsache, dass die Keimzelle eines Clusters eine bedeutende technologische Innovation ist. Und zur Stunde null einer solchen Innovation ist die Ungewissheit über ihren möglichen Erfolg sehr groß. Einen Cluster einfach an einem beliebigen Ort zu installieren ist daher genauso wenig möglich, wie eine bedeutende Innovation zu verordnen oder industriepolitisch anzusteuern. Die Erfolgsgeschichten aller Cluster, vom Silicon Valley bis zum Tal der Tüftler, belegen allerdings, wie innovative Technologien in einer besonderen Mischung aus öffentlichen und privaten Kräften entstehen und zur Keimzelle neuer Prosperität werden. Und sie sollten uns klar machen, dass lange bevor sich die Früchte ernten lassen, die Saat ausgelegt und das Pflänzchen zu einem Baum heranwachsen muss. Eine zentrale Rolle spielt hier zweifellos die Hochschulpolitik. Nutzt man dieses Instrument nicht, liefert man sich selbst dem internationalen Lohn- und Steuerwettbewerb aus, wobei manche glauben, sich dem durch die Einforderung protektionistischer Maßnahmen wieder entziehen zu können.

Cluster existieren nicht aufgrund billiger Löhne, ganz im Gegenteil. Sie sind Kinder des innovativen Hochtechnologiebereichs. Unter all den Gründen, eine gemeinsame Infrastruktur zu nutzen und mitzufinanzieren, ist einer herausragend: Ein einzelnes Unternehmen kann sich nicht darauf verlassen, weltweit die qualifiziertesten Mitarbeiter anzuziehen, wenn es sich geographisch isoliert. In hochinnovativen Branchen, in denen – wie wir gesehen haben – immer auch eine gewisse Knappheit an Experten und kompetentem Fachpersonal herrscht, müssen Unternehmen so flexibel sein wie umgekehrt in gealterten, innovationsextensiven Industrien die Arbeitnehmer. Das Globalisierungszeitalter bietet gleichzeitig den Unternehmen stärker als jemals zuvor die Möglichkeit, dort zu investieren, wo sie ihre wichtigste und knappste Ressource, namentlich das Humanvermögen, vorfinden. Auch wenn es paradoxerweise in keiner Bilanz auftaucht, so ist ein Unternehmen nirgendwo so vom Bestand seines Humanvermögens, dem Know-how seiner Mitarbeiter abhängig wie im Bereich innovativer Zukunftstechnologien.

Menschen wiederum brauchen die soziale Einbindung. Aus diesem Grund sind sie mehrheitlich nur sehr begrenzt bereit, ihren Lebensraum dauernd zu wechseln, noch viel weniger über die Grenzen von Ländern und Kontinenten hinweg. Nur auf einige wenige wird dies immer einen besonderen Reiz ausüben. Wer nun in einem Cluster arbeitet und dort seinen Lebensmittelpunkt hat, kann davon ausgehen, dass auch bei einem Wechsel des Arbeitgebers keine Veränderung seines Lebensmittelpunktes notwendig wird, womöglich arbeitet man in derselben Straße weiter. Einfluss auf den Wohnort, den Freundeskreis, die Schule der Kinder, die Mitgliedschaft im Sportclub oder in der freiwilligen Feuerwehr hat das nicht. Das kommt den typischen Lebensentwürfen normalerweise entgegen und erhöht die Attraktivität der Region. Im Cluster-Wettbewerb müssen die Unternehmen den Weg zu qualifizierten Menschen suchen. Doch je mehr Unternehmen einer Branche sich in einer Region tummeln, desto größer ist auch der Pool, aus dem sie geeignetes Fachpersonal fischen können. Wie im Falle eines Planeten wird die Anziehungskraft eines Clusters um so höher, je größer seine Masse ist.

Was einem Cluster letztlich die hohe Attraktivität verleiht, ist also der direkte persönliche Kontakt von Personen, die an gleichen Zielen arbeiten. Die hohe Dichte an Fachleuten, die auch in Pausen und Freizeit ungeachtet ihrer Betriebszugehörigkeit Umgang miteinander pflegen, bringt einen hohen Grad an Transparenz. Das sorgt für einen intensiven Leistungswettbewerb und gibt dem Austausch von Gedanken und Ideen die besondere Qualität, die letztendlich ein hochinnovatives Klima entfacht. Dort, auf der sozialen Ebene, hat die digitale Vernetzbarkeit offensichtlich doch noch ihre Grenzen gefunden und verhindert die Beliebigkeit von Unternehmensniederlassungen. Wie in einem Trainingscamp entwickelt sich im Cluster eine Atmosphäre, die hohe Anreize für die Erforschung, Entwicklung und Verbreitung neuer Lösungsansätze und die Gründung neuer Unternehmen setzt. Die unternehmensinterne hierarchische Macht über den einzelnen Mitarbeiter sinkt durch dessen Möglichkeit, seinen Arbeitgeber leichter wechseln oder aber ein eigenes Unternehmen gründen zu können. Auch durch diese Beweglichkeit verringert sich die Gefahr einer Zementierung eingefahrener Strukturen. Der Arbeitsplatz reduziert sich damit nicht mehr auf ein Instrument zum Lebensunterhalt, sondern verleiht in seiner ausgeprägten sozialen Verankerung umfassendere Lebensinhalte.

Wie wir gesehen haben, ist einer der zentralen Erfolgsfaktoren eines Clusters die enge Verbindung von Unternehmen, Forschungsinstituten und Universitäten. Um eine solch enge Verbindung realisieren zu können – auch das kann man jetzt viel besser nachvollziehen –, ist trotz weltweiter Märkte immer noch die räumliche Nähe unverzichtbar. Hochinnovative Unternehmen nutzen die Hochschulen als Quelle zweier ihrer wichtigsten Inputs, nämlich um sich zum einen mit Expertennachwuchs und andererseits mit Forschungsergebnissen zu versorgen. Innovationsintensive Industrien, wie etwa Biotechnologie, Optoelektronik oder Nanotechnologie, benötigen einen besonders hoch qualifizierten Nachwuchs. Die Entwicklung neuer Produkte und die Eroberung neuer Märkte erfordern eine sehr tief greifende Ausbildung – eine Ausbildung, die eben nicht nur die Beherrschung etablierter Techniken ermöglicht, sondern darüber hinaus dazu befähigt, neue Ideen und neue Lösungen auszuarbeiten. Je besser es einer Hochschule gelingt, ihre Studenten nicht nur zu wandelnden Lehrbüchern zu machen, sondern ihnen tief greifende Erkenntnisse über grundlegende Zusammenhänge eines Fachgebietes zu vermitteln, desto eher versetzt sie die Studenten in die Lage, auch neue zweckmäßige Lösungen zu entwickeln. Bildungsinstitutionen von Forschungsinstitutionen stärker zu trennen – wie dies in jüngerer Zeit häufiger erwogen wird – halte ich daher für absolut kontraproduktiv. Nur in der Einheit von Lehre und Forschung lässt sich nämlich das eben beschriebene Ausbildungsziel systematisch verfolgen. Wer keine Erfahrung beim Forschen und bei der Anwendung wissenschaftlicher Methoden gewinnt, wird für die anspruchsvollen Tätigkeiten in einer hochinnovativen Hightech-Industrie ebenso schwierig einsetzbar sein wie ein Koch, der die drei Jahre seiner Lehrzeit nur Kochrezepte studiert hat.

Es besteht kein Grund für die Befürchtung, Universitäten würden zu Handlangern von profitorientierten Unternehmen und verlören ihren eigentlichen Auftrag. Wahr ist vielmehr, dass die Universitäten durch die Kooperationen mit der Privatwirtschaft in eine finanziell viel bessere Lage versetzt werden, die ihr eine angemessene Ausstattung mit wissenschaftlichem Personal und technischen Gerätschaften ermöglichen. Das ist ein ganz wichtiger Punkt. Man kann zwar mit großen Hörsälen und guten Sprachverstärkern die Zuhörerschaft bei einer Vorlesung beliebig variieren. Die Studentinnen und Studenten ins Tagesgeschäft eines Forschers und Analytikers einzuführen bedarf aber einer intensiven Betreuung und praktischen Heranführung.

Die Privatwirtschaft ihrerseits hat keinen vernünftigen Grund, die Forschung und Lehre so zu beeinflussen, dass sie ein spezielles, fixiertes Interesse verfolgt. Eine solche Absicht würde ja voraussetzen, dass man schon weiß, was man doch durch die Forschung erst zu erfahren versucht. Wüsste man von vornherein so viel darüber, dann könnte man sich auf die eigenen Forschungslabors beschränken und sich wohl am besten dort verstecken, wo man von der Konkurrenz nicht behelligt wird. Die hochinnovative Industrie ist hingegen sehr wohl auch auf Grundlagenforschung und eine grundlegende Nachwuchsbildung angewiesen, um schließlich das zu bekommen, was sie braucht, damit sie hochinnovativ bleibt. Unternehmen werden freilich nicht zu karitativen Spendern freier Wissenschaft. Sie haben die Erzielung eines außergewöhnlichen Gewinns fest im Blick – eines Gewinns, den sie nur erreichen können, wenn sie die Wünsche ihrer tatsächlichen oder potienziellen Kunden kennen. Daher wollen Unternehmen innerhalb einer Kooperation mit einer Hochschule durchaus das Feld bestimmen, auf dem geforscht wird.

An einer solchen Ausrichtung ist aber nichts Schlechtes. Versteht man ein Unternehmen als Vermittler zwischen den Bedürfnissen von Menschen und den Möglichkeiten wissenschaftlicher Forschung, so gewährleisten diese Kooperationen zwischen staatlichen freien Universitäten und Unternehmen der Privatwirtschaft eine hohe Effizienz in der Verwendung knapper Ressourcen, zu denen auch der Forschungsgeist gehört. Sieht sich eine Gesellschaft vor die Wahl gestellt, ob man im Bereich A oder im Bereich B nach tieferen Erkenntnissen forschen sollte, so ist es in jeder Hinsicht sinnvoll, dort zu forschen, wo man Erkenntnisse von größerer praktischer Relevanz erwartet. Forschungsrelevanz ist auf diese Weise stärker am Markt orientiert und richtet sich daher eher an den Bedürfnissen der Menschen aus als bei einer reinen Budgetverteilung durch Behörden.

VIER

WETTBEWERB STATT KAMPF DER KULTUREN

1993 veröffentlichte der amerikanische Politologe Samuel P. Huntington den Artikel «The Clash of Civilizations» («Der Kampf der Kulturen»). Drei Jahre später folgte ein gleichnamiges Buch mit einer umfangreichen Analyse der eigenen Thesen. Es gilt als eine der wichtigsten außenpolitischen Veröffentlichungen nach Beendigung des Kalten Krieges. Seit dem Anschlag vom 11. September 2001 erfreut sich insbesondere der Buchtitel in politischen Reden und Statements einer großen Beliebtheit. Ständig wird gefragt: Ist das jetzt der Kampf der Kulturen?

Huntington versuchte, einen neuen Ansatz, ein neues Paradigma, für die Erklärung und die Prognose von Konflikten und Gewaltauseinandersetzungen in der Welt zu begründen. Da durch die weitgehende Kapitulation des Sozialismus das alles überdeckende Konfliktmuster des 20. Jahrhunderts verschwunden ist, brechen nun andere Konfliktpotenziale voll aus. Die seien aber, so Huntington, häufig nicht mehr durch nationalstaatliche Interessenkollisionen zu erklären. Viel besser könne man die Welt heute verstehen und potenzielle Konfliktherde voraussehen, wenn man einen kulturellen Ansatz wählt, der ein relativ einfaches, aber eben nicht zu einfaches Muster vermittelt. Huntington (1997, S. 43) nennt die folgenden Thesen, die ein kultureller Ansatz vertritt:

1. Der globale Druck in Richtung Integration ist real. Genau dieser Druck ist es, welcher den Gegendruck der kulturellen Selbstbehauptung und des kulturellen Bewusstseins weckt.
2. Die Welt ist in mancher Hinsicht zweigeteilt, doch ist die zentrale Unterscheidung heute die zwischen dem Westen als der dominierenden Kultur und allen anderen Kulturen, die allerdings wenig bis gar nichts gemeinsam haben. Die Welt zerfällt mit einem Wort in eine westliche Welt und viele nichtwestliche Welten.
3. Nationalstaaten sind und bleiben die wichtigsten Akteure des Weltgeschehens, aber ihre Interessen, Zusammenschlüsse und Konflikte werden zunehmend von kulturellen Faktoren geprägt.
4. Die Welt ist in der Tat anarchisch und voll von Stammes- und Nationalitätenkonflikten, aber die Konflikte, die die größte Gefahr für die Stabilität darstellen, sind jene zwischen Staaten oder Gruppen aus unterschiedlichen Kulturen.

Huntington entwickelt aus dem kulturellen Ansatz mögliche Kriegsszenarien der Zukunft. Acht große Kulturkreise könne man heute gegeneinander abgrenzen: den Westen (USA, Europa, Australien), die slawisch-orthodoxe Kultur, den Konfuzianismus, den Islam, die Hindu-Zivilisation, Lateinamerika und ein aufgeteiltes, geschwächtes Afrika. Kulturelle Gräben verlaufen dabei im Wesentlichen zwischen Staaten der großen Religionsgemeinschaften Islam, den konfuzianisch geprägten Gesellschaften Ostasiens sowie dem Christentum, das allerdings noch unterschiedliche Ausprägungen hat. So ist das weite Russland – soweit überhaupt christlich – kein Teil des christlichen Westens. Genauso verhält es sich mit Mittel- und Südamerika, das trotz der überaus massiven (katholischen) Beeinflussung durch Spanien und Portugal in der Vermischung mit der indianischen Kultur eine eigenständige Ausprägung entwickelt hat. Ähnlich verlief es im südlichen, christianisierten Afrika.

Huntington (1997, S. 25) hat sicherlich Recht, wenn er die kulturellen Verankerungen von Gesellschaften als einen wichtigen politischen Faktor hervorhebt. In den philosophischen Voraussetzungen, den Grundwerten, sozialen Beziehungen, Sitten und allgemeinen Weltanschauungen bestünden zwischen den Kulturkreisen Differenzen, die durch rivalisierende Religionen noch verstärkt würden. So weit, so gut. Die kulturelle Identifikation verschiedener ethnischer, religiöser, aber auch ganz einfach regionaler, nationaler oder kontinentaler Gemeinschaften mag nun durchaus, wie in der These 1 formuliert, durch das globale Treiben forciert werden. Dass ein solcher Prozess das kulturelle Selbstbewusstsein stärken kann, halte ich ebenfalls für plausibel. Warum aber sollte kulturelles Selbstbewusstsein zu einer aggressionsgeladenen Selbstbehauptung führen? Diese Eskalation bedarf wohl eines anderen Motors als einer selbstbewussten kulturellen Identität. Sie kann nur in der Verbindung mit Diskriminierung und Unterdrückung stattfinden, um zu einer echten Bedrohung zu werden. Das wiederum sind nationalstaatliche Kategorien, die auf einer politischen Ebene zu verantworten sind, nicht auf der einer gewachsenen Kultur.

Unbestritten ist, dass sich in der Welt des 21. Jahrhunderts die verbleibenden ernsthaften Konfliktpotenziale auf Staaten beschränken, zu denen die westliche Welt kein gutes Verhältnis hat, weil jene unter Verweis auf andere ethnische Wurzeln liberale und demokratische Elemente unterdrücken. Doch mir ist keine Kultur – verstanden als ein gewachsenes Geflecht aus Gewohnheiten und Verhaltensregeln – bekannt, die keinerlei demokratische Mitbestimmungsregeln vertrüge und die auf die Missachtung von Menschenrechten angewiesen wäre. Höchst fragwürdig ist ebenfalls, ob es die eigentlichen kulturellen und religiösen Unterschiede in den traditionellen gesellschaftlichen Institutionen sind, die vernichtende Kriege hervorrufen. Die jüngere Geschichte der Kriege erzählt jedenfalls etwas anderes. Sie ist geprägt von dem Drang nach Ausbreitung der nationalen

Lebensräume, der Wohlstandsförderung durch die Aneignung ausländischer Rohstoffe und dem Größenwahn menschenverachtender Despoten, die ihr Herrschaftsgebiet und Reich auf alles ausweiten wollten, was irgendwie erreichbar erschien. Das war bei den Kolonialkriegen Afrikas und Amerikas nicht anders als beispielsweise im Fall der beiden Weltkriege.

Kulturelle Unterschiede mögen schon immer der Kriegshetzerei gedient haben, ein wirklicher Kriegsgrund hingegen waren sie wohl nie. Eine kulturelle Verwandtschaft gibt es beispielsweise zwischen Deutschland und Frankreich. Dennoch bestand zwischen den benachbarten Nationen lange Zeit eine Todfeindschaft, die mehrere grausame Kriege hervorbrachte. Zu Afghanistan hingegen, das unserer Kultur weitaus fremder ist, hatten die Deutschen immer ein gutes Verhältnis. Es lassen sich zahllose Beispiele finden, die eine allgemein gültige Relevanz der Kulturen für das Konfliktpotenzial zweier Nationen widerlegen. Warum sollten heute andere Gründe für den Ausbruch von kriegerischen Auseinandersetzungen gelten als noch vor wenigen Jahrzehnten? Sicher, solange noch die große Konkurrenz zwischen zwei sich gegenseitig ausschließenden Gesellschaftssystemen bestand, konnten die zahlreichen anderen kleinen kulturellen Unterschiede leicht und gern übersehen werden. Nun aber, da der Ost-West-Nebel sich verzogen hat, tauchen sie auf. Doch sind sie deshalb per se, wie in Huntingtons Thesen 2, 3 und 4 unterstellt, ein gefährliches Konfliktpotenzial?

Werte, Kulturen und Institutionen, so Huntington (1997, S. 39), hätten einen erheblichen Einfluss darauf, wie Staaten ihre Interessen definieren. Staaten mit ähnlicher Kultur und ähnlichen Institutionen hätten daher auch ein «gemeinsames Interesse». Ich denke, diese vordergründige Plausibilität ist nicht haltbar. Korrekter wäre es wohl zu sagen, Staaten hätten im Falle gleicher Werte und Institutionen bestenfalls dieselben Interessen. Ob die Verfolgung gleicher Interessen zu einem Konkurrenzverhältnis führt oder zu einer Kooperation, hängt aber von dem jeweiligen Interessengegenstand ab. Obwohl beide Staaten westliche, liberale Demokratien sind, sprachen beispielsweise Frankreichs Interessen gegen den zweiten Irak-Krieg, wohingegen die USA offenbar ein massives Interesse an der Invasion besaßen. Dieser Interessenkonflikt lässt sich wohl nach wie vor besser unter der Annahme erklären, dass nationalstaatliche und nationalökonomische Aspekte die wesentliche Rolle bei der Entscheidung gespielt haben. Während die USA durch den Krieg an Einfluss auf dem Ölmarkt gewannen, hatte Frankreich, das nicht nur aufgrund langjähriger Beziehungen zum Irak vertraglich bereits gut positioniert war, ernsthafte Bedenken gegen die Invasion. Ein gutes Beispiel, das ebenfalls gegen Huntingtons These von dem gemeinsamen Interesse von Staaten desselben Kulturkreises spricht, ist die schlechte Beziehung der Volksrepublik China zu Taiwan, das von Exilchinesen beherrscht wird. Umgekehrt finden Staaten mit sehr unterschiedlichen Werten und Institutionen durchaus auch gemeinsame Interessen, die trotz der kulturellen Differenzen regelmäßig zu Kooperationen führen. Die USA und Pakistan, aber auch Deutschland und Russland sind Beispiele dafür.

Huntingtons These von den gemeinsamen Interessen gleicher Kulturen ist also nicht haltbar. Es drängt sich stattdessen eine andere These auf, die den Blick weg von allgemeinen, mysteriösen und abstrakten Kulturfaktoren wieder auf konkrete politische Institutionen lenkt: Die westliche Zivilisation besitzt einen rechtsstaatlichen Ordnungsrahmen, der die Menschenrechte garantiert, den Einzelnen vor dem willkürlichen Zugriff des Staates schützt und der damit faktisch eine kriegerische Auseinandersetzung innerhalb der ihr angehörigen Nationalitäten unmöglich macht. Zu den konstitutiven Institutionen zähle ich in allerersten Linie die Gewaltenteilung und die Einklagbarkeit von Persönlichkeitsrechten wie Freizügigkeit, die Garantie des Privateigentums oder freie Berufswahl. Die Grundsätze der Rechtsprechung «Im Zweifel für den Angeklagten» und der

«Grundsatz der Verhältnismäßigkeit» gehören für mich ebenso dazu. Es ist nicht die Übereinstimmung der Traditionen, der Sitten, der Ernährung, der Kleidung, der Konsumpräferenzen, der Musik, der Philosophien, nicht einmal die der Religionen, die die westlichen Gesellschaften in friedlicher Gemeinschaft leben lässt. Es ist einzig und allein die Existenz dieser verbrieften Menschenrechte, die prinzipiell unabhängig von Nationalität und Religionszugehörigkeit gelten. Genau sie zeichnen jeden demokratischen Staat der westlichen Welt aus – gleichgültig, ob er wie Deutschland mitten in Europa liegt oder wie Japan in Südostasien.

Mit der Selbstbindung an die Menschenrechte verknüpfen sich automatisch auch völkerrechtliche Verpflichtungen, die einen Angriff auf Staaten, deren Rechtsordnungen ebenfalls den Menschenrechten verpflichtet sind, politisch oder – wenn man so will – staatsrechtlich niemals erlauben würden. Ein Angriff wäre bestenfalls gegenüber Staaten, die keine Menschenrechte schützende Rechtsordnung besitzen, zu rechtfertigen. Und zwar nur mit dem Argument, dass man dadurch, im betreffenden Land der freiheitlichen Welt, den Menschenrechten endlich zur Geltung verhelfen müsse. Doch dass diese Einschätzung interpretationsfähig ist und äußerst sensibel gehandhabt werden muss, haben uns die Erfahrungen der letzten Jahre mit dem Balkan auf der einen und dem Irak auf der anderen Seite gezeigt. Einen Krieg gegen die «Achse des Bösen» zur Prävention der offenen Gesellschaft zu führen, überzieht meines Erachtens die Argumentation und stellt die eigenen Werte in Frage. Zwei Staaten mit westlicher Rechtsordnung können jedenfalls keinen Krieg mehr gegeneinander führen, ohne ihre eigene Rechtsordnung vollkommen außer Kraft zu setzen. Die kriegerische Auseinandersetzung ist nur noch mit einem Staat möglich, der außerhalb dieser staatsrechtlichen Selbstverpflichtung liegt.

All das hat mit Kultur nur insofern etwas zu tun, als wir von einer «politischen Kultur» im Sinne einer gewachsenen politischen Ordnung reden. Hinter dem, was die offene Gesellschaft einfordert, steckt jedoch, wie wir gesehen haben, die Durchsetzung nicht sämtlicher westlichen, sondern nur ganz bestimmter Institutionen. Die Definition von Kultur als unbestimmte Restgröße für alles, was Probleme bereitet, legt eine falsche Fährte. Dasselbe gilt gewissermaßen umgekehrt, also für den Glauben, dass die Staaten westlicher Rechtsordnung kulturell nahezu deckungsgleich seien. Huntington (1997, S. 37) sieht die westliche Welt als die einzige große kulturelle Einheit auf der Erde. Den Nicht-Westen oder Teile dessen ebenfalls als Einheit zu sehen sei ein Mythos, den der Westen erfunden habe. Damit schafft Huntington wohl eher selbst einen Mythos. Auch der Westen ist in diesem Sinn keine kulturelle Einheit. Nicht zu Unrecht werden aus der Sicht der Europäer ebenso wie aus der Sicht der Amerikaner oder auch aus der Perspektive von außen stehenden Dritten – etwa der arabischen Welt – handfeste Unterschiede zwischen Europa und den USA ausgemacht. Sicher, die ursprünglichen Einwanderer der USA waren Europäer. Doch allein drei Aspekte verdeutlichen, dass die kulturellen Unterschiede weitaus größer sind, als das Huntington suggeriert.

Erstens: Zwar baut die Existenz der USA auf einer massiven Auswanderung der Europäer auf. Doch waren die europäischen Emigranten nie ein repräsentativer Durchschnitt der europäischen Bevölkerung. Es handelte sich vielmehr um eine insgesamt sehr selektive Auswahl. Es gab wohl einige Gründe für eine Auswanderung, doch gehörte in der Mehrzahl der Zwang aus Armut oder Verfolgung sowie die Lust auf Abenteuer und Neuanfang dazu. Man könnte vielleicht sogar behaupten, dass viele Emigranten die europäische Kultur hinter sich lassen wollten.

Zweitens konnte sich das Leben in der Neuen Welt nicht innerhalb derselben Regeln abspielen wie in der Alten. Die Erschließung des weiten Landes erforderte ganz andere Gesetze sowie andere Maßnahmen zu dessen Durchsetzung. Das noch heute existierende liberale Waffengesetz ist ein anschauliches Dokument für die dadurch bedingte kulturelle Abweichung.

Drittens: Die ausgeprägte Sklaverei im aufstrebenden Amerika hat einen hohen Bevölkerungsanteil von Menschen mit schwarzafrikanischem Stammbaum begründet. Auch deren kulturelle Wurzeln haben deutliche Spuren in den USA hinterlassen. Die typisch amerikanische Musik, die vom Blues über Jazz bis zum Soul und Hip-Hop führt, steht hier stellvertretend für den Einfluss afrikanischer Kultur.

Man kann unzählige Beispiele dieser Art nennen. Sie alle weisen darauf hin, dass das bindende Element der freien Welt sich letztlich auf eine die Menschenrechte sichernde, demokratische Rechtsordnung bezieht. Dieses entscheidende Element ist an keine spezielle Kultur gebunden. Es ist ein – zuweilen noch sehr junger – Teil der «westlichen Kultur», aber nicht die Kultur an sich. Robert A. Kagan (2003) formuliert es sehr drastisch: «Americans are from Mars and Europeans are from Venus: They agree on little and understand one another less and less.»* Und obwohl es sich nicht um eine hohe kulturelle Übereinstimmung handelt, ist eine ernsthafte Konfliktgefahr zwischen den USA und Europa heutzutage nicht mehr vorstellbar. Wer daher Huntingtons Thesen folgt, verirrt sich umgekehrt leicht in dem Glauben, dass Gesellschaften jenseits der westlichen Lebensweisen Kulturkreise seien, die aufgrund ihrer Wertvorstellungen ein enormes Konfliktpotenzial besitzen. Tatsächlich aber ergibt sich das eigentliche Konfliktpotenzial aus der Abwesenheit von politischen Institutionen, die Menschen – gleichgültig, welchem Kulturkreis und welcher Religion sie angehören – ein menschenwürdiges und selbstbestimmtes Dasein ermöglichen.

Huntington übersieht mit seiner These vom «Westen als der einzigen kulturellen Einheit» ein weiteres Argument. So ist es

* Dt.: «Die Amerikaner kommen vom Mars und die Europäer von der Venus. Sie sind selten einer Meinung und verstehen einander immer weniger.»

zwar richtig, dass der westliche «Kulturkreis» als einziges stabiles Staatengeflecht existiert – eine Tatsache, die uns später noch intensiver beschäftigen wird. Doch allein China mit 1,3 Milliarden Menschen, die ja ohne Zweifel ein und demselben uralten Kulturkreis angehören, bringt deutlich mehr Menschen auf die Waage als der gesamte von Huntington definierte westliche Kulturkreis, bestehend aus den USA, Kanada, Europa, Australien und Neuseeland, wo insgesamt nur rund 0,82 Milliarden Menschen leben. Auch das größtenteils hinduistische Indien, das Huntington ja ebenfalls als einen eigenständigen Kulturkreis deklariert, besitzt über eine Milliarde Menschen mit steigender Tendenz und übertrifft damit die Einwohnerzahl des «westlichen Kulturkreises» deutlich. Das Beispiel Indien fördert noch einen weiteren Widerspruch zutage. Das Land zählt immerhin als weltweit größte Demokratie. Diese politische Nähe zum Westen und der hohe Verbreitungsgrad der englischen Sprache, die in diesem Land mit 6000 verschiedenen Sprachen an Bedeutung gewinnt, wirft die Frage auf, ob man Indien nicht bereits zur westlichen Welt zählen müsste, obwohl es sicherlich eine ganz andere Kultur hat als etwa die USA oder Europa.

Geht es in den aktuellen und zukünftig zu befürchtenden Konflikten also wirklich um unterschiedliche Grundwerte, Sitten und philosophische Voraussetzungen? Nein, es ging und geht bei kriegerischen Auseinandersetzungen immer um Territorien, Rohstoffe und Despotismus. Und es geht um größenwahnsinnige Diktatoren wie Hitler, Milošević und Saddam Hussein, die einen persönlichen Machtwahn besaßen und deren charismatische und taktische Fähigkeiten dazu ausreichten, große Teile der Bevölkerung auf einen nationalen Kampf einzuschwören. Dass die Begeisterung der Masse oder auch nur einer überschaubaren Gruppe immer über die Hervorhebung der ihr eigenen Identifikationsmerkmale erfolgt, heißt jedoch nicht, dass diese selbst zum Kriegsgrund werden. Bei den Olympischen Spielen, wo Mannschaften verschiedenster Nationen auf die heimatliche

Kultur und die Liebe zu ihrem Land eingeschworen werden, bleibt die Verpflichtung zu einem fairen und friedlichen Wettbewerb doch auch unangetastet. Der Wettbewerb zwischen Nationen und Kulturen der ganzen Erde schweißt die Völker zusammen, statt sie gegeneinander aufzuhetzen. Die einzige, wenngleich unverzichtbare Voraussetzung ist die Existenz einer allerseits verpflichtend anerkannten Ordnung, innerhalb deren sich die Wettkämpfe abspielen: die Anerkennung der Spielregeln.

Die Olympischen Spiele sind Teil einer Weltkultur. Menschen sind bereit, die Leistungen anderer Menschen anzuerkennen, ungeachtet ihrer Nationalität, Religionszugehörigkeit oder Hautfarbe. Sieger werden gefeiert, Verlierer getröstet. Und dies nicht nur von ihren eigenen Nationen. Unterschiedliche Kulturen bringen zum Teil kulturspezifische Höchstleistungen hervor: Marathonlaufen in Kenia und Äthiopien, Reiten in Deutschland, Basketball und Schwimmen in den USA, Hockey in Pakistan, Judo in China oder Turnen in Russland. Doch internationale Kontakte führen zu Lernprozessen. Bei den Spielen 2004 gelang es beispielsweise erstmalig einer deutschen Sportlerin, Gold im Judo zu holen, während zwei Chinesinnen im Tennisdoppel siegten, und im Basketball sieht sich das Dreamteam aus den USA mittlerweile harter Konkurrenz ausgesetzt. Sicher, jeder Vergleich hinkt. Doch wer sich den olympischen Geist einmal vergegenwärtigt, wird vielleicht eine Ahnung davon bekommen, wie die kulturelle Vielfalt unsere Welt bereichern kann und nicht per se bedroht.

Huntington und diejenigen, die seine These nach dem 11. September 2001 begierig und vielleicht auch unreflektiert aufgenommen haben, betreiben ein gefährliches Spiel. Ihre negativen Visionen sind keine wertfreien wissenschaftlichen Theorien, haben allerdings das Zeug, self-fulfilling prophecies zu werden. Richtete etwa die amerikanische Regierung ihre strategische Politik tatsächlich nach der Vision vom Kampf der Kulturen aus, würde sie automatisch Gefahr laufen, den falschen Rahmen für ein friedliches Miteinander der Kulturen zu suchen. Die Entwürdigung ganzer Kulturen und religiöser Institutionen, die etwa während kriegerischer Konflikte kaum vermieden werden kann, teilt die Welt in «gute» und «schlechte» Kulturen ein. Was auf der Basis eines friedlichen Wettbewerbs zu gemeinsamen Institutionen nach dem Muster der Olympischen Spiele wachsen könnte, darf nicht über eine imperialistische, notfalls militärisch gestützte Verbreitung der «westlichen Kultur» erkämpft werden. Ich halte das für den falschen Weg, der im Übrigen auch nicht zum gewünschten Ziel führen wird. Das Ziel muss sein, den friedlichen Wettbewerb unter der Bedingung gemeinsamer Anerkennung der Menschenrechte und unter Beachtung der sich aus ihnen ergebenden Konventionen aller Kulturen zu garantieren.

FÜNF

DIE KOEXISTENZ DER RELIGIONEN

Wer vom Kampf der Kulturen spricht, denkt häufig an den internationalen Terrorismus. Da dieser von so genannten radikalislamistischen Gruppierungen getragen wird, ist die gedankliche Brücke zu einer großen Religionsgemeinschaft und die weitere Verbindung zu einer islamisch-arabischen Kultur hergestellt. Doch wir sollten uns hüten, dieser einfachen Argumentationslinie zu folgen. Der Terrorismus hat seine eigenen von Kultur und Religion unabhängigen Gesetze. Bestenfalls kann die Methode des Selbstmordattentats mit einem starken Glauben an das Leben nach dem Tod und den hoffnungsvollen Verheißungen des Jenseits in Verbindung gebracht werden. Diese für die aufgeklärte offene Gesellschaft makabre Form der Selbstaufgabe würde, ohne dass der Selbstmordattentäter damit eine Heldentat verbinden kann, die im Jenseits belohnt wird, wohl kaum praktiziert. Aber auch das ist kein Verhalten, das einzig mit dem Islam verknüpft ist. Wir kennen Ähnliches zum Beispiel auch in Verknüpfung mit nationalem Opfergeist von den japanischen Kamikazefliegern aus dem Zweiten Weltkrieg.

Die Vermischung von religiösem Fanatismus mit weltlichen Zielen ist eine typische, wenngleich nicht die einzige Ausprägung des Terrorismus. Der Terror der Baader-Meinhof-Gruppe in den 1970er Jahren etwa hatte mit Religion im eigentlichen

Sinn nichts zu tun, wenngleich er auch von einer Art Glaubensgemeinschaft getragen wurde. Auch mehr oder minder selbst ernannte Führer moslemischer Glaubensgemeinschaften, wie etwa der Kalif von Köln, der den Rechtsstaat verhöhnte und seine Freiheiten nutzte, um ihn zu unterwandern, sind vermutlich nicht nur durch ihren islamischen Glauben motiviert. Mitunter dient das Gewand des religiösen Führers auch zur Befriedigung persönlicher Machtgier. Manche (Ver-)Führer unter ihnen finden leider auch eine größere Zahl an Anhängern, von denen sie gestützt und geschützt werden. In dieser Perspektive ist das Thema gewaltbereiter Islamisten zu einem Teil eine Unterkategorie des allgemeineren Problems unmoralischer charismatischer Führer, von dem ja übrigens auch wir Deutschen ein Lied singen können.

Es lässt sich trotz alledem nicht übersehen, dass dem Islam auch ein spezielles Problem innewohnt. Insofern Religionswissenschaftler aufzeigen können, dass im Koran mit «Dschihad» ein «Krieg um des Glaubens willen» gemeint ist und darüber hinaus die Verse 5 und 29 der neunten Sure – die als jüngste und damit alle anderen interpretierende Sure gilt – dazu aufrufen, die Ungläubigen aktiv zu bekämpfen und zu töten, falls sie nicht zu Muslimen werden (vgl. Troll 2004, S. 56), besteht für die Anhänger des Korans immerhin eine Widerlegungspflicht unrechtsstaatlicher Absichten. Christian Troll zeigt, wie unterschiedlich die Auslegung verschiedener islamischer Glaubensgemeinschaften und die daraus folgende Toleranz gegenüber Anders- und Ungläubigen ist. Obwohl sich letztendlich alle auf den Koran stützen, sind die einen Gruppierungen friedlich und anpassungsfähig, während andere mit Hass und Fanatismus den Glaubenskrieg wörtlich nehmen. Es gibt offensichtlich keine eindeutige und zwangsläufige Interpretation der heiligen Schrift – weder in die eine noch in die andere Richtung. Folgt man der Einschätzung Trolls (2004, S. 56), wird der Islam aber heute von den Muslimen weitgehend als von Hause aus friedfertige Religion dargestellt. Als Beleg für die Richtigkeit dieser Einschätzung verweisen die Muslime auch darauf, dass von frühester Zeit an der Kampf gegen die Ungläubigen als der «kleinere» Dschihad bezeichnet worden sei, der Kampf jedes Gläubigen gegen die niedrigen Regungen der eigenen Seele dagegen als der «größere» Dschihad. Und immerhin werde unabhängig davon von den meisten muslimischen Autoren der Gegenwart nur noch der defensive Charakter des Dschihad für erlaubt erklärt.

Wie dem auch sei, ich kann und will mich nicht auf eine religionswissenschaftliche Diskussion einlassen. Wichtiger und vielleicht aussagekräftiger scheinen mir die praktischen Erfahrungen zu sein, die wir mit muslimischen Menschen machen. Hier können wir vermutlich besser ablesen, wie groß die Potenziale einer gemeinsamen Zukunft sind. Dabei dürfen wir nicht übersehen, dass die Bewegungen subversiver, terroristischer Islamisten selbstverständlich viel stärker unsere Aufmerksamkeit gewinnen als die friedliche Integration von eben unauffälligen Muslimen. Zu einer fairen Beurteilung sollte man sich auch an die vielen positiven Beispiele erinnern. Neben den unzähligen und unbekannten muslimischen Mitbürgern, die seit geraumer Zeit friedlich Tür an Tür mit Christen und Demokraten leben, gibt es auch prominente Beispiele, die ein Zeugnis der praktischen Kompatibilität von islamischem Glauben und offener Gesellschaft darstellen. Ich denke da etwa an den unvergesslichen amerikanischen Boxchampion Muhammad Ali, der nicht nur in seiner aktiven Zeit als Sportler den Westen genauso wie Afrika begeisterte, sondern trotz Parkinsonkrankheit auch heute noch die ganze Welt bereist, um Menschen Mut zu machen und sich für den Frieden einzusetzen. Muhammad Ali hat zwar sicherlich schon vielen Menschen wehgetan, doch außerhalb des Rings vertritt er die Werte der offenen Gesellschaft ebenso gut wie die integersten Agnostiker der säkularisierten Welt und wie die verantwortungsvollsten Bürger christlichen Glaubens.

Oder man denke an den britischen Sänger und Autor zahlreicher Pop-Evergreens Cat Stevens, der vor vielen Jahren auf dem Höhepunkt seiner Karriere zum islamischen Glauben konvertierte. Auch er ist deshalb nicht zum Mitglied einer subversiven Bewegung geworden, er ist weder nach Afghanistan gezogen noch unterstützt er seither die Unterdrückung der Frauen. Diese Persönlichkeiten stehen wie viele andere Muslime für einen islamischen Glauben, der in die offene Gesellschaft eingebettet ist. Extremisten hingegen, wie der Kalif von Köln, müssen wie jeder Feind der offenen Gesellschaft von ihr mit intelligenten und rechtsstaatlichen Methoden unschädlich gemacht werden, ohne dass sie dabei ihre eigenen Werte verrät. Bombenangriffe zählen wohl eher nicht zu solchen Erfolg versprechenden Maßnahmen. Zumindest reichen sie bei weitem nicht aus und bergen die Gefahr, den Terrorismus mit reichlich Nachwuchs zu versorgen, statt ihn auszurotten. So jedenfalls kann sich der Dschihad auch leicht mit seiner defensiven Auslegung legitimieren. Ein weiteres Beispiel aus dem praktischen Leben lieferte kürzlich Indonesien, das mit fast 240 Millionen Einwohnern auch die größte muslimische Gesellschaft der Erde darstellt. Die Parlaments- und Präsidentschaftswahlen 2004 des riesigen Inselstaats ergaben, allen Befürchtungen zum Trotz, dass sich zwar jeder Kandidat zu den gemäßigten Prinzipien des Islam bekennen musste, um gewählt zu werden. Die extrem-religiösen Parteien aber blieben erfolglos. Das ist ein Indiz dafür, dass sich auch die meisten gläubigen Muslime nicht vom Diktat eines fanatischen Religionsführers beherrschen lassen wollen. Sie wählten in gewisser Weise die Säkularisierung, die ihnen die freie Religionsausübung im Frieden mit Andersdenkenden erlaubt. Das ist ein ausgesprochen gutes Signal, das bislang leider viel zu wenig Beachtung in der Welt gefunden hat.

Also noch einmal: Keiner Organisation, deren erklärtes Ziel es ist, die offene Gesellschaft abzuschaffen, darf es gewährt werden, frei zu agieren. Dies würde im Übrigen auch Kants kategorischem Imperativ, den wir zu Beginn des Buchs ja als einen konsensfähigen Grundsatz für die ganze Menschheit ausgemacht haben, widersprechen. Das gilt für religiöse Gruppierungen ebenso wie für politische. Die neofaschistische NPD beispielsweise, eine Organisation, die regelmäßig mit ihren nationalistischen und fremdenfeindlichen Parolen unter Beweis stellt, dass sie den Rechtsstaat der offenen Gesellschaft ohnehin nicht akzeptiert, agiert nach demselben Muster, dabei in braunem Gewand. Jeder kennt auch die Verhaltensweisen verschiedener repressiver Sekten, die in allen bekannten Fällen letztendlich nur dem inneren Organisationskern dienen. Doch die Tatsache, dass sich verschiedene radikal-islamistische Gruppierungen auf den Koran und den heiligen Krieg berufen, sollte niemanden dazu verleiten, gleich alle Glaubensanhänger dieser großen Weltreligion zu fanatischen potenziellen Attentätern abzustempeln. Die Religionsausübung von Muslimen ist keinesfalls untrennbar mit Hass gegenüber Andersgläubigen verbunden. Sie ist ebenso wenig an die Missachtung von Menschenrechten gekoppelt. Wir müssen hier unbedingt zwischen den verschiedenen Ansprüchen islamischer Gruppierungen differenzieren – zwischen der großen Zahl der toleranten Gläubigen und den intoleranten und sogar, worauf Helmut Schmidt (2004, S. 172) verweist, zwischen islamischem Fundamentalismus und islamistischem Terrorismus. Andernfalls schütten wir das Kind mit dem Bade aus, widersprechen unseren eigenen freiheitlichen Grundsätzen und vereiteln die Chancen auf eine friedliche, gemeinsame Welt.

Eigentlich, so heißt es, ist der Islam in seiner Konzeption ausgesprochen tolerant gegenüber allen anderen monotheistischen Religionen. Der Glaube an einen einzigen Gott, wie er Jahrtausende schon bei den Juden existierte und schon jahrhundertelang von Jesus Christus und seinen Anhängern übernommen wurde, blieb auch für die Muslime das zentrale Element. Dementsprechend gab es ursprünglich auch keine religionsbedingten Anfeindungen zwischen Muslimen und Juden oder Muslimen und Christen. Mohammed erkannte sogar die Stifter dieser schon lange bestehenden Weltreligionen als große Propheten an. Was wir heute etwa in Palästina erleben, erweckt dagegen den Anschein, als gebe es eine ewige Feindschaft zwischen Muslimen und Juden, die aufgrund religiöser Unvereinbarkeiten unüberwindbar sei. Das ist so jedoch nicht richtig. Letztendlich sind es wohl die ganz profanen weltlichen Aspekte, die auch hier zu den andauernden, todbringenden Konflikten geführt haben: der Streit um nationale Hoheitsgebiete verbunden mit wirtschaftlichen Aspekten. Kultur und Religion haben in einer solchen Situation nur eine instrumentelle Rolle. Sie werden gern zum Identifikationsmerkmal in einer materiellen und weltlichen Auseinandersetzung gemacht. Dies wird im Nahen Osten durch den Aktivismus von Randgruppen fanatischer orthodoxer Juden genauso permanent verschärft wie von islamistischen Propagandisten. Die maßgebliche Ursache des aktuellen internationalen Terrorismus beruht so gesehen nicht auf einem Glaubenskrieg, sondern nährt sich vielmehr durch die Armut, die Perspektivlosigkeit und die fehlende Bildung weiter islamischer Bevölkerungsgruppen Arabiens und Nordafrikas bis hin zu Afghanistan. Das Pulverfass ergibt sich aus der Kombination der Verführungsmöglichkeiten, welche prinzipiell jede religiöse Hierarchie bietet, bitterer Armut und fehlender Bildung auf der einen Seite und der Machtgier und dem dogmatischen Wahn einer selbst ernannten Priesterschaft auf der anderen Seite. Osama Bin Laden ist in dieser Hinsicht ein typisches Beispiel.

Der sozial engagierte israelische Unternehmer Steph Wertheimer vertritt ganz unmissverständlich die These, dass der Terrorismus von denjenigen geschürt werde, die ihren Lebensunterhalt noch nie mit Arbeit verdienen mussten und nicht wüssten, was sie mit ihrem Reichtum alles anfangen sollen, während eben diejenigen, die den Terror ausführen, Menschen seien, die nichts mehr zu verlieren hätten, weil sie gar nichts besitzen, außer den Versprechungen vom herrlichen Himmelreich. Wertheimer zieht ganz konkrete Konsequenzen aus dieser These und versucht durch den Aufbau von Arbeitsplätzen in Konfliktgebieten dazu beizutragen, den Terrorismus zu bekämpfen. Sowohl das friedliche Miteinander in der Arbeitswelt als auch die Verbesserung der Lebensverhältnisse seien das beste Mittel, der Eskalationsspirale von Hass, Entwürdigung und Gewalt entgegenzutreten. Ich denke, er hat Recht.

Versucht man, die islamischen Länder durch die Brille unserer eigenen Geschichte zu sehen, so gewinnt man eine viel realistischere Vorstellung von den existierenden Problemen und Gefahren. Der Islam und die mit ihm verbundene Kultur hat ebenso viel und ebenso wenig Schuld an den brodelnden Konflikten auf der Erde wie jede andere Weltreligion. Der christliche Westen aber hat ein schlechtes Gedächtnis, wenn er so tut, als ob seine Religion grundsätzlich nicht zur Rechtfertigung von Kriegen und menschenverachtenden Behandlungen herangezogen worden ist und gelegentlich immer noch wird. Sogar Kriege untereinander, zwischen Katholiken und Protestanten, wurden geführt. Der Terrorismus in Nordirland ist – wenn überhaupt – erst seit kurzer Zeit beendet. Wie will man zum Beispiel dessen Existenz erklären? Sicherlich nicht durch kulturelle Unterschiede, aber ebenso wenig durch die Unvereinbarkeit politischer Systeme. Wenn man allerdings die unterschiedlichen Konfessionen dafür verantwortlich macht, so stellt sich die Frage, warum dieser Terrorkrieg nicht überall dort stattfindet, wo die Konfessionen aufeinandertreffen. Die Religion diente auch hier letztendlich nur als Identifikationsmerkmal einer weltlichen Auseinandersetzung um Territorien zwischen Großbritannien beziehungsweise England und Irland, die bis ins 12. Jahrhundert zurückreicht. Auch hier waren Unterdrückung, Armut und das hohe weltliche Engagement der katholischen Kirche die entscheidenden Faktoren.

Obwohl sich das Neue Testament – weder mit gesundem Menschenverstand noch mit theologischem Sachverstand – überhaupt nicht zur Rechtfertigung von Gewalt eignet, sondern sie eindeutig und in ungewöhnlich kompromissloser Weise ablehnt, diente der Glaube an Jesus Christus der Begründung von Kreuzzügen und Inquisition, von Glaubenskriegen und Diskriminierung und Verfolgung. Wie kann es zu solch grauenhaften Verdrehungen von religiösen – vom Islam bis zum Christentum – Lehren, die Menschen ursprünglich zu einem friedlichen Miteinander erziehen wollten, kommen? Die Antwort findet man nicht in den heiligen Schriften, sondern sie liegen in den Glaubensorganisationen, die sich auf sie beziehen. Nun ergibt sich aus der gewachsenen Organisation der Religionsgemeinschaften eine Hierarchiestruktur, die durch die Verbindung der spirituellen Religionsausübung mit den gewachsenen, auch weltlichen Ritualen auf das gesellschaftliche Leben Einfluss nimmt. Und wie uns die Geschichte lehrt, gilt für Organisationen und die irdischen Repräsentanten göttlicher Allmacht dieselbe Gefahr weltlicher Verfehlungen wie für alle Menschen. So natürlich es ist, dass die Gläubigen ihr persönliches Verhalten und ihre durch die ausgeübte Religion gewonnenen Anschauungen in das Leben der Gemeinschaft einbringen, so wichtig ist deshalb eine Gesellschaftsordnung, welche die Freiheit der Religionsausübung sichert, aber Staat und Kirche trennt.

Menschen suchen nach einer Erklärung für ihre Stellung in der Welt, ihr Schicksal nach deren Verlassen und dem Sinn und Inhalt ihres Lebens. Hierauf geben Religionen eine Antwort. Und zu deren Ausübung brauchen Menschen ganz sicher auch die Gesellschaft von Gleichgesinnten, mit denen sie Rituale vollziehen und Gemeinschaft pflegen können. Dieses Bedürfnis ist im Menschen tief verankert, das Bedürfnis nach Spiritualität ist jedem Menschen mit in die Wiege gelegt. Religionsstiftern wie Moses, Jesus, Mohammed oder Buddha gelang es, dem vorhandenen Bedürfnis nach Spiritualität ein fassbares Gerüst zu geben, welches das transzendentale Element mit dem weltlichen verbindet. Sie haben daher in ihrer Funktion als originäre Deuter der Ereignisse und Probleme ihrer Zeit eine besondere

Stellung innerhalb der Religionsgemeinschaft, die sie durch ihre Deutung erst hervorgebracht haben. Ihre Persönlichkeiten selbst und ihre Lebensgeschichten stellen den zentralen Orientierungspunkt für die Anhängerschaft dar. Ihre Macht konnten sie nur aus der Faszination ihres Charismas und ihrer Lehren schöpfen. Die durch Religionsgemeinschaften vermittelte Spiritualität bewirkt, dass ein Individuum sich von der eigenen Perspektive etwas entfernen kann und sich als Teil eines kosmischen Ganzen sieht. Es ist das Element, aus dem heraus Entscheidungen getroffen werden, die eben nicht egozentrisch auf die eigene Person gerichtet sind, sondern aus dem Verhältnis von Mensch und Kosmos entstehen. Wir brauchen dieses Element mehr denn je, wenn die Menschheit sich ihrer Lebensgrundlage und ihrer Glücksfähigkeit nicht gänzlich berauben will. Doch alle Menschen müssen akzeptieren, dass es viele Wege gibt, diese Spiritualität zu erleben.

Das Konzept einer säkularisierten Gesellschaftsordnung, also in letzter Konsequenz die strikte Trennung von Staat und Kirche, bietet die richtige Grundlage, den wichtigen spirituellen Kern von Religionen zu erhalten und zu fördern. In einer säkularisierten Gesellschaftsordnung können unterschiedliche Religionen, die mit unterschiedlichen Ritualen einhergehen, in ein friedliches Miteinander treten. Dabei sollte der Absolutheitsanspruch jeder einzelnen Weltreligion der Erkenntnis weichen, dass die Spiritualität das entscheidende Element einer Religion ist. Sie ist auch der kleinste gemeinsame Nenner aller Religionen, groß genug, um die gegenseitige Glaubenstoleranz aufzubringen, die uns eine gemeinsame Zukunft ermöglicht. Die Vielfalt der Kulturen wird unser Leben bereichern, sofern wir ihnen den Rahmen geben, innerhalb dessen sie ihre Geltung bewahren dürfen. In diesem Sinn kann ich auch den Schlusssatz von Huntingtons berühmtem Aufsatz wieder unterstreichen, wo er schreibt: «In überschaubarer Zukunft wird es nicht zu einer universalen Kultur kommen; stattdessen werden die verschiedenen Kulturen lernen müssen, miteinander zu koexistieren.» Und ich füge hinzu: Dieser Lernprozess hat längst begonnen, und wir alle sollten ihn unterstützen.

SECHS

DIE TRIADE: WETTBEWERB DER WELTREGIONEN

Wenn man von einem intensiven Welthandel spricht und auf die hohe Intensität der Globalisierung hinweist, die sich etwa in einer großen Zahl von Direktinvestitionen zeigt, so sollte man wissen, dass sich dieser Prozess nicht gleichmäßig über die Erde verteilt, sondern sich bislang stark auf die wirtschaftlich höher entwickelten Länder konzentriert. Damit ist zwar nicht gemeint, dass der Rest der Welt nicht auch in die Globalisierung involviert wäre. Sein Anteil an den globalen wirtschaftlichen Aktivitäten ist aber vergleichsweise gering. Der Taktgeber der Globalisierung ist die so genannte *Triade*. Dieser Begriff wurde Mitte der 1980er Jahre vom damaligen Leiter der japanischen McKinsey-Niederlassung, Ken'ichi Ohmae, der oft auch als «Prophet der Globalisierung» bezeichnet wird, geprägt. Ken'ichi Ohmaes Triade meinte seinerzeit die transnationale Integration der führenden Volkswirtschaften der USA, der Länder Westeuropas und Japans.

Diese Triade umfasste Ende der 1990er Jahre fast 50 000 transnationale Unternehmen mit etwa 100 000 Tochtergesellschaften. Laut Weltinvestitionsbericht 2001 hatten von den 100 größten transnationalen Unternehmen 91 ihren Hauptsitz in einem der Länder der Triade, wobei zu bedenken ist, dass hier der Anteil der Schweiz, Kanadas und Australiens nicht mitgerechnet ist. Im vergangenen Jahrzehnt ist die Präsenz der Triade nicht etwa geringer, sondern sogar größer geworden. Ähnlich verhält es sich mit der Verteilung der Direktinvestitionen (Stand 2000):

- 71 Prozent aller Direktinvestitionen gingen in die Triade-Länder
- 82 Prozent aller Direktinvestitionen, die im Ausland getätigt wurden, kamen aus den Ländern der Triade
- 40 Prozent aller Direktinvestitionen in den Ländern der Triade stammen aus anderen Triade-Ländern (1985 betrug dieser Anteil nur ein Drittel)

Seitdem der Japaner Ohmae den Triadebegriff einführte, hat sich einiges in der Welt geändert. So ist zum einen durch das Ende des Kalten Krieges «Westeuropa» gewachsen. Die neuen EU-Mitgliedsstaaten haben etwa 75 Millionen Einwohner mit eingebracht. Auch ergibt es keinen Sinn, in der Triadenbetrachtung das 30-Millionen-Volk der Kanadier von den USA zu trennen. Man könnte in diesem Zug auch Mexiko mit über 100 Millionen Einwohnern einbeziehen, weil diese drei Länder auf dem nordamerikanischen Kontinent seit 1994 eine gemeinsame Freihandelszone namens NAFTA (Northamerican Free Trade Area) betreiben. Am bedeutendsten aber sind wohl die Umwälzungen in Ostasien. Dort hat sich insbesondere der Schwerpunkt vom 122-Millionen-Volk der Japaner auf das mehr als zehnmal so große 1,3-Milliarden-Volk der Chinesen verlagert. Zwei Faktoren haben bewirkt, dass auch der Wert des chinesischen Außenhandelsvolumens mittlerweile das japanische übertrifft: zum einen sind die chinesischen Wachstumsraten seit Jahren wesentlich höher als die japanischen; zum anderen schlägt sich die Rückgabe Hongkongs von Großbritannien an die Volksrepublik China zur Jahrtausendwende gewaltig in der Handelsstatistik nieder. Die folgenden Tabellen zeigen, dass China inklusive

Hongkong 2001 mit Importen in Höhe von 444,7 Milliarden US-Dollar und Exporten von 456 Milliarden US-Dollar das internationale Handelsvolumen Japans von 349,2 Milliarden US-Dollar Importen und 403,6 Milliarden US-Dollar Exporten eindeutig überholt hat. Die Tendenz dieser Entwicklung fällt ebenfalls klar für die Chinesen aus. Aufgrund der hohen wirtschaftlichen Dynamik weiter Bereiche Ostasiens, zu denen insbesondere auch Länder wie Singapur, Korea, Malaysia und Thailand gehören, ist es zudem aus heutiger Sicht – 20 Jahre nach Ken'ichi Ohmaes Verlautbarungen – offensichtlich, dass Asien nicht mehr im Schatten Japans steht, obgleich Japan nach wie vor ein großes Gewicht in der Region besitzt.

Einfuhr in Mrd. US-$

Land	2001	1999	1979
USA	1179,2	1059,4	217,7
Deutschland	486,1	472,2	157,7
Japan	349,2	310,0	110,7
Großbritannien	321,0	318,0	103,0
Frankreich	298,9	289,9	107,0
China VR	243,6	165,8	-
Italien	233,0	213,9	78,0
Kanada	221,8	214,8	59,2
Hongkong	201,1	179,5	17,1
Niederlande	194,9	187,5	67,3
Belgien	178,7	160,8	53,3

Ausfuhr in Mrd. US-$

Land	2001	1999	1979
USA	730,8	702,1	178,6
Deutschland	571,5	541,1	171,5
Japan	403,6	417,6	103,0
Frankreich	295,7	300,2	98,1
Großbritannien	267,4	268,3	91,0
China VR	266,1	195,2	-
Kanada	259,9	238,4	58,9
Italien	241,8	230,2	72,2
Niederlande	216,1	200,3	63,7
Belgien	190,4	176,1	52,3
Hongkong	189,9	173,9	-

Die Idee von der taktgebenden Funktion der Triade beruht unter anderem auf dem Gedanken, es existiere weltweit eine integrative wirtschaftliche Partnerschaft zwischen bestimmten hoch entwickelten Staaten, die einen mehr oder weniger gemeinsamen Markt bedienen und sich hierfür auf große unternehmerische Freiheiten berufen können. Trägt man der jüngeren Entwicklungsgeschichte Asiens und Europas Rechnung, so muss man die Triade konsequenterweise nicht nur auf dem amerikanischen Kontinent um Kanada und Mexiko erweitern, sondern auf der anderen Seite auch Japan um die genannten ostasiatischen Staaten. Man kommt außerdem nicht umhin, Europa in seiner heutigen Form zu berücksichtigen, das heißt mit allen 25 EU-Staaten zuzüglich der Schweiz, Liechtenstein, Norwegen und Island. In dieser Triade finden dann 75 Prozent des weltweiten Handels statt.

Ken'ichi Ohmaes Idee von der Bedeutung der Triade geht aber nicht nur von dem integrativen Element aller zugehörigen Staaten aus. Das Wort Triade, welches von dem altgriechischen Wort *triádos*, «Dreiheit», abstammt, bezieht sich ebenso sehr auf die Vorstellung von drei nebeneinander existierenden Einheiten. Die geographische Zuordnung nach Kontinenten spielt hier die entscheidende Rolle. Mit der Zugehörigkeit zu den jeweiligen Erdteilen sind denn auch gewisse Elemente eines Binnenmarktes verbunden. Am einfachsten ist das wohl im Fall der nur aus drei Staaten bestehenden nordamerikanischen Freihandelszone nachzuvollziehen. Das nordamerikanische Freihandelsabkommen sowie die zumindest zwischen Kanada und den USA bestehende enge Verwandtschaft und die geringe Zahl der Landessprachen machen Nordamerika quasi zu einem Binnenmarkt. So bleiben auch immerhin 37 Prozent (ohne Mexiko) der US-amerikanischen bzw. der kanadischen Exporte in Nordamerika. Anders sieht es in Ostasien aus. Dort gibt es zwar seit 1967 formell eine Staatengemeinschaft namens ASEAN mit Sitz in Jakarta. Ihr gehören Burma, Brunei, Indonesien, Kambodscha, Laos, Malaysia, die Philippinen, Singapur, Thailand und Vietnam an. Doch das bevölkerungsreiche und aufstrebende China einschließlich Hongkong ist ebenso wenig mit von der Partie wie das wirtschaftlich starke Japan. Und auch der Subkontinent Indien sowie das dynamische Taiwan sind nicht angeschlossen. Dabei darf man die Tatsache nicht vergessen, dass allein China – gemessen an seinen 1,3 Milliarden Einwohnern – ohnehin der weltweit größte Binnenmarkt ist. Unabhängig von den Mitgliedschaften verbleibt mit 49 Prozent fast die Hälfte der hier betrachteten asiatischen Exporte in diesem Teil der Erde. Außerdem wurde Ende 2004 ein Abkommen zwischen China und ASEAN über eine gemeinsame Freihandelszone ab 2010 geschlossen. Das wäre dann der größte zollfreie Wirtschaftsraum der Erde. Wiederum anders verhält es sich mit Europa. Die Europäische Union stellt einen echten Bund nicht nur aus zwei oder drei, sondern aus 25 Staaten dar, der aber wesentlich verbindlicher organisiert ist als ASEAN. Er hat ein gemeinsames Parlament und besitzt zum Teil bereits eine gemeinsame stabile Währung. Es überrascht daher nicht, dass sogar 68 Prozent des europäischen Anteils zwischen den einzelnen Staaten Europas gehandelt werden.

Es gibt also trotz Globalisierung Faktoren, die auf einen groben kontinentalen Zusammenhalt hinwirken. Eine multilateralistische Gestaltung ist demnach auch im Globalisierungszeitalter nicht vollkommen unabhängig von geographischer Nähe. Für Unternehmen im internationalen Handel spielt es etwa nach wie vor eine Rolle, wie hoch ihr zusätzlicher Verwaltungsaufwand für den grenzüberschreitenden Warenverkehr ist. Auch das Währungsrisiko muss berücksichtigt werden. Hinzu kommen zusätzliche Risiken, die durch das Verlassen des bekannten heimischen Rechts- und Kulturraums entstehen. Zu wissen, was in einem Hoheitsgebiet erlaubt, was in einem Kulturkreis üblich und was in einer Bürokratie notwendig ist, sind Kenntnisse, die bei einem innerstaatlichen Handel oft so selbstverständlich sind, dass man sich ihrer Bedeutung gar nicht bewusst wird. Erst bei Verlassen der bekannten Sphären erfährt man, welche Flut an Informationen und Vorkehrungen im Umgang mit Gesetzen, Behörden, Gewohnheiten und Menschen erforderlich ist, um ein gewinnbringendes Geschäft mit kalkulierbarem Risiko abzuwickeln. Diese Informationen zu sammeln und die entsprechenden Vorkehrungen zu treffen verursacht Kosten. Große multinationale Unternehmen haben das finanzielle Polster, ein sicheres Basislager, von dem aus sie in jedem Teil der Erde agieren können, aufzubauen. Ungleich schwieriger wird es für mittelständische Unternehmen. Wenn etwa ein deutsches Unternehmen mit vielleicht 500 Mitarbeitern im großen China Geschäfte machen will, wird es im Normalfall ohne fremde Hilfe schnell überfordert sein.

Es ergibt in der Welt der Wirtschaft immer weniger Sinn, sich bei einer Investitionsentscheidung lediglich auf ein einzelnes Land zu konzentrieren. Vielmehr werden möglichst große Binnenmärkte immer attraktiver, und so werden mittlerweile ganze Weltregionen als Märkte ausgelotet. Man spricht kaum mehr vom indonesischen oder malaysischen Markt, sondern vom ostasiatischen. Ebenso wenig denkt in der globalisierten Welt ein amerikanischer Investor in Kategorien eines französischen, polnischen oder spanischen Marktes. Er sieht vielmehr ganz Europa als Einheit. Standards und Normen werden zunehmend Weltregionen und nicht mehr Nationalstaaten zugeordnet. Und so ist, ohne dass es jemals von einer zentralen Instanz geplant wurde, ein wirtschaftlicher Wettbewerb der Weltregionen Amerika, Asien und Europa entstanden. Es ist ein Wettbewerb, der sich ebenso um zukunftsträchtige Lebensverhältnisse wie um wirtschaftliche Prosperität dreht. «Wohlstand» und «Wohlfühlstand» sind zwei Kategorien, die nicht mehr automatisch deckungsgleich sind. Mit der Entstehung dieses intensiven, aber friedlichen Wettbewerbs zeichnet sich plötzlich auch eine ordnungspolitische Herausforderung für die jeweiligen Regionen ab. Diejenige Weltregion, die die attraktivste und funktionstüchtigste Gesellschafts- und Wettbewerbsordnung besitzt, wird auch der begehrteste wirtschaftliche Standort sein. Die Höhe der Löhne ist nur ein Faktor, allerdings ein wichtiger.

Die symbiotische Einheit aus Wirtschaft und hoheitlicher politischer Instanz, welche ja unter dem globalisierungsbedingten Bedeutungsverlust der Nationalstaaten gelitten hat, gewinnt paradoxerweise unter dem Druck der globalen Wirtschaft eine neue Gestalt. So tritt an die Stelle der alten nationalstaatlichen Ordnungspolitik der Versuch einer Ordnungspolitik, die sich aus der Perspektive und unter den Herausforderungen der Globalisierung über mehrere geographisch verbundene Staaten erstreckt, um einen stärkeren binnenwirtschaftlichen Charakter anzunehmen und gemeinsam als Weltregion ein dynamischeres Wirtschaftsgebiet darzustellen. Im Gegensatz zum letzten Jahrhundert verläuft die Orientierung dabei nicht mehr nach der Anhängerschaft der beiden gegensätzlichen Ideologien Kapitalismus und Sozialismus.

Wie Konrad Seitz in seinem Buch *Wettlauf ins 21. Jahrhundert* (1999) betont, besteht vielmehr ein Wettstreit zwischen Kapitalismus und Kapitalismus. Gemeint ist der Wettbewerb, der zwischen den verschiedenen Versionen oder Ausprägungen der kapitalistischen Gesellschaftsmodelle Asiens, Amerikas und Europas besteht. In diesem Wettbewerb geht es nicht in erster Linie darum, wer am billigsten produzieren kann, sondern um die Trophäe der dynamischsten Weltregion. Dynamik besteht dort, wo neue Lösungen am besten generiert werden und sich am schnellsten durchsetzen können. In diesem Zusammenhang spielt die Gestaltung und damit auch die Belastung durch das jeweilige Steuer- und Abgabensystem zwar eine Rolle, doch muss sie stets im Vergleich zu den öffentlichen Leistungen beurteilt werden. In einem Land oder einer Weltregion, die durch niedrige Löhne und besonders geringe Steuern besticht, kann beispielsweise das infrastrukturelle Angebot auf Dauer nicht überzeugend sein. Meiner Einschätzung nach wird sich der Wettbewerb der Weltregionen daher insbesondere um drei Faktoren drehen:

1. Rechtssicherheit durch ein effektives und effizientes Rechtssystem
2. Größe des Binnenmarktes für geringe Transaktionskosten innerhalb eines rechtssicheren Gebietes

3. verfügbare Qualität auf dem Arbeitsmarkt bei angemessener Lohnhöhe

So selbstverständlich es uns erscheinen mag: Rechtssicherheit und eine entsprechende Bürokratie, die sie durchsetzt, sind unabdingbare Voraussetzung für das Funktionieren eines Kapitalismus, der nicht nur die Mächtigen bedient. Der peruanische Wirtschaftswissenschaftler Hernando de Soto hat die Frage untersucht, warum der Kapitalismus (bislang) nicht weltweit funktioniert. Seine empirisch umfangreich gestützte Analyse zeigt, dass die Entstehung des Kapitalismus im Westen ihre Ursache nicht in kulturellen Faktoren hat. Auch gilt die alte, berühmte These von Max Weber, wonach die protestantische Ethik die entscheidende Voraussetzung bot, längst als widerlegt. Einzig bestimmte Rechtsinstitutionen, die von einer zuverlässigen Bürokratie geschützt und verwaltet werden, bieten eine hinreichende Erklärung. So führt de Soto das Beispiel des Microsoft-Gründers Bill Gates an, der Welt erfolgreichster Unternehmer. Dieser hätte nicht wegen seines Glaubens, sondern wegen des funktionstüchtigen Rechtssystems der USA so viel erreichen können:

«Wie viele Softwareinnovationen hätte er ohne Patentschutz entwickeln können? Wie viele Geschäfte und langfristige Projekte hätte er abwickeln können ohne gerichtlich durchsetzbare Verträge? Wie viele Risiken hätte er eingehen können ohne Haftungsbeschränkungen und Versicherungspolicen? Wie viel Kapital hätte er akkumulieren können ohne Eigentumsregister zur Erfassung und Aufbewahrung des Kapitals? Wie viele Ressourcen hätte er zusammenlegen können ohne fungible Eigentumsrepräsentationen? Wie viele andere Menschen hätte er zu Millionären machen können ohne die Möglichkeit, Aktienbezugsrechte zu vergeben? Aus welchen Größenvorteilen hätte er Nutzen ziehen können, wenn er sich auf weit verteilte Heimindustrien hätte stützen müssen, ohne die Möglichkeit, sie zusammenzulegen? Wie könnte er die Rechte an seinem Imperium ohne gesetzlich geregelte Erbfolge seinen Kindern und Kollegen übereignen?» (Soto 2002, S. 255)

Der rechtsinstitutionelle Rahmen, der gleichzeitig mehr darstellt als rein wirtschaftliche Bedingungen, entpuppt sich als eine wesentliche Voraussetzung für einen echten und breiten Wohlstand fördernden Kapitalismus. Rechtsstaatlichkeit ist damit nicht vom kapitalistischen System zu trennen. Dort und nur dort, wo sie existiert, kann der Kapitalismus seine positive Wirkung entfalten. Fehlt sie, dient er nur den Reichen und den Amtsinhabern als Machtinstrument. Mit welcher Sicherheit Rechte faktisch und nicht nur auf dem Papier bestehen und mit welcher Sicherheit sie einklagbar sind, darin unterscheiden sich unter Umständen auch die Weltregionen voneinander. Über die Bedeutung und die Größe des Binnenmarktes habe ich ja schon einiges gesagt. Zu bedenken ist allerdings auch hier, dass der Binnenmarkt sich nicht einfach durch irgendwelche formalen Verträge definiert. Er muss sich ebenso auf ein rechtssicheres Gebiet beziehen. Andernfalls werden die Vorteile eines Binnenmarktes zur Farce.

Schließlich noch ein paar Worte zur Qualität der Arbeitskräfte. Man spricht hier auch gern vom «Humanvermögen». Dies stellt mehr denn je das wichtigste Vermögen einer Gesellschaft dar. Und so ist es nicht überraschend, dass der Wettbewerb der Weltregionen auch ein Wettbewerb um die klügsten Köpfe ist. Die offene Gesellschaft setzt im Allgemeinen nur wenige Beschränkungen bezüglich der Freizügigkeit auf den Kapital- und Arbeitsmärkten. So wird es insbesondere für junge und gut ausgebildete Menschen immer selbstverständlicher, auch die Möglichkeit in Betracht zu ziehen, im Ausland zu arbeiten. Die Kriterien bei einer solchen Entscheidung sind häufig die Arbeitsbedingungen, die Einkommens- und Karrieremöglichkeiten und die allgemeine Lebensqualität. Die Weltregion, die in diesen Bereichen am meisten zu bieten hat, kann nicht nur ihren besten Nachwuchs halten, sondern auch auf andere Regionen eine enorme Anziehungskraft ausüben. Das Engagement von weltweit agierenden Unternehmen hängt wiederum ganz entscheidend davon ab, wo sie am besten den talentierten Nachwuchs rekrutieren können. Dabei spielen die Kosten zwar nur eine untergeordnete Rolle, jedoch ist ein Standort, an dem dieselbe Qualität bei geringeren Kosten am Arbeitsmarkt verfügbar ist, natürlich im Vorteil. Wer sich vom Kostenargument möglichst unabhängig machen will, muss daher Spitzenqualität in der Ausbildung garantieren.

Die USA haben in diesem «war for talents» – dem Kampf um die besten Köpfe – stets punkten können. Während des Zweiten Weltkriegs bot das Land vielen bedeutenden Wissenschaftlern eine neue Heimat. Die hervorragende Ausstattung mit Forschungsmitteln, die gute Lebensqualität und das hohe Ansehen von Wissenschaftlern überzeugte auch später viele der besten jungen Wissenschaftler insbesondere aus Westeuropa, ihren Arbeitsplatz und Lebensmittelpunkt in die Vereinigten Staaten zu verlegen, und hat im Laufe des 20. Jahrhunderts die USA zu einem Forschungsstandort allererster Wahl gemacht. Die Mehrzahl ehrgeiziger Studenten aus aller Welt versucht aus diesem Grunde, bereits während des Studiums Fuß im Forschungsparadies Amerika zu fassen.

Doch die USA verlieren neuerdings an Boden. So haben sich beispielsweise seit den Terroranschlägen vom 11. September 2001 die Einreisebedingungen extrem verschärft. Das bekommen auch die Universitäten im Land zu spüren. Visum-Anträge sind seither stark rückläufig, und die Anzahl der tatsächlich erteilten Visa ist sogar noch stärker gesunken.

	Studenten		**andere mit höherer Bildung**	
Jahr	Bewerber	abgelehnt (%)	Bewerber	abgelehnt (%)
2001	399 988	27,6	248 421	9,6
2002	346 419	33,3	203 551	11,9
2003	325 844	35,2	200 233	17,8

Quelle: U.S. Department of State, 2004

Gleichzeitig scheint der wissenschaftliche Output zurückzugehen. Der Anteil der Artikel in der wissenschaftlichen Fachpresse ist da ein übliches Kriterium, das in etwa die Tendenz der Produktivität in diesem Bereich widerspiegelt. In den vergangenen zehn Jahren ist diese Quote von fast 40 Prozent zugunsten der Amerikaner auf nur noch 30 Prozent gesunken. Europäer und Asiaten holen dagegen kräftig auf. Ein weiterer Indikator ist der Anteil an weltweiten Industriepatenten. Obwohl die USA nach wie vor mehr als die Hälfte besitzen, ist auch hier ein Abwärtstrend zu verzeichnen. 1995 waren es 56 Prozent, 2003 nur noch 52 Prozent. Auch bereitet ein ähnlicher Trend bei der Vergabe der Nobelpreise den Amerikanern Sorge. Die ungemein hohe Quote vergangener Jahre macht sie mit einer Ausbeute von rund der Hälfte unzufrieden.

Wir können aus alledem erkennen: Ein Wettbewerb der Weltregionen ist für den technischen Fortschritt fruchtbar, zudem erzeugen ökonomische Interessen indirekt einen Druck zur Errichtung freiheitlicher und effizienter Institutionen, die es schließlich ermöglichen, einen übergeordneten weltweiten Ordnungsrahmen zu schaffen. Durch das Netzwerk, das sich innerhalb der Welt und zwischen den Weltregionen spannt, erscheint mir die Chance greifbar, die drängenden ordnungspolitischen Probleme in absehbarer Zukunft zu lösen.

TEIL DREI

EUROPAS CHANCE

EINS

DER HISTORISCHE VORSPRUNG

Wer heute von Europa spricht, denkt zumeist an die Europäische Union. Aber man sollte nicht vergessen, dass ein großer Teil Europas einen mehr als 2000 Jahre alten, gemeinsamen Kulturraum darstellt. Es ist ein Kulturraum, dessen Basis wohl überwiegend in den glorreichen Zeiten der griechischen Antike gelegt wurde. Die Bürger des antiken Griechenlands sind die Entdecker oder – wenn man so will – die Erfinder der Philosophie und der exakten Wissenschaften, so wie wir sie bis heute verstehen. Und wer den Analysen der Historiker folgt, muss feststellen, dass die geradezu explosionsartige Entwicklung dieser einmaligen griechischen Wissenskultur zu einem gewissen Maß bis heute unerklärlich geblieben ist. Sicher, man hat aufgrund der Schriftstücke und der archäologischen Funde ein Puzzle zusammengesetzt, das die Konturen dieser außergewöhnlichen Zeit ansatzweise nachvollziehbar macht. Warum jedoch innerhalb von nur zwei Jahrhunderten eine derartige Fülle an herausragenden Werken in Wissenschaft, Philosophie, Kunst und Literatur quasi aus dem Nichts entstanden ist, gibt doch ähnliche Rätsel auf wie die ägyptischen Pyramiden. Zur etwa gleichen Zeit begannen die Griechen, Wein anzubauen, und auch bei den Ägyptern – circa 3500 Jahre vorher – war die Wissensexplosion mit der Entdeckung des Weinanbaus zusammengefallen. Das ist aber vermutlich eher ein Zufall und stellt keine ausreichende Erklärung für ihre geistigen Eingebungen dar!

Der Entwicklungssprung des antiken Griechenlands begann nichtsdestotrotz im 6. Jahrhundert v. Chr. mit den Arbeiten des Thales von Milet. Ihm wird etwa die erste korrekte Vorhersage der Sonnenfinsternis 585 v. Chr. zugeschrieben. Und der «Satz des Thales» dürfte ebenso wie die Lehren von Pythagoras (570–496 v. Chr.) bis zum heutigen Tag Pflichtprogramm im Geometrieunterricht für jeden Gymnasiasten in Europa sein. Das Besondere an jenen Griechen, die mit Thales zu wirken begannen, war ihr Wunsch, Wissenschaft und Magie voneinander zu trennen und nach Begründungen zu suchen, die nicht als Erstes auf den Willen einer göttlichen Instanz verwiesen. Die Griechen sind auch als Erfinder der Demokratie – ein griechisches Wort, das nichts anderes als Herrschaft des Volkes bedeutet – in die Geschichte eingegangen, wobei sie mit dem Begriff «Demos» (Volk) offenbar nicht dasselbe verbanden wie wir heute. Für sie waren keinesfalls alle Bürger gleichberechtigt. Sklaven blieben Sklaven, und Frauen hatten in der Politik nichts zu suchen. Wenn man den Überlieferungen über Sokrates' beherzte Frau Xanthippe Glauben schenken darf, so konnte das schwache Geschlecht zwar schon damals seinem Willen durchaus prägnanten Ausdruck verleihen, das Bürgerrecht aber blieb für Frauen unerreichbar. Immerhin ist die Idee von Machtverteilung und ihrer Kontrolle durch gleichberechtigte Bürger der Gesellschaft wohl der Keim, aus dem dann schließlich die modernen demokratischen Gesellschaftssysteme erwachsen sind.

Die Griechen, von denen hier die Rede ist, waren selbst von keinem großen imperialistischen Geist beseelt. Das übernahmen andere für sie. Wenn er sich auch nicht gerade die Demokratie auf die Fahnen geschrieben hatte, so war der Mazedonier Alexander der Große doch jemand, der im 4. Jahrhundert v. Chr.

einen Teil der griechischen Kultur in die Welt trug. Er war nicht nur ein hartgesottener Kriegsherr, sondern durchaus auch sehr gebildet. Alexander wurde, bevor er als König von Mazedonien Geschichte schrieb, zwei Jahre lang von keinem Geringeren als dem großen griechischen Philosophen Aristoteles unterrichtet. Die Eroberungsziele des legendären Feldherrn lagen jedoch im Osten und Süden der damaligen Welt, betrafen das Gebiet der heutigen Türkei, Armenien, Syrien, Ägypten und zogen sich über das gesamte damalige Persien bis in den Norden Indiens.

Das Gebiet des eigentlichen europäischen Kontinents nahm Alexander hingegen nicht ins Visier. Das taten vielmehr die Römer. Sie machten ganz erhebliche Anleihen bei der griechischen Kultur, Religion und Bildung. Im Kern waren die Römer allerdings sehr viel pragmatischer als die Griechen und mit einem großen imperialistischen Hunger ausgestattet. Will man es einfach ausdrücken, so hat sich der griechische Wissensfundus mit den Sitten der Etrusker vermischt und ist über römische Sandalen in weite Bereiche Europas getragen worden. Diese «Zivilisierung» europäischer Regionen wie Germanien, Gallien, Britannien, Hispania oder Dakien führte nicht nur dazu, dass die Sprache der Römer sich zunehmend in die Sprache der eroberten Völker hineindrängte und sie zum Teil zu – wie wir heute sagen – romanischen Sprachen machte. Auch das gesamte Mittelalter hindurch war das reine Latein die Sprache der europäischen Gelehrten.

Wohl kaum zu überschätzen ist die Tatsache, dass schließlich ab dem hohen Mittelalter das «römische Recht», so wie es sich seit der Mitte des 5. Jahrhunderts v. Chr. bis zur Mitte des 6. Jahrhunderts n. Chr. entwickelt hatte, überall in dem Lateinisch schreibenden Europa zum geltenden Recht und schließlich zur Grundlage aller modernen Rechtsordnungen der gesamten westlichen Welt wurde. Das alles gehört zur frühen europäischen Geschichte. Sie verlieh den Europäern späterer Zeiten stets etwas von einer gemeinsamen Identität. Doch in der Antike gab es noch kein europäisches Bewusstsein. Damals war Rom eine imperialistische Macht, die sich nach Wunsch ihrer Kaiser auf der ihr bekannten Welt so weit wie möglich auszubreiten versuchte. Im Norden drangen die Römer in das Gebiet des heutigen Mittel- und Nordeuropas ein, im Süden in jenes des afrikanischen Kontinents und auch des Nahen Ostens.

Auch die Verbreitung der christlichen Religion fand letztendlich über das römische Imperium statt, das in seinen frühen Jahren die Christen noch hartnäckig verfolgte. Die wachsende Macht der christlichen Kirche, die ja noch heute teils in Rom verankert ist, prägte das europäische Gesicht des Mittelalters. Die kriegerischen Auseinandersetzungen dieser Zeit, unter ihnen die berüchtigten Kreuzzüge, waren häufig mit profanem Machtinteresse der Kirche verbunden. Und aus dieser Zeit stammen auch die tief verwurzelten Vorbehalte gegen die islamischen Völker. Nicht nur die im Spätmittelalter sich häufenden Reiseberichte aus fernen Ländern wie Indien und China veränderten die Selbstwahrnehmung Europas langsam. Die gescheiterten Kreuzzüge und schließlich der Fall Konstantinopels, des heutigen Istanbul, das 1453 von den Osmanen erobert wurde, führten schon im 15. Jahrhundert zu Forderungen nach der politischen Einheit Europas.

Nichtsdestotrotz brach im Heiligen Römischen Reich Deutscher Nation 1618 ein viele Jahre andauernder, zerstörerischer Krieg aus. Er speiste sich zunächst aus inneren konfessionellen Gegensätzen und entfaltete sich durch das Eingreifen außerdeutscher Mächte zu einem harten und schier endlosen europäischen Machtkampf. 1648, also nach unvorstellbaren 30 verheerenden Kriegsjahren und ungefähr ein Jahrhundert nach dem Fall Konstantinopels, lässt sich vielleicht das erste bedeutende Ereignis in der europäischen Einigungsgeschichte datieren: der Westfälische Frieden. Er beendete nach vier Jahren Verhandlung in Münster und Osnabrück den Dreißigjährigen

Krieg. Erstmalig gelang es in Europa, einen derartigen Konflikt durch Verhandlungen und nicht durch Sieg und Niederlage zu lösen. Europa verstand schließlich doch, dass dieser Krieg keinen Sieger, sondern nur Verlierer hervorbringen konnte. Der Vertrag betonte die nationalstaatliche Souveränität bei gleichzeitiger zwischenstaatlicher Kooperation und begründete somit eine neue europäische Ordnung grundsätzlich gleichberechtigter Staaten. Die Zeit der Kriege in Europa war damit freilich nicht beendet.

Im Jahr 1789, 13 Jahre nach der amerikanischen Unabhängigkeitserklärung, schlossen sich unter George Washington die ersten Staaten der Neuen Welt zu den Vereinigten Staaten von Amerika zusammen und ordneten sich einer gemeinsamen Bundesregierung unter. Im selben Jahr wurde Mitteleuropa von der Französischen Revolution beherrscht, und man begann diesseits des Atlantiks, von den «Vereinigten Staaten von Europa» zu träumen. Wiederum 60 Jahre nach diesen Ereignissen und mittlerweile rund 200 Jahre nach dem Westfälischen Frieden hielt im Jahr 1849 der Franzose Victor Hugo, Präsident eines Pazifistenkongresses in Paris, eine Rede, die als die erste dokumentierte öffentliche Vision von der *europäischen Integration* gilt. Sie belegt nicht nur eine klare Vorstellung von einer friedlichen Staatengemeinschaft, sondern auch, welche Strecke wir auf diesem Weg in den vergangenen 150 Jahren bereits zurückgelegt haben. Hier ein paar Ausschnitte aus Hugos enthusiastischer und bejubelter Rede:

«Der Tag wird kommen, an dem ein Krieg zwischen Paris und London, zwischen Petersburg und Berlin, zwischen Wien und Turin genauso absurd und unmöglich erscheinen wird, wie heute bereits ein Krieg zwischen Rouen und Amiens (…). Der Tag wird kommen, an dem ihr Franzosen, ihr Russen, ihr Italiener, ihr Engländer, ihr Deutschen, ihr Nationen des Kontinents euch zu einer höheren Einheit innig verschmelzen werdet, ohne eure besondere Eigenart und ruhmvolle Individualität aufgeben zu müssen (…). Der Tag wird kommen, an dem es keine anderen Schlachtfelder mehr geben wird als die Märkte, die sich dem Handel öffnen, und der Geist, der sich den Ideen öffnet. (...) Der Tag wird kommen, an dem sich die beiden großen Ländergruppen, die Vereinigten Staaten von Amerika und die Vereinigten Staaten von Europa, von Angesicht zu Angesicht die Hände über die Meere reichen werden (...).»

Die Wortwahl Hugos zeigt, dass sich zumindest die Optimisten schon damals vor Europas schrecklichstem Jahrhundert in einem Prozess wähnten, der aus Europa einen eingefriedeten Großraum und gemeinsam mit den USA den Kern einer Friedensordnung für die Menschheit machen sollte. Die Hoffnung auf den ewigen Frieden, das wissen wir heute, war abermals verfrüht. Die folgenden hundert Jahre brachten an Hass und nationalstaatlichem Eigensinn nochmals alles Vorstellbare und Unvorstellbare zum Vorschein. Sie wurden ebenso getragen von Visionen der Weltverbesserung wie der Weltbeherrschung und endeten in einer Serie von Katastrophen. Dennoch blieb die Idee von einem geeinten Europa fest in den Köpfen verankert und wurde weiterhin als einzig gangbare Möglichkeit für die Landung in einer lebenswerteren Welt gesehen.

Eine negative Konstante dieser Zeit war die Beziehung zwischen den Nationalstaaten Deutschland und Frankreich. Nachdem der Erste Weltkrieg durch den massiven Einsatz moderner Technologien – Flugzeuge, U-Boote und Kampfgase – neue Dimensionen des Kriegsschreckens eröffnete, formierte sich in intellektuellen Kreisen auch ein gestärkter Sinn für ein geeintes Europa. Der berühmte Antikriegsroman *Im Westen nichts Neues* von Erich Maria Remarque entstand in dieser Zeit und sorgte für einigen Aufruhr. Er beschreibt den Kriegsverdruss der Soldaten und ihren schwindenden nationalstaatlichen Patriotismus, der den einfachen menschlichen Bedürfnissen jenseits künstlicher nationaler Pflichten wich. Das Ende des Ersten Weltkriegs sahen viele junge Europäer als Startschuss zu einer neuen Zeit an, in der die Idee einer gemeinsamen und friedlichen europäischen Region als die einzige plausible Alternative erschien. Schon der Erste Weltkrieg wurde nach vergeblichen Verhandlungsversuchen durch das finale Eingreifen der Amerikaner unter dem demokratischen Präsidenten Woodrow Wilson entschieden, der den Kriegseintritt vor seinem Volk interessanterweise als «Kreuzzug für die Demokratie» rechtfertigte. Der Schriftsteller und Zeitzeuge Stefan Zweig beschreibt in seinem Buch *Die Welt von Gestern. Erinnerungen eines Europäers* (S. 321 f.) die Atmosphäre bei Kriegsende wie folgt:

«Wer jene Zeit erlebt, der erinnert sich, daß die Straßen aller Städte dröhnten vor Jubel, um Wilson als den Heilbringer der Erde zu empfangen, daß die feindlichen Soldaten sich umarmten und küssten; nie war soviel Gläubigkeit in Europa wie in den ersten Tagen des Friedens. Denn jetzt war doch endlich Raum auf Erden für das langversprochene Reich der Gerechtigkeit und Brüderlichkeit, jetzt oder nie die Stunde für das gemeinsame Europa, von dem wir geträumt.»

Der Versailler Vertrag konnte jedoch den Traum schließlich nicht erfüllen. Stefan Zweig musste den 21 Jahre nach Kriegsende beginnenden Zweiten Weltkrieg, der abermals das Vorstellbare sprengte, als schmerzhaften Beweis eines nicht zu rettenden Europas empfunden haben und nahm sich im dritten Kriegsjahr im südamerikanischen Exil gemeinsam mit seiner Frau das Leben.

Drei Jahrzehnte später wurde Europa erneut durch die militärische Stärke der USA befreit und befriedet, diesmal unter Franklin Delano Roosevelt. Zweimal innerhalb von weniger als dreißig Jahren sahen sich die Vereinigten Staaten von Amerika gezwungen, die von europäischem Boden ausgehenden Flächenbrände mit ihrem eigenen Blut zu löschen. Offenbar war Wilsons Strategie, Europa nach der Beendigung des Ersten Weltkriegs wieder sich selbst zu überlassen, nicht erfolgreich.

Die Europäer schafften es nicht, sich eine Ordnung zu geben, die künftig solche Katastrophen verhindern konnte. Die Folgen des Zweiten Weltkriegs, dessen Ausbruch unter anderem durch den Versailler Vertrag und die anhaltende Feindschaft zwischen Deutschland und Frankreich begünstigt wurde, waren bekanntlich noch verheerender. Robert Kagan (2003, S. 80) schreibt: «Europa schien einem überhitzten Brutkasten für Weltkriege zu gleichen, die Amerika teuer zu stehen kamen», und verweist auf die Recherchen des Historikers John L. Harper (1996, S. 79), wonach Roosevelt als Konsequenz Europas weltpolitische Einflussmöglichkeiten radikal verringern wollte. Die Amerikaner wollten Europa nicht noch einmal seinem Schicksal überlassen und entschieden sich schließlich für den Marshallplan und eine Jahrzehnte währende Besatzung.

Die nun folgende Geschichte Europas besteht aus zwei gegenläufigen Prozessen, die sich gegenseitig bedingten und einander verstärkten: Teilung und Integration. Denn zum einen wurde der Eiserne Vorhang durch Europa gezogen, der die Welt in Ost und West, in Kapitalismus und Sozialismus, in offene und geschlossene Gesellschaften teilte. Andererseits entwickelte sich in Westeuropa unter dem Schutz des durch die USA geführten Militärbündnisses NATO endlich die lang ersehnte europäische Integration, an deren Anfang die Versöhnung der zentraleuropäischen Staaten Frankreich und Bundesrepublik Deutschland stand. Gemessen an den langen Jahrhunderten vergeblicher Hoffnung zuvor ging dann alles ganz schnell. Zunächst mag die Bedrohung des Kalten Krieges den Einigungsprozess der westlichen Staaten beschleunigt haben. Später war der Motor für eine weitere Ausbreitung genau die gegenteilige Bewegung: der Fall des Eisernen Vorhangs. Man kann nun die letzten 60 Jahre der europäischen Wiedergeburt als eine Art Endspurt der europäischen Integration begreifen und sie anhand der wichtigsten Ereignisse noch einmal stichpunkthaft Revue passieren lassen.

1945: Auf den Konferenzen von Jalta und Potsdam beraten die USA, Sowjetunion und Großbritannien über die Struktur des Nachkriegseuropas.

1946: Churchill spricht erstmalig vom «Eisernen Vorhang», äußert aber zugleich die Vision einer neuen europäischen Einheit, die für die Weltsicherheit unabkömmlich sei und wovon kein Land auf Dauer ausgeschlossen werden sollte.

1949: Am 5. Mai unterzeichnen in London zehn Staaten (Großbritannien, Irland, Frankreich, die Benelux-Staaten, Norwegen, Schweden, Dänemark und Italien) das Statut des Europarats mit Sitz in Straßburg.

1950: Am 9. Mai wird erstmals das Prinzip «Wirtschaftliche Integration als Grundlage der politischen Integration» formuliert und geht als «Schuman-Erklärung» in die Geschichtsbücher ein.

1951: Als erste Stufe des Schumanplans wird am 18. April zwischen Belgien, der Bundesrepublik Deutschland, Frankreich, Italien, Luxemburg und den Niederlanden die Montanunion über die EGKS (Europäische Gemeinschaft für Kohle und Stahl) unterzeichnet.

1957: Belgien, Deutschland, Frankreich, Italien, Luxemburg und die Niederlande gründen mit der Unterzeichnung der «Römischen Verträge» die Europäische Wirtschaftsgemeinschaft (EWG).

1958: Aus der gemeinsamen Versammlung von Montanunion, EWG und EURATOM konstituiert sich in Straßburg ein Parlament, das später die offizielle Bezeichnung Europäisches Parlament erhält.

1963: Assoziationsabkommen zwischen der EWG und der Türkei mit dem Fernziel eines Beitritts.

1967: Die drei europäischen Institutionen der EWG (Europäische Wirtschaftsgemeinschaft, EURATOM) und EGKS (Europäische Gemeinschaft für Kohle und Stahl) werden zur Europäischen Gemeinschaft (EG) verschmolzen. In

Brüssel nimmt die Europäische Kommission ihre Arbeit auf.

1973: Dänemark, Irland und Großbritannien treten der EG bei.

1978: Der Europäische Rat beschließt das Inkrafttreten des Europäischen Währungssystems (EWS) mit dem Kernelement der europäischen Währungseinheit ECU.

1979: Erste Direktwahl des Europäischen Parlaments.

1981: Griechenland tritt der EG bei.

1985: Frankreich, die Bundesrepublik Deutschland und die Benelux-Länder unterzeichnen das «Schengener Abkommen». Es sieht die Abschaffung aller Personenkontrollen an den Binnengrenzen zwischen den Unterzeichnerländern vor.

1986: Portugal und Spanien treten der EG bei.

1990: Am 1. Juli beginnt die erste Stufe der Europäischen Wirtschafts- und Währungsunion (EU).

1991: Ungarn und Polen unterzeichnen die ersten Europaabkommen zur wirtschaftlichen Annäherung an die EU.

1992: Am 7. Februar Unterzeichnung des «Maastricht-Vertrags» über die Europäische Union.

1993: Inkrafttreten des europäischen Binnenmarkts. Gewährleistung des freien Verkehrs von Personen, Waren, Dienstleistungen und Kapital.

1995: Finnland, Österreich und Schweden treten der EU bei.

1997: Der Maastrichter Vertrag wird neu verfasst und am 2. Oktober durch die Unterzeichnung des Vertrags von Amsterdam akzeptiert.

1998: Mit Estland, Polen, Slowenien, der Tschechischen Republik, Ungarn und Zypern werden Beitrittsverhandlungen aufgenommen.

1999: Gipfeltreffen in Berlin zur Einigung auf die «Agenda 2000», welche die EU auf die Aufnahme neuer Mitglieder vorbereiten soll.

Der Europäische Rat verleiht der Türkei in Helsinki den Status eines Beitrittskandidaten zur EU.

2000: Die Beitrittsverhandlungen werden auf Bulgarien, Lettland, Litauen, Malta, Rumänien und die Slowakische Republik ausgeweitet.
Im Dezember unterzeichnet der Europäische Rat den «Vertrag von Nizza», der die innere Struktur der Union für die Aufnahme neuer Mitglieder reformiert.

2002: Der Euro wird in den meisten EU-Ländern als Währung eingeführt.

2004: Innerhalb der EU-Osterweiterung treten am 1. Mai die folgenden 10 Staaten der EU bei: Estland, Lettland, Litauen, Malta, Polen, Slowakei, Slowenien, Tschechische Republik, Ungarn und Zypern.
Am 13. Juni finden Wahlen zum Europäischen Parlament in 25 Mitgliedsländern der EU statt.
Unterzeichnung der europäischen Verfassung.

2007: Voraussichtlicher Beitritt von Bulgarien und Rumänien.

Wie man diesen Daten entnehmen kann, ist Europas Einigungsprozess so weit fortgeschritten, wie es sich Victor Hugo seinerzeit gewünscht und vorgestellt haben mag. Steht man nur unter dem Eindruck des politischen Tagesgeschäfts, wird man schnell ungerecht in seinem Urteil, sieht lediglich die negativen Ereignisse, die es zweifellos gibt, und verfällt in Pessimismus über Europas Entwicklung. Skeptiker mögen zudem ihren Zeigefinger erheben und darauf verweisen, dass Europas Integration noch lange nicht abgeschlossen ist und es sich erst noch erweisen müsse, ob Europa hält, was es verspricht. Gegen den Ehrgeiz, ein gemeinsames Europa weiter zu vervollständigen und zu erhalten, ist nichts einzuwenden. Doch darf ein Übermaß an Skepsis nicht die Entstehung einer europäischen Identifikation verhindern. Das bislang Erreichte angemessen und mit Stolz zu würdigen gehört genauso zu einem erfolgreichen Integrationsprozess wie eine selbstkritische Haltung. Von beiden Faktoren wird der endgültige Erfolg abhängen. Das sollten wir nicht übersehen.

Europas Geschichte ist zweifelsohne eine Geschichte zahlreicher Mächte und Machtauseinandersetzungen, die Geschichte vieler Völker mit einer hohen Bevölkerungsdichte. Die Spannungen in einem so engen Geflecht sind stets enorm gewesen. Die Kämpfe um Lebens- und Herrschaftsräume waren in allen vorangegangenen Jahrhunderten so normal wie heute für die jüngeren Generationen großer Teile Europas der Frieden. Was den Menschen hundert Generationen lang widerfahren ist – immer wieder Despotismus und Qual –, speiste sich in das kollektive Gedächtnis ein. Was noch Roosevelt und mit ihm Millionen andere Frustrierte als nicht zu ändernde Konstante innereuropäischer Zerrissenheit empfunden haben mögen, wandelte sich schon wenige Jahre später in einen multilateralen Integrationsprozess, in dem sich die bösen Mächte nicht mehr behaupten konnten.

Nun ist es nicht so, dass sich mit einem Mal die europäischen Völker brüderlich in den Armen gelegen hätten, befreit von allen nationalistischen Vorbehalten. Doch die sich wiederholenden und sich steigernden Schrecken der Kriege, an deren Ende niemals ein dauerhafter Herrschaftsgewinn, sondern stets Elend und Zerstörung standen, haben die Einsicht befördert, sich von Ideologien distanzieren zu müssen, die einem imperialistischen Wahn folgten. Die Entwicklung und die allgemeine Akzeptanz demokratischer Strukturen wiederum haben die Auseinandersetzungen zwischen Nationen entpersonalisiert und die Differenz zwischen Entscheidung und persönlicher Haftung für einen Krieg weitgehend aufgehoben. Die Bürger, die das Leid des Krieges zu ertragen haben, entscheiden sich nicht leichtfertig für einen solchen Weg. Jetzt wurden die wirtschaftlichen Interessen zum Ansporn, sich trotz aller Vorurteile stärker aufeinander einzulassen. Das funktionierte, und je intensiver die Menschen und Unternehmen sich miteinander vernetzten, desto stärker wuchs auch die Toleranz gegenüber anderen Kulturen.

In Bereichen, in denen bestimmte einzelne kulturelle Ausprägungen anderen tatsächlich überlegen sind, werden sich diese in einem Wettbewerb der Kulturen durchsetzen. Doch das Nebeneinander von Kulturen, von denen man die eine in ihrer Gesamtheit nicht als besser oder schlechter bewerten kann als eine andere, wird ein fester Bestandteil Europas bleiben. Ziel ist nicht die Assimilierung, sondern eine Kompatibilität. Europas Erfolgsgeschichte, auch wenn sie noch längst nicht zu Ende geschrieben ist, erscheint einzigartig auf der Welt. Die besonderen Konfliktprobleme unserer Weltregion sind damit innerhalb der vergangenen sechzig Jahre zu einem Vorteil umgemünzt worden. Das wie Phönix aus der Asche entstandene europäische Ordnungsmodell besitzt damit einen Vorsprung, der von den ausnehmend schlechten Erfahrungen mit Krieg und Herrschaftsdrang herrührt.

Europa folgt seither dem Motto: Ausweitung des Hoheitsgebiets ohne imperialistisches Gebaren, Einladung statt Aufbau von Druckpositionen. Außerdem grenzen die Europäer sich gegenüber den Amerikanern ab, die sich gerne der Worte Benjamin Franklins bedienen, wenn sie ihre Aktionen im Ausland rechtfertigen: «Die Sache Amerikas ist die Sache der ganzen Menschheit.» Im festen Glauben, Anwalt und Missionar jener freiheitlichen Prinzipien zu sein, die ihr Land auszeichnet, hat sich die Kriegsführung auf fremdem Boden als ein für notwendig gehaltener Bestandteil des amerikanischen Traums manifestiert. Auch wenn die USA Albträume wie denjenigen in Vietnam erlebt haben, so begriff das Gros der Bevölkerung den Krieg eher als notwendiges Übel zum Erhalt des freiheitlichen *way of life* und nicht als dessen Zerstörung. Diese Deutung steht nun der oben erläuterten europäischen Erfahrung diametral entgegen. Sieht man insbesondere von der britischen Position einmal ab, empfindet Europa zum überwiegenden Teil den Zusammenhang zwischen Krieg und Freiheit als grundsätzlich negativ. Europas Chance besteht nun darin, seine speziellen Erfahrungen und einzigartigen Errungenschaften als Alternativmodell in den

Dienst der Menschheit zu stellen. Die Sache Europas wäre damit in Anlehnung an Franklin die Sache der ganzen Menschheit und könnte der Beginn einer neuen Weltordnung sein.

ZWEI

EUROPA, DAS «NEUE AMERIKA»

*«Now, you're thinking of Europe as Germany and France. I don't. I think that's old Europe.»**

Mit diesen Worten schuf am 22. Januar 2003 der amerikanische Verteidigungsminister Donald Rumsfeld auf einer Pressekonferenz zur Rolle Europas im Irakkrieg einen neuen Begriff – beziehungsweise füllte einen alten Begriff mit neuem Inhalt: Old Europe, Altes Europa. Dem *Alten Europa* wurde plötzlich ein *Neues Europa* gegenübergestellt. Und so führte Donald Rumsfeld weiter aus:

*«If you look at the entire NATO Europe today, the center of gravity is shifting to the East. And there are a lot of new members. And if you just take the list of all the members of NATO and all of those who have been invited in recently – what is it? Twenty-six, something like that? – You're right. Germany has been a problem, and France has been a problem.»***

* Dt.: «Nun denken Sie bei Europa an Deutschland und Frankreich. Ich nicht. Ich denke, das ist das alte Europa.»

** Dt.: «Wenn man sich heute das gesamte NATO-Europa ansieht, verschiebt sich das Gravitationszentrum in Richtung Osten. Und es gibt dort viele neue Mitgliedsstaaten. Wenn man sich die Liste aller NATO-Mitgliedsstaaten ansieht und all derer, die vor kurzem eingeladen worden sind – wie viele sind das? Sechsundzwanzig oder so? –, sieht man sich bestätigt. Deutschland ist ein Problemfall gewesen und Frankreich ist ein Problemfall gewesen.»

Natürlich war die Absicht Rumsfelds leicht erkennbar. Die beiden europäischen Schwergewichte Frankreich und Deutschland verweigerten der USA ohne UNO-Mandat die Gefolgschaft im Irakkrieg, während einige, insbesondere im Osten Europas für das NATO-Bündnis neu gewonnene Mitglieder, wie etwa Polen, sich bedingungslos auf die Militärstrategie der USA einließen. Um den Widerständen der beiden zentraleuropäischen Staaten auszuweichen, versuchte Rumsfeld die Bedeutung der Abweichler für die zukünftige Weltordnung ab- und die der Widerspruchslosen aufzuwerten. «Alt» ist unbrauchbar und abgelaufen. «Neu» hingegen gehört die Zukunft. So war es vom amerikanischen Verteidigungsminister gedacht. Doch bewirkt hat es etwas ganz anderes: die Stärkung der europäischen Identität samt seiner Kernstaaten. So gibt es Stimmen, die Donald Rumsfeld wegen seiner Äußerungen über das Alte Europa als Geburtshelfer eines neuen europäischen Selbstbewusstseins bezeichnen. Man mag über die Art und den Ablauf, wie die deutsche Bundesregierung ihre bedingungslose Gefolgschaft bei der amerikanischen Art der Terrorismusbekämpfung verweigerte, unterschiedlicher Ansicht sein. In Deutschland entbrannte seinerzeit jedenfalls ein heftiger Streit um Schröders Haltung. Die Opposition hielt den Kanzler gegenüber dem befreundeten Amerika schlicht für illoyal. Er gefährde damit die deutsch-amerikanische Freundschaft. Der Verlauf, den der Irakkrieg jedoch genommen hat, einschließlich der Tatsache, dass die Massenvernichtungswaffen, die als Hauptargument für die Eroberung angeführt wurden, niemals gefunden werden konnten, stärkt im Nachhinein Schröders Abkopplungsentscheidung. Außerdem hat sich gezeigt, dass so leicht keine tief verwurzelte Freundschaft zwischen zwei Völkern, wie den Amerikanern und den Deutschen, zerstört werden kann.

Auch wenn zwischen der Bundesrepublik und den USA seinerzeit nicht alles nach den Regeln diplomatischer Kunst verlief, so lässt sich meines Erachtens wenigstens aus heutiger Sicht versöhnlich mit Schröders Haltung umgehen. Die Irritationen in der transatlantischen Beziehung waren begrenzt und reparabel. Auf der anderen Seite besetzte Deutschland mit dem Kurs des Bundeskanzlers eine alternative Position, die zunehmend der europäischen Grundstimmung entspricht und Europa einen entscheidenden Schritt hin zu einer eigenen, selbstbewussten Strategie verhalf. Verkürzt und etwas überzogen formuliert hat der amerikanische Verteidigungsminister Donald Rumsfeld also den Grundstein für ein «Neues Europa» gelegt. Doch das Neue Europa kann nicht mehr und nicht weniger sein, als das alte, das zu sich selbst gefunden hat. Mit diesem neu erworbenen Identitätsgewand könnte Europa aber damit beginnen, im 21. Jahrhundert als offene «Neue Welt» Amerika und jeder anderen Weltregion den Rang abzulaufen: Europa als das «Neue Amerika».

Das freiheitliche Image eines einwanderungsintensiven, toleranten Vielvölkerstaats haben sich die USA im Wesentlichen durch Städte wie San Francisco, Chicago, Los Angeles, Las Vegas, Boston, Seattle, New Orleans, Philadelphia und ganz oben auf der Liste New York City erworben. Es gibt wohl keine Stadt auf dem gesamten Erdball, deren Symbolkraft stärker ist als die New Yorks. Kein anderer Fleck der Welt steht mehr für Freiheit, Weltoffenheit und Toleranz als die Stadt an der Ostküste der USA. Sie empfing auch die europäischen Emigranten, die seinerzeit aus einer verstaubten und verkrusteten, einer obrigkeitshörigen und meist unfreien Welt kamen, mit der eindrucksvollen Freiheitsstatue, die ihnen Chancengleichheit und unbegrenzte Möglichkeiten in einer neuen Welt verhieß. Vom Broadway über das Museum of Modern Art bis zum Sitz der Vereinten Nationen besitzt New York City, die drittgrößte Stadt der Welt, alles, was die offene Gesellschaft als Aushängeschilder zu bieten hat. Nicht umsonst hat sich die Terrororganisation Al-Kaida mit dem World Trade Center, in dem Tausende von Menschen aus aller Welt täglich ein und aus gingen, ein Anschlagsziel ausgesucht, das eine Hochburg der offenen Gesellschaft und ein Knotenpunkt ihres Netzwerks war.

New York City stellt ein Modell multikulturellen Zusammen- beziehungsweise friedlichen Nebeneinanderlebens dar. Menschen und Kulturen unterschiedlichster Herkunft leben innerhalb einer gemeinsamen Rechtsordnung und führen dennoch großteils ihr sittlich-kulturelles Eigenleben. Das weltoffene New York hat über 20 Millionen Einwohner (New York City fast 8 Millionen), die aus rund 120 Ländern der Erde und fast ebenso vielen Sprachregionen stammen. Zahlreiche Religionsgemeinschaften üben auf engem Raum friedlich ihren Glauben aus. Die Stadt der Städte ist die Miniatur einer ethnisch bunten Menschheit. Hier leben mehr Italiener als in Rom, mehr Iren als in Dublin und mehr Juden als in Jerusalem. Die Kultur der Lateinamerikaner ist in New York ebenso etabliert und präsent wie die der Afroamerikaner. Und der bekannte Stadtteil Harlem gilt sogar als «schwarze Hauptstadt Amerikas».

Doch stellt die Multikultur New Yorks nicht etwa eine strukturlose ethnische Vermischung dar, sondern vielmehr eine Vernetzung vieler kultureller Einheiten. Am deutlichsten wird das an den Stadtteilen Chinatown und Little Italy. In diesem Teil New Yorks lebten schon 1910 circa 500 000 Italiener. Heute sind sie zwar größtenteils in die Vororte gezogen. Dennoch, an einigen Festtagen strömen sie noch immer in ihren alten Stadtteil, um zu den kulturellen Wurzeln zurückzukehren. Das Lebensgefühl dort ist tatsächlich unverwechselbar italienisch. In New Yorks Chinatown herrscht mit geschätzten 150 000 chinastämmigen Einwohnern die größte Konzentration an Chinesen in der westlichen Hemisphäre. Und China ist auch hier auf dem Vormarsch. Der Stadtteil, in dem das Englische Fremdsprache ist, platzt bereits aus allen Nähten. Die überwiegende Mehrheit spricht Kantonesisch. Weit über die Hälfte der Bewohner verlässt den heimatlichen Stadtteil das ganze Jahr nicht. Dennoch herrscht ein friedliches und fruchtbares Nebeneinander mit einer Vielzahl von wirtschaftlichen und kulturellen Schnittpunkten.

Chinatown und Little Italy sind die einzigen größeren, klar abgetrennten ethnischen Viertel New Yorks. Aber es gibt auch weitere, die nicht so deutlich umrissen sind. Man denke hier etwa an Little Jamaica, Little Domenica, Little India, Little Poland mit circa 35 000 polnischen Einwanderern oder Little Greece, wo etwa 130 000 Griechen leben. Und auch deutsche Traditionen werden gepflegt. Eines der größten und bekanntesten Traditionsfeste New Yorks ist die Steuben-Parade («German-American Steuben Parade»). Am dritten Septemberwochenende eines jeden Jahres veranstaltet die deutschstämmige Bevölkerung unter der Anführung prominenter Persönlichkeiten einen Aufzug, um einerseits an ihre kulturellen Wurzeln zu erinnern und andererseits zu demonstrieren, welchen Beitrag sie zum Wohlstand und Glanz Amerikas geleistet hat. Die Bezugnahme auf den 1730 in Magdeburg geborenen Friedrich Wilhelm von Steuben, der zeitweilig Generalstabschef George Washingtons war, soll wohl den Wert preußischer Tugenden und Disziplin, wie Zuverlässigkeit, Pünktlichkeit und Genauigkeit, unterstreichen. Die Feierlichkeiten, von einem Schützenfest über ein kleines Oktoberfest bis hin zu einem Gala-Benefiz-Bankett, gelten denn auch als ausgesprochen gut organisiert.

Was – so mag sich der Leser fragen – hat New York denn nun eigentlich mit Europa zu tun? Die New Yorker Verhältnisse lassen sich mit ein wenig Phantasie gedanklich hervorragend auf die Weltregion Europa übertragen und zeigen gleichzeitig, welchen Stellenwert eine multikulturelle Gesellschaft bereits für das westliche Lebensgefühl der offenen Gesellschaft hat. Die Europäische Union besteht mittlerweile aus 25 Nationen. Sie alle haben ihre nationalen Eigenheiten, sprechen größtenteils ihre eigene Sprache und weichen auch in anderen kulturellen Bereichen voneinander ab. Europas Nationen besitzen einen hohen Verflechtungsgrad, und doch stellt die EU ebenso wenig eine komplette Verschmelzung unterschiedlicher Kulturen dar wie das New Yorker Geflecht. Ähnlich wie die Vielkulturenstadt Amerikas sehe ich Europa auch in ferner Zukunft nicht als einen undefinierbaren Kulturbrei, wovor sich ja viele Menschen fürchten, sondern eher als kulturelles Netzwerk vieler Staaten, die sich zu einer gemeinsamen menschenwürdigen Grundordnung bekennen. Ähnlich wie in New York City wird es in seiner Gesamtheit betrachtet keiner dominanten Ethnie oder «Leitkultur» bedürfen. New York ist das Paradebeispiel eines toleranten, gleichberechtigten Zusammenspiels unterschiedlicher Kulturen, die sich zwar zu denselben menschenrechtlichen Grundwerten bekennen, aber ihre Traditionen selbstverständlich und selbstbewusst weiterpflegen. New York und auch andere Städte der USA ordnen sich damit einem anderen Prinzip unter, als es der Flächenstaat Amerika tut. Europa hingegen ist auf dem besten Weg, gewissermaßen das New York der Weltregionen zu werden, ebenjener multikulturelle Teil, der eine zeitgemäße Freiheits- und Toleranzbotschaft für die ganze Welt hat.

Es gibt einen weiteren Aspekt, der Europa in ein «Neues Amerika» verwandeln kann: die Notwendigkeit zur Einwanderung. Bislang wurde hauptsächlich darüber nachgedacht, wie sich Europa vor Einwanderung schützen kann. Der Schutz vor ungezügelter Immigration wird zwar auch weiterhin eine wichtige Rolle spielen. Jede Einwanderungspolitik muss schließlich sicherstellen, dass Zahl und Zusammensetzung der Zuwanderer geklärt ist und dabei nicht nur Fragen des Asylrechts, sondern auch Bevölkerungsplanung für den Einwanderungsstaat eine entscheidende Rolle spielen. Doch ist es andererseits überhaupt nicht zu leugnen, dass Europa ein demographisches Problem besitzt. Während laut Weltbevölkerungsbericht 2004 in Nordamerika, Asien, Lateinamerika und Afrika die Einwohnerzahlen noch auf lange Sicht wachsen, ist Europa die einzige

Weltregion, deren Bevölkerungsbestand schrumpft. Nun wäre es in Anbetracht der globalen Überbevölkerung natürlich nicht von Nachteil, wenn sich unsere geschundene Erde mit ein paar weniger Menschen drehen würde. Daran besteht in der Totalbetrachtung kein Zweifel. Doch ergibt diese Perspektive unter dem Strich nur dann Sinn, wenn ihre Verteilung einigermaßen ausgeglichen ist.

Mit der Schrumpfung und der damit verbundenen massiven Überalterung einer Gesellschaft gehen eine Menge Probleme einher. Insbesondere wird die Versorgung der Alten und Kranken zur steigenden Belastung der arbeitsfähigen Bürger. Darüber hinaus steigt der Auswanderungsdruck in den benachbarten Erdteilen Asien und Afrika durch deren stark wachsende Bevölkerung. Man kann sich daher leicht ausmalen, dass auch der Einwanderungsdruck auf das Gebiet der Europäischen Union deutlich steigen wird. Eine geschickte und offensive Immigrationspolitik, die man lange Zeit mit dem Erdteil Amerika verband, wird daher auch Europas Schicksal in der Zukunft bestimmen. Die EU muss frühzeitig dafür Sorge tragen, dass sie nicht nur zum Paradies für die Armen der Welt wird, sondern insbesondere auch hervorragend ausgebildeten Menschen eine Wunschheimat zu bieten weiß. Der Wettbewerb um die klügsten Köpfe wird zentral für den Wettbewerb der Weltregionen sein. Und nur eine kontrollierte Mischung in der Einwanderungsstruktur kann langfristig auch den Zusammenbruch des Ordnungssystems verhindern. Dass eine solche Einwanderungspolitik – vor allem die Öffnung des Landes für die intelligentesten Köpfe aus aller Welt – der jetzigen europäischen und vor allem der deutschen Einwanderungspolitik überlegen ist, wird immer sichtbarer.

Wie dramatisch die Entwicklung sein wird, zeigen ein paar Zahlen aus der Bevölkerungsstatistik. Ganz Europa hat laut UN-World-Population-Prospect 2000 insgesamt nur 729 Millionen Einwohner. Der Demographieexperte Herwig Birg (2001,

S. 121) stellt in seinem Buch *Die demographische Zeitenwende* die provokante Frage, ob aufgrund seines einzigartigen Bevölkerungsrückgangs Europa nicht ohnehin einfach verschwindet. Selbst unter der unrealistischen Annahme der UNO, dass die durchschnittliche Kinderzahl pro europäischer Frau von 1,42 (Stand 1995) auf 1,77 anstiege, würde bis zur Mitte des 21. Jahrhunderts die Einwohnerzahl Gesamteuropas von 727,9 Millionen auf 600,5 Millionen sinken. Da sich jedoch die Faktoren, die bisher die Veränderungen des Fortpflanzungsverhaltens der Europäer bewirkt hätten, nach Birgs Einschätzung auch in absehbarer Zukunft nicht außer Kraft setzen ließen, ist es wohl wesentlich wahrscheinlicher, dass die Zahl noch tiefer sinkt. Die Prognose berücksichtigt allerdings keinerlei Wanderungsbewegungen – weder den aktuellen Migrationensaldo noch den zu erwartenden zukünftigen.

Man könnte nun eine große Zahl von Modellen entwerfen, die verschiedene Annahmen und Spekulationen über die zusätzliche Abwanderung, die Zuwanderung und das Reproduktionsverhalten der Europäer sowie der zugewanderten Menschen beinhalten. Doch die Vielfalt von möglichen Szenarien würde ein ganzes Buch füllen, ohne uns im vorliegenden Zusammenhang weiterzubringen. Um die hier relevante Aussage zu belegen, reicht eine grobe Einschätzung der Einwanderungserfordernisse vollkommen aus. Nehmen wir dazu aufgrund der eben zitierten Zahlen und Argumente einmal an, in der Zeitspanne bis 2050 entstünde ohne Zuwanderung und ohne Abwanderung eine Bevölkerungsschrumpfung in Europa von mindestens 150 Millionen Menschen, dann wäre bei allen denkbaren Szenarien in jedem Falle pro Jahr eine erhebliche Nettozuwanderung nach Europa nötig, um den Einwohnerschwund zu nivellieren. Es ist daher unübersehbar, dass Einwanderungen im großen Umfang grundsätzlich zu Europas Zukunft gehören müssen. In dieser Perspektive könnte bei all den historischen Unterschieden Europa eine Art «Neues Amerika» werden – ein Erdteil, dessen

Dynamik nicht unwesentlich von einer ständigen Immigration getragen wird. Dass dies bei einer entsprechenden Einwanderungspolitik funktioniert, hat uns Amerika lange Zeit demonstriert. Sich trotz der eindeutigen demographischen Daten jetzt einzuigeln und in generelle Abwehrhaltung gegen eine Zuwanderung zu gehen, würde Europa hingegen teuer zu stehen kommen.

Neben dem Zuwanderungsbedarf erhöht sich gleichzeitig der Einwanderungsdruck von außen, der nicht nur durch die Wohlstandsdifferenz zwischen Nordafrika und Europa, sondern auch durch die gegenläufige Bevölkerungsentwicklung beider Regionen entsteht. Die beiden EU-Mitgliedsländer, die das wegen ihrer geographischen Lage schon jetzt deutlich zu spüren bekommen, sind Italien und Spanien. Gerade ihre Situation wird sich in Zukunft noch verschärfen. Vergleicht man die demographischen Prognosen speziell für diese beiden Länder, deren Reproduktionsraten zu den niedrigsten Europas gehören, mit den südlichen Anrainerstaaten des Mittelmeers, von Marokko über Tunesien bis zur Türkei, so ergibt sich ein eindeutiges Bild (Birg 2001, S. 124). Während Letztere bis Mitte des Jahrhunderts von 237,7 Millionen Einwohnern (1998) auf 393,8 Millionen anwachsen, werden im selben Zeitraum ohne Zuwanderung Italiens Bevölkerung von 57,6 Millionen auf 37,2 Millionen und Spaniens von 39,4 Millionen auf nur noch 28,2 Millionen schrumpfen. Am Ende des Jahrhunderts würden ohne erhebliche Zuwanderung in Italien nur noch 15,7 Millionen und in Spanien sogar nur noch 11,9 Millionen Menschen leben. Eine Zukunft ohne Zuwanderung ist also gar nicht vorstellbar. Es kann deshalb nur um eine vernünftige Steuerung der Einwanderung gehen.

Die Grundidee der Europäischen Union ist ein Staatenbund, der weit über das bei internationalen Verträgen übliche Maß hinaus Souveränitätsrechte auf die errichtete Gemeinschaft und ihre neu geschaffenen Organe überträgt. Ihr Ziel ist es, einerseits durch Erweiterung und andererseits durch Vertiefung eine starke dynamische Weltregion zu begründen. Die gemeinsamen Werte, die sie tragen, und die gemeinsamen Ordnungen und Organe, die ihre Identität und Partnerschaftsfähigkeit nach außen sichern, werden in einer Verfassung, für die ja den Mitgliedsstaaten ein Entwurf zur Ratifizierung vorliegt, fixiert. Das Subsidiaritätsprinzip sollte dabei auch hier sicherstellen, dass nur die Aufgaben der nationalen und regionalen Zuständigkeit entzogen werden, die nicht auf deren Ebene gelöst werden können.

Das hehre Ziel, gemeinsam einer friedlichen Welt zu dienen und dieses friedliche Miteinander in Partnerschaften mit den Nachbarn Europas, aber auch anderen, den gleichen Werten und Zielen verpflichteten Staaten oder Staatengemeinschaften zu sichern, führt zwangsläufig zu einer gemeinsamen aktiven Außen- und Sicherheitspolitik.

Die EU ist Kern eines größeren Europas, das über einen langen Zeitraum immer enger zusammenwachsen wird. Der Grad der Integration muss sich keinesfalls immer gleichmäßig auf die gesamte Union beziehen. Vertiefungsprozesse sollten auch weiterhin partiell zwischen einzelnen Mitgliedsstaaten möglich sein und schaden dem europäischen Gedanken keineswegs. Aber gerade weil allen Mitgliedern der Zugang zur jeweils höchsten Integrationsstufe und gleichzeitig weitere Integrationsstufen zwischen einzelnen Mitgliedsstaaten bis hin zu einer vollkommenen Verschmelzung möglich sein müssen, ergeben sich viele Probleme. Gleichzeitig sollen alle europäischen Staaten unter der Voraussetzung, dass sie die Beitrittsbedingungen erfüllen, kurz- oder langfristig die Möglichkeit haben, der Gemeinschaft beizutreten. Diese Erweiterungsprozesse schaffen ebenfalls große zusätzliche Probleme.

Die EU als Schicksalsgemeinschaft muss sich die Frage stellen, wo ihre wirklichen strategischen Grenzen sind und wie sie die nachbarschaftlichen Beziehungen in ihrem Umfeld gestalten oder beeinflussen will. Und da die außereuropäischen Nachbarn im Hinblick auf die Einwanderungsprobleme, etwa aus Osteuropa und Nordafrika, oder die Rohstoffversorgung aus dem Nahen Osten und Russland in alle strategischen Überlegungen mit einbezogen werden müssen, vergrößert sich der Problemkreis weiter. Und schließlich wird auch schon der nächste Problemkreis deutlich sichtbar. Denn sobald ein neu erwachtes dynamisches Europa einen starken Spieler im globalen Wettbewerb abgeben wird, werden die ungebundenen benachbarten Staaten wie Russland, der gesamte Nahe Osten oder die nordafrikanischen Länder des so genannten Maghreb gewollt oder ungewollt zu der Entscheidung gedrängt, welche Partnerschaftsstrategie sie verfolgen wollen und in welche Weltregion sie ihr Gewicht einbringen wollen. Die Problematik um den Beitritt der Türkei ist also nur der Anfang.

Hier endet die Möglichkeit, Europa als das «Neue Amerika» zu beschreiben. Aber eines zeigt sich klar und deutlich: Ein großes und starkes Europa als Mitspieler in der Weltpolitik wird ein multikulturelles Europa sein, das in einem langen und komplizierten Entwicklungsprozess – darin zwischen Alt und Neu vermittelnd – entsteht und nur als offene Gesellschaft eine Zukunftschance hat. Wenn, wie die Geschichte zeigt, das Aufeinandertreffen verschiedener kultureller Einflüsse nicht nur Spannung erzeugt, sondern auch Kräfte freisetzt, kann die Vision eines neu dynamisierten Europas gelingen. Aber noch hat Europa die Suche nach seiner Identität nicht beendet. Die Tatsache, dass das transnationale Interesse der Wirtschaft für globale Freihandelszonen sorgt, die im Laufe der Zeit zu einem großen Weltmarkt ohne Zollgrenzen zusammenwachsen, hilft nicht entscheidend weiter. Was wir vor allem brauchen, ist der Glaube an die Entwicklung einer europäischen Weltregion. Es ist deren großer Vorteil, trotz aller bürokratischen Fehlentwicklungen der einzige Kontinent zu sein, der nicht nur ein Modell für einen globalen Marktplatz entwickelt hat, sondern auch in der Lage wäre, ein ordnungspolitisches Modell – vor allem im ökologischen und sozialen Bereich – für die globale Welt zu werden.

DREI

DIE EUROPÄISCHE MISSION

Eine von der EU-Kommission eingesetzte Expertengruppe unter Leitung des ehemaligen französischen Wirtschafts- und Finanzministers Strauss-Kahn und unter Mitwirkung des ehemaligen deutschen Bundesbankpräsidenten Tietmeyer sollte Vorschläge für die langfristige Entwicklung Europas erarbeiten. Im Frühjahr 2004 verkündete sie, Europa – das sich über die Unverletzlichkeit von Menschenrechten, ein gemeinsames Werteverständnis und ein soziales Modell, welches das Gesetz des Stärkeren überwinde, definiere – bedürfe der Stärkung seiner Identität und politischen Handlungsfähigkeit. Dem kann man nur zustimmen. Erst wenn Europas Identität stark genug ist, kann es auch in Zukunft neben den Machtblöcken Nordamerika und China bestehen und eine Hauptrolle in der Weltpolitik einnehmen.

Eine Antikriegshaltung schafft zwar ein bisschen Identität, reicht aber für eine weltpolitische Rollenbeschreibung längst nicht aus. Europa wirkt auf der Weltbühne wie ein Absolvent, der einen Arbeitsplatz sucht, aber noch nicht weiß, wo seine wahren Stärken liegen. Amerikas Selbstbild ist das einer Weltpolizei – Europa hingegen hat nun die historische Chance, sich als Anbieter eines alternativen zukunftsweisenden Ordnungsprinzips zu etablieren. Weder die Haltung der USA noch diejenige Chinas, das sich selbst als «Reich der Mitte» versteht,

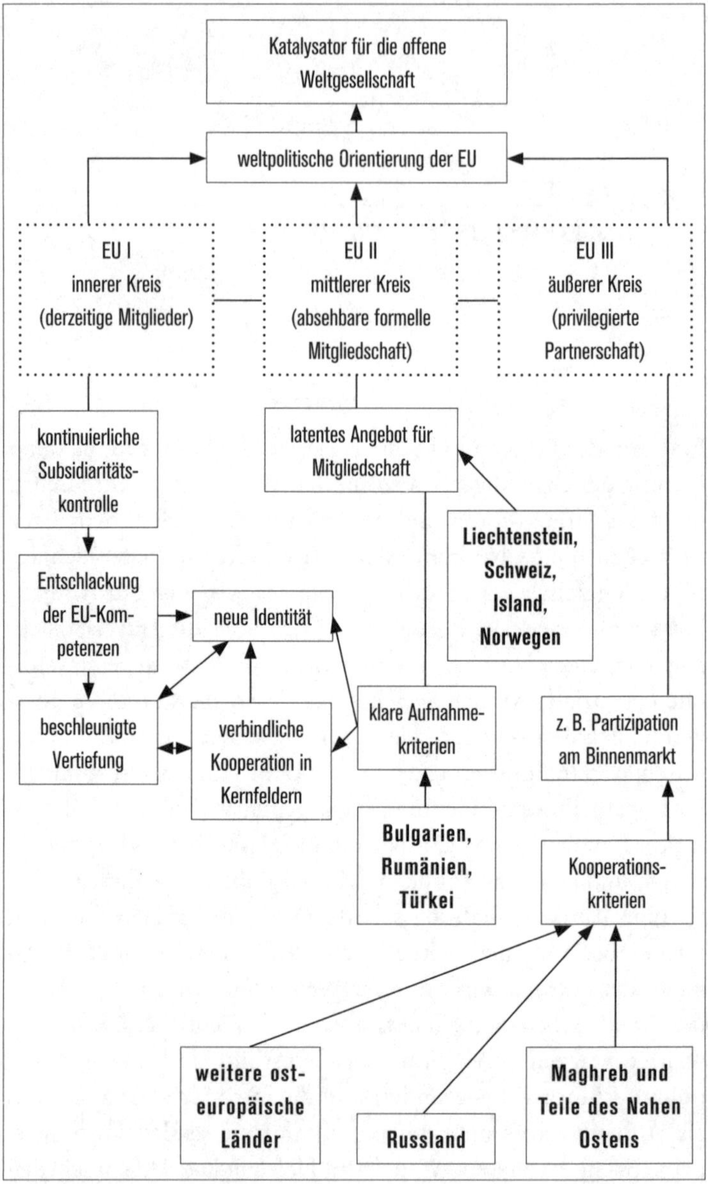

Abbildung 5: Die europäische Mission

stellt meines Erachtens ein geeignetes Modell für eine friedliche und umweltschonende Zukunft der Menschheit dar. Europa hat indessen etwas hervorgebracht, das ein weltweites Staatennetzwerk ermöglichen und die Ordnungsdefizite im globalen Wettbewerb beseitigen kann.

In diesem Sinne soll Europa wachsen – nicht als eine Art neuer föderalistischer Nationalstaat, sondern als Staatennetzwerk. Die heutige EU stellt den Kern dieses Modells dar, gewissermaßen einen Staaten-Cluster, an den in Zukunft auch weitere Staaten andocken können, in welcher Form auch immer. Auf der Liste echter Beitrittskandidaten stehen naturgemäß nur diejenigen, welche auf europäischem Territorium liegen, aber aufgrund ihrer bislang noch nicht ausgereiften demokratischen oder auch ökonomischen Entwicklung keine Mitgliedschaft in der Union besitzen. Andere Staaten, wie die Schweiz, könnten sie haben, wollen sie aber – aus welchen Gründen auch immer – vorerst nicht. Doch zusätzlich zu der heutigen Definition der Voraussetzungen für eine echte EU-Mitgliedschaft müssen für die Zusammenarbeit mit Nachbarregionen neue Formen entwickelt werden. Abgesehen von der Türkei, auf die ich gleich ausführlich zu sprechen komme, orientieren sich sowohl Russland als auch Länder des Nahen Ostens und Nordafrikas bereits an der Europäischen Union. Unter dem Aspekt eines Exports von Stabilität beziehungsweise der Förderung von Demokratie und Rechtsstaatlichkeit will die EU den Staaten Ukraine, Moldawien, Marokko, Tunesien, Jordanien, Israel und den palästinensischen Autonomiegebieten konkrete Aktionspläne für eine «privilegierte Partnerschaft» unterbreiten. Es wird Zeit, Inhalte und Formen solcher privilegierten Partnerschaften zu definieren. Sie müssen mindestens den freien Handel beinhalten.

Über die Nähe Russlands zu Europa kann man eigentlich kein eindeutiges Urteil fällen. Auch wenn die größte Fläche dieses riesigen, sich über fünf Zeitzonen erstreckenden Landes auf dem asiatischen Kontinent liegt, sind etwa die Hauptstadt

Moskau oder die russische Ostseehafenstadt St. Petersburg zweifelsohne Teil der europäischen Geschichte. Letztlich wird es wohl wegen seiner weiten asiatischen Gebiete kaum sinnvoll sein, Russland in die EU aufzunehmen, doch die Möglichkeiten einer engen Zusammenarbeit einschließlich zunehmender Angleichung an europäische Standards drängen sich förmlich auf. Das befreundete Deutschland kann bei diesem Prozess eine besondere Rolle spielen.

Die Lage im Nahen Osten ist eine andere. Die geographische Nähe zu Europa und die uralte Verbundenheit mit der europäischen Geschichte bieten indessen gute Ansatzpunkte für die Ausweitung eines europäischen Staatengeflechts. Auch bestehen ausgeprägte Handelsbeziehungen und wirtschaftliche Kooperationen zu diesen Ländern. Sollte sich Israel mit der Unterstützung der beiden Weltregionen Europa und Amerika irgendwann einmal mit dem palästinensischen Volk auf ein friedliches Miteinander einigen, so ist von einigen Visionären schon eine Staatengemeinschaft, bestehend aus Israel, einem autonomen Palästina, Jordanien und Ägypten angedacht. Ihre Ausweitung auf Länder wie Syrien, Irak, Saudi-Arabien und Libyen, die im internationalen Geschehen bereits in einigen Bereichen einer Zusammenarbeit offen gegenüberstehen, ist durchaus denkbar. Auch hier ist die große Anziehungskraft der EU bereits spürbar. Man denke etwa an die jüngsten Einlenkungen Gaddhafis. Im zweiten Schritt läge eine Vernetzung dieser benachbarten Staatengemeinschaft mit der EU nahe. Was heute für viele Menschen nur schwer vorstellbar ist, könnte sich dennoch als machbar herausstellen. Die ersten Jahre nach dem Tod der Zentralfigur des Nahostkonflikts Jasir Arafats werden zeigen, ob für eine solche Entwicklung schon eine berechtigte Hoffnung besteht.

Eine mögliche Integration der Türkei scheint mir hingegen plausibler. Zum einen wird sie von vielen emotional eher als Bestandteil des Nahen Ostens gesehen. Zum anderen gibt es handfeste Tatsachen, die die Türkei längst zu einem Stück Europa machen. Nach einer langen Phase, in der eine Mitgliedschaft in Aussicht gestellt wurde, befindet man sich nun seit dem Herbst 2004 folgerichtig in der Vorbereitung der Beitrittsverhandlungen. Die mögliche Aufnahme der Türkei stellt einen im Wortsinn grenzwertigen und daher äußerst umstrittenen Fall dar. Während weitgehende Einigkeit über eine notwendige ausgiebige Kooperation mit der Türkei besteht, trifft die Forderung nach einem vollwertigen Beitritt mancherorts auf heftigen Widerstand. Einige betonen dabei die Kosten, die das relativ arme Land der Gemeinschaft verursachen würde. Die Rede ist von anfänglich 20 Milliarden Euro pro Jahr, manche prognostizieren sogar 28 Milliarden Euro. Das türkische Durchschnittseinkommen liegt gerade einmal bei 22 Prozent des durchschnittlichen EU-Levels. Ein anderes Argument verweist auf die gleichzeitigen Vorteile einer deutlichen Vergrößerung des europäischen Binnenmarkts. All diese Einwände sind nicht neu und in der Vergangenheit bei der Entscheidung über andere Kandidaten schon häufiger ausgetauscht worden. Man denke etwa an Portugals Beitritt. Diese Sorgen haben sich in diesem konkreten Fall bisher nicht bestätigt. Doch mir erscheinen die wirtschaftlichen Argumente ohnehin nur sekundären Rangs zu sein. Gerade in der Diskussion um den Beitritt der Türkei gibt es schwerwiegendere Vor- und Nachteile zu bedenken.

Altbundeskanzler Helmut Schmidt war stets ein Gegner der Beitrittsphantasien sowohl Russlands als auch der Türkei. Den Argumenten des Kosmopolitikers liegen sicherlich keine wie auch immer gearteten Ressentiments gegen diese beiden Nationen zugrunde. Helmut Schmidt sieht in einer zu schnellen und ungezügelten Ausweitung der EU generell eine Bedrohung für deren Handlungsfähigkeit. Eine Erweiterung auf große Staaten wie die Türkei und sogar Russland – dessen pazifische Hafenstadt Wladiwostok beispielsweise näher am japanischen Hafen Sapporos liegt als der Ostseehafen von St. Petersburg an dem von Stockholm – würde darüber hinaus die Europäische Union zu einem kaum mehr zu steuernden Gebilde machen. Auch die Türkei liegt zum überwiegenden Teil gar nicht auf dem europäischen Kontinent, obgleich die Weiten Anatoliens nicht bis nach Japan reichen. In beiden Ländern, so wird oft moniert, bestünden zudem größere kulturelle Unterschiede zu Mitteleuropa als zwischen den Staaten der jetzigen EU, was sie zu einem heterogenen Gebilde mache. Das alles erschwere den Einigungsprozess und die Beherrschbarkeit einer Staatengemeinschaft. Man solle daher auf den Beitritt dieser Grenzländer, namentlich der bereits zur Diskussion stehenden Türkei, unbedingt verzichten. Die Kritik ist natürlich sehr ernst zu nehmen. Ich selber habe sie früher häufig vertreten. Doch vor dem Hintergrund des bisher Gesagten lassen nun zwei Argumente die Sachlage in einem etwas anderen Licht erscheinen.

Erstens: Die Kritik Schmidts und anderer ist nur dann zwingend, wenn man von einer streng föderalistisch organisierten Europäischen Union mit einer Zentralregierung ausgeht. Zu dieser Vision habe ich schon häufiger meine starken Bedenken geäußert. Zur Diskussion steht damit, ob nicht eine Vertiefung des europäischen Einigungsprozesses vor einer Erweiterung den Vorzug haben müsste. Wer sich hier klar für die Vertiefung entscheidet, für den ist der Rahmen schon im Mai 2004 gesprengt worden, als trotz der schon bestehenden Einigungsquerelen zwischen den bis dahin fünfzehn Mitgliedsstaaten noch weitere zehn aufgenommen wurden. Wer allerdings eine weitere Vertiefung nicht per se für die wichtigere Handlungsoption hält, sondern in einer kontrollierten Erweiterung mit einem überschaubaren Zeithorizont die höhere Priorität sieht, der sollte die Aufnahme der Türkei nicht vorschnell und vielleicht leichtfertig abtun.

Zweitens: Im Fall der Türkei wäre der streng wirtschaftliche Preis, den die EU für den Beitritt zahlen müsste, eine zu vernachlässigende Größe gegenüber den sich eröffnenden Chancen für eine Friedensordnung im Sinne der *Strategie Europa*. Gerade das, was viele Menschen spontan gegen die Aufnahme der Türkei einnimmt, stellt sich bei näherer Betrachtung als etwas enorm Spannendes und Hoffnungsvolles dar. Mit dem Beitritt der Türkei wäre nämlich erstmals eine Nation islamischer Prägung gewissermaßen offizielles Mitglied der offenen Gesellschaft. Dabei muss der Anspruch an die Voraussetzung – das sollte immer wieder betont werden – natürlich gewahrt bleiben. Die Türkei hat demnach alle Bedingungen, welche die EU für eine Mitgliedschaft vorsieht, anstandslos zu erfüllen. Kompromisse haben hier nichts mit Toleranz zu tun. Als Problemfelder sind etwa die extrem hohe Inflationsrate von 40 Prozent (Stand: 2002) oder ein sehr ausgeprägtes regionales Wohlstandsgefälle zu nennen. Und solange nicht sicher ist, dass die türkische Exekutive den Schutz der Menschenrechte wirklich garantiert, den die Legislative in ihre Gesetzesbücher schreibt, kann die EU das Land am Bosporus selbstverständlich nicht in ihre Arme schließen.

Doch die Türkei beteuert, ernsthaft daran zu arbeiten, und man muss sie beim Wort nehmen. Ihr Ministerpräsident Erdogan hat neben der Ankündigung in einer Rede am 3. September 2003 in Berlin, in der er seinen Wunsch zum Ausdruck brachte, die Demokratie seines Landes auf «höchstes Niveau» zu bringen, seine Entschlossenheit bereits durch handfeste Maßnahmen bewiesen. Der Weg wird sicherlich nicht leicht. Sollte also die ehrgeizige Türkei die gestellten Bedingungen erfüllen, wäre es allerdings fatal, wenn wir gegenüber der uns am nächsten stehenden muslimischen Nation – die mit festem Willen diese Mitgliedschaft anstrebt und sich im Hinblick auf dieses Ziel über Jahre hinweg handfesten Reformen unterzogen hat – die alten Ressentiments erneuerten und die Chance, alte Grenzen aufzuweichen, verstreichen ließen. Keinesfalls kann ein Europa der Aufklärung die Aufnahme der Türkei wegen einer Religion, der die meisten ihrer Bewohner angehören, ablehnen. Wichtig ist wie gesagt einzig und allein, vor einem Beitritt der Türkei sicherzustellen, dass nicht nur die Gesetzesbücher, sondern auch die Verfassungs- und Verwaltungspraxis den Forderungen der Gemeinschaft entsprechen. Wer die Türkei und ihr öffentliches Leben im Jahre 1963, als im Assoziationsabkommen zwischen ihr und der damaligen EWG erstmals langfristig ein Beitritt in Aussicht gestellt wurde, mit der Türkei im Jahr 2004 – dem Beginn der Aufnahmeverhandlungen – vergleicht, muss neben den noch bestehenden Mängeln gewaltige Fortschritte registrieren. Wenn sich dies über die nächsten fünfzehn Jahre bis zu einer tatsächlichen Entscheidung über den Beitritt fortsetzt, habe ich keine Bedenken bezüglich der Säkularisierung und der nötigen rechtsstaatlichen Reife. Auf dieser Überlegung beruht ja im Übrigen auch die Entscheidung des EU-Ministerrats.

Nun haben die deutschen Unionsparteien, aber auch der neue Vorsitzende der französischen Konservativen Sarkozy als Kompromisslösung für die Türkei eine so genannte «privilegierte Partnerschaft» ins Gespräch gebracht. Es ist bislang aber nicht gänzlich klar geworden, worin diese privilegierte Partnerschaft eigentlich bestehen soll. Aus Kreisen der deutschen Wirtschaft ist berechtigterweise darauf hingewiesen worden, dass in diesem Jahr die letzten Zollschranken zwischen der Türkei und der EU fallen und damit der Handel schon weitgehend frei ist. Was diesen Status dann noch von einer echten Mitgliedschaft unterscheidet, ist die Freizügigkeit auf dem Arbeitsmarkt und das Stimmrecht in EU-Gremien. Wer also Kompromisse mit der Türkei schließen will, muss ihr zwangsläufig eine entsprechende Perspektive geben. Und das kann ebenfalls nur heißen, die langwierigen Beitrittsverhandlungen ergebnisoffen einzuleiten und sie an die tatsächliche Entwicklung zu koppeln.

Bei diesen Betrachtungen wird deutlich, wie schwer wir uns tun, die zukunftsorientierten Prozesse der europäischen Integration und Expansion richtig und damit auch nachhaltig zu gestalten. So werden wir in absehbarer Zeit mit Indien und wohl auch mit China privilegierte Abkommen über die politische und wirtschaftliche Zusammenarbeit vereinbaren, so wie wir sie in ähnlicher Weise schon jetzt mit den USA und Japan besitzen. Diese strategischen Allianzen, die zwar ebenfalls eine Art privilegierten Partnerschaftscharakter besitzen können, sind jedoch der europäischen Außenhandelspolitik zuzuordnen. Indien beispielsweise – die menschenreichste Demokratie der Welt und historisch bedingt in einer gewissen Nähe zu Europa anzusiedeln – ist bereits ein Kandidat für eine Partnerschaft, die über gute Beziehungen, wie wir sie mit fast allen Staaten unterhalten, hinausgeht. So vereinbarten im November 2004 in Den Haag der EU-Ratsvorsitzende und niederländische Ministerpräsident Jan Peter Balkenende und sein indischer Amtskollege Mammohan Singh eine strategische Partnerschaft zwischen der Europäischen Union und Indien. Es war die Rede von zwei Polen der Stabilität auf einer Achse, von großer Instabilität zwischen den Polen und von einer Verpflichtung auf dieselben Werte. Was ursprünglich als wirtschaftliche Zusammenarbeit begann, sei mittlerweile auch zu einer politischen herangewachsen. Indien komme eine zentrale Rolle bei der Demokratisierung Asiens zu. Eine strategische Partnerschaft mit dem aufwachenden Riesen Indien kann sich trotz oder gerade wegen der kulturellen Unterschiede beider Regionen als ein wichtiger Schritt zu einer globalen offenen Weltgesellschaft erweisen.

Eine solche europäische Außenpolitik hat den Anspruch, durch gute und verlässliche Zusammenarbeit mit möglichst vielen Regionen der Welt an der Stabilisierung eines dauerhaften Weltfriedens aktiv mitzuwirken. Das Verhältnis zu unseren direkten Nachbarn wie Russland, dem Nahen Osten und Nordafrika wird sicher ebenfalls durch eine aktive Politik zur Ausweitung einer friedlichen und konfliktfreien Weltregion geprägt sein. Ob und wie sich daraus spezielle Formen der wirtschaftlichen und politischen Zusammenarbeit ergeben, die über die sicher schon bald möglichen Freihandelszonen hinausgehen, muss sich erweisen. Russland könnte, sofern es will, rasch zu einer intensiven, auch privilegierten Partnerschaft mit der EU kommen. Hier kann die Besonderheit der deutsch-russischen Kooperation ebenso hilfreich sein wie die speziellen Beziehungen der nordafrikanischen Staaten zu Frankreich. Aus solchen Entwicklungen könnte sich zumindest über Jahrzehnte hinweg auch eine erweiterte europäische Weltregion ergeben, die aus einem Kerneuropa und über Staatsverträge gebundenen Nachbarschaftsregionen besteht.

In dieser Perspektive stellt Europa eine Staatengemeinschaft dar, die von ihrer Anlage her zu immer weiteren Integrationsschritten fähig und zugleich für neue Mitgliedschaften prinzipiell offen ist. Und hier stimme ich mit Helmut Schmidt (2001) wieder vollkommen überein, wenn er Folgendes sagt: «Die führenden Staatsmänner sprechen von ‹Finalität›, was sowohl Endgültigkeit als auch bloß Zielsetzung bedeuten kann. Es wäre zu wünschen, dass sie stattdessen die Aufgaben und die Lösungen behandelten, über die sie im Jahre 2004 entscheiden müssen.» Da Schmidt Menschen mit «Visionen» bekanntlich gerne zum Arzt schickt, füge ich – unheilbar an Optimismus erkrankt – hinzu: Es darf eine große Vision für das neue und alte Europa in einer friedlichen Welt geben. Wer allerdings dieses Gebilde, das über Jahrhunderte voller Hoffnung heraufbeschworen wurde und heute weiterentwickelt ist als je zuvor, gewissermaßen abschließend diskutieren will, wird scheitern. Deshalb sind wir gut beraten, die aktuell notwendigen Entscheidungen zu treffen und gleichzeitig Raum für neue, heute noch kaum absehbare Entwicklungen zu lassen.

VIER

WETTBEWERBSVORTEILE DURCH KULTURELLEN AUSTAUSCH

Anders als die Idee einer Weltregierung zeigt der europäische Weg klar die Möglichkeit auf, wie globale Probleme durch den Aufbau eines Staatennetzwerks bewältigt werden können. Die Vorstellung einer Weltregierung ist bei näherer Betrachtung eigentlich keine sehr attraktive Utopie, weil sie im Gegensatz zur Weltwirtschaft, die nach Freiheit drängt, eher nach überbordender Weltbürokratie und mangelnder Handlungsfähigkeit riecht. Das, was ich die *Strategie Europa* nenne, stellt den Schlüsselprozess für eine global vernetzte Ordnungspolitik dar: Souveräne nationale Flächenstaaten verschreiben sich denselben Rechtsgrundsätzen – insbesondere den Menschenrechten – und einigen sich auf gemeinsame Standards überall dort und nur dort, wo solche auch tatsächlich gebraucht werden. Dabei handelt es sich um eine Ordnungspolitik, die trotz ihres festen äußeren Rahmens noch ein Maximum an kulturellen Identitäten und an Wettbewerb auch auf institutioneller Ebene zulässt.

Es wäre ja auch gar nicht wünschenswert, dass von vornherein alle Mitgliedsstaaten der EU auf politischem Wege zu einer Angleichung ihrer gesellschaftlichen Institutionen und gesetzlichen Regelungen kämen. Vielmehr ist der Wettbewerb auch auf dieser Ebene die vielversprechendste Möglichkeit, zu optimalen Lösungen zu kommen und die evolutorische Fitness für die Anpassungsprozesse zukünftiger Herausforderungen zu bewahren.

Friedrich August von Hayek (1969, S. 249ff.), Wirtschaftsnobelpreisträger und Berater der Regierungen Ronald Reagans und Margaret Thatchers, schrieb während seiner Forschungsjahre an der baden-württembergischen Universität Freiburg, der Brutstätte deutscher Ordnungspolitik, der Wettbewerb sei ein systematisches Verfahren zur Entdeckung von Tatsachen, die ohne sein Bestehen entweder unbekannt blieben oder zumindest nicht ausreichend genützt würden. Europa kann im Sinne Hayeks auf Entdeckungsreise gehen und im internen Wettbewerb des Staatenverbundes um die besten Institutionen und Regelungen sowie die effizienteste und effektivste lokale Infrastruktur konkurrieren.

Im Gegensatz zu anderen Weltregionen besitzt Europa innerhalb seiner Gemeinschaft mehrere Gesellschaftsmodelle, die durch ganz unterschiedliche sozialgeschichtliche Verläufe der jeweiligen Nationen entstanden sind. Da gibt es zum Beispiel das britische Modell, das auf wenig Staat und sehr große Selbstverantwortung des Einzelnen setzt. Die Briten sind damit unter allen Europäern den Amerikanern am nächsten. Dafür gibt es die altbekannten historischen Gründe, aber auch Ursachen aus jüngeren Tagen. Die gemeinsamen Grundsätze der langen Amtszeiten von Reagan und Thatcher, die nicht zuletzt auch auf den gemeinsamen Berater Hayek zurückgehen, gehören sicherlich zu den letzteren Gründen. Dann gibt es – als eine Art Gegenpol – das skandinavische Modell, das im Kern einen hohen Sozialstandard für die Bevölkerung sichert und den Bürgern auf der anderen Seite eine ebenso hohe Steuerquote zumutet. Während die Bürger der einen Gesellschaft das akzeptieren, würden die Bürger der anderen dagegen Sturm laufen. Deutschland etwa mag zwischen diesen beiden Polen liegen. Nachdem wir an der Perfektionierung des Wohlfahrtsstaates gescheitert sind, schwanken wir zwischen einer stärkeren Orientierung am gemeinschaftlicheren skandinavischen Modell und dem angloamerikanischen System. Natürlich gibt es noch einige weitere Varianten wie die niederländische oder auch interessante Entwürfe von den Neuzugängen aus Osteuropa, die sich erst frisch aus den Zwängen des Sozialismus befreit haben.

Jeder der 25 EU-Mitgliedsstaaten besitzt seine eigene institutionelle Landschaft, die sich innerhalb des gemeinsamen Rahmens bewährt oder durch das interne Benchmarking mit anderen Mitgliedern unter erhöhten Reformdruck gerät. Aber anstatt diesen Tatbestand zu problematisieren, sollte man endlich die Vorteile erkennen. Ein Wettbewerb zwischen den institutionellen Landschaften verschiedener demokratischer Nationen ist nämlich enorm fruchtbar. Jede Variante verträgt sich mit den Grundsätzen der offenen Gesellschaft und dennoch gleicht keine einer anderen. Man könnte einwenden, dass dieser Wettbewerb nicht von der Europäischen Union abhänge und ihrer doch gar nicht bedürfe. Ein vergleichender Wettbewerb zwischen den nationalstaatlichen Institutionen brauche keine Staatengemeinschaft wie die EU. In der Tat hindert niemand uns oder andere Nationen daran, weltweit – und nicht nur innerhalb der EU – nach besseren Lösungen Ausschau zu halten. Das hätten wir schon immer tun können, und jeder Staat auf der Erde darf es ebenso machen. In gewisser Weise geschieht das ja bereits, wenn wir etwa über den Atlantik schielen, um zu erfahren, wie die Amerikaner mit ihren Arbeitslosen umgehen oder warum ihre Wachstumsraten stets über unseren liegen.

Ein Benchmarking mit den USA, mit einem Gesellschaftssystem, das dem deutschen verhältnismäßig ähnelt, ist ein noch relativ transparentes Unterfangen. Ein Vergleich mit asiatischen Staaten wie Indonesien, Indien oder China erweist sich dabei als wesentlich schwieriger. Das Benchmarking abweichender institutioneller Arrangements unter Ländern, die gleichzeitig einem gemeinsamen Gesetzesgerüst verpflichtet sind, bietet hingegen die besten Erkenntnischancen. Die Transparenz der Wirkungszusammenhänge zwischen einzelnen unterschiedlichen Einrichtungen und Regelgrößen ist naturgemäß deutlich höher, wenn nicht alle anderen Regelgrößen ebenfalls variieren. Und Transparenz sorgt wie überall sonst auch für den notwendigen Druck, etwas, das nicht funktioniert, zu ändern. Es lassen sich jedes Mal hundert Gründe dafür anführen, weswegen dies bei uns so nicht gehe oder jenes aufgrund irgendwelcher Besonderheiten einfach nicht vergleichbar sei. Innerhalb eines gemeinsamen äußeren Ordnungsrahmens lassen sich solche Erklärungen, die häufig bloß faule Ausreden sind, nicht mehr so glaubwürdig formulieren. Die Enge des geographischen Raums und der lebhafte grenzüberschreitende Verkehr sorgen überdies für einen ausgiebigen Erfahrungsaustausch und ein breiteres Einschätzungsvermögen, was wo wie und warum besser oder schlechter funktioniert.

Der in der Europäischen Union entstehende Wettbewerb um Infrastruktur, Lebensqualität, soziale Gerechtigkeit und Leistungsfreundlichkeit, um Steuerstruktur, Steuersätze, Ausbildungsqualität, Familienfreundlichkeit und vieles mehr darf daher nicht als schädlich oder sogar zerstörerisch angesehen werden. Er bietet stattdessen die Chance, Bewährtem stärker zur Durchsetzung zu verhelfen und Unbewährtes unter dem aufkommenden Druck nach und nach preiszugeben. Bei aller Gemeinschaft bietet die Vielfalt der politischen Ansätze und Versuche stets die Chance, überlegene Lösungen zu identifizieren und zu adaptieren. Europa braucht dabei seine typischen Werte nicht zu leugnen, etwa den Armutsbegriff, der aus dem Wert der Brüderlichkeit in der Französischen Revolution abgeleitet ist, zugleich aber auch auf der christlichen Soziallehre beruht. Das ist ein anderer Armutsbegriff als derjenige, der alles akzeptiert, solange öffentliche Suppenküchen Menschen vor dem Verhungern retten. Viele typisch europäische Werte, beispielsweise die Solidarität mit den Schwachen, dürfen angesichts der drängenden Notwendigkeit, den Wohlfahrtsstaat zu reformieren, nicht ganz über Bord geworfen werden. Und hinsichtlich einer europäischen Vision fügt sich da schon einiges. Zunächst existiert eine Partnerschaft zwischen reichen und ärmeren europäischen Nationen, in der es nicht auf das Recht des Stärkeren ankommt, sondern worin Große und Kleine im Wettbewerb miteinander stehen. Die europäische Familie hat viele Wohnungen, die selbständig gestaltet werden können, und in diesem Gestaltungswettbewerb kann prinzipiell jeder von jedem lernen. Der Kleine vom Großen wie auch der Große vom Kleinen.

Es ergibt keinen Sinn, etwa arbeits- und sozialrechtliche Regelungen in Brüssel zentral zu steuern. Das hier unbedingt notwendige und zu beachtende Mindestmaß ergibt sich schon durch die Geltung der Menschenrechte in der Europäischen Union. Diese sind einklagbar und müssen selbstverständlich von jedem Akteur strengstens befolgt werden. Darüber hinaus gehende allgemein gültige Standards bei den Sozialversicherungen, der Arbeitszeit oder sonstigen mehr oder weniger wohlstandsorientierten Ausgestaltungen zu regulieren, ist kontraproduktiv und verzerrt die komparativen Kostenvorteile der internationalen Arbeitsteilung innerhalb Europas. Die Standards werden sich erst durch diesen Wettbewerb und durch die Angleichung der Lebensverhältnisse auf ein gemeinsames Maß sinnvoll einpendeln können.

Ebenso wenig ist eine Zwangsharmonisierung der Steuern sinnvoll. Versuche, Mindeststeuersätze einzuführen, um Handlungsdruck von den nationalen Haushalten zu nehmen, sind nicht im Sinne der Bürger. Selbstverständlich braucht der Staat Steuereinnahmen, um das an Infrastruktur und Sozialleistung bereitstellen zu können, was dem Willen des Volkes entspricht. Jedoch wird sich der Wettbewerb europäischer Nationen hier als lang ersehntes Korrektiv für die großzügigen und bürokratiebeladenen Ausschweifungen vieler Staatshaushalte erweisen. Wie man etwa im letzten Jahr am Beispiel der österreichischen Steuerreform sehen konnte, lässt sich in einem solchen Standortwettbewerb offensiv agieren. Im Hinblick auf die Osterweiterung der EU reagierte Österreich als Grenzland mit der Einführung einer günstigeren Unternehmensbesteuerung. Das wurde gut angenommen, und Ende 2004 machten die ersten Zahlen bereits klar, dass die Osterweiterung die Wirtschaft Österreichs boomen lässt. Die steigenden Gewinne kommen auch dem Staatssäckel wieder zugute.

Der internationale Standortwettbewerb wird natürlich einen gewaltigen Druck auf die Steuer- und Sozialpolitik ausüben. Das Ergebnis wird aber nicht sein, dass die Unternehmen erstens keine Steuern mehr zahlen müssen und zweitens keiner mehr Sozialleistungen bekommt. Vielmehr wird dieser Druck dafür sorgen, dass Steuergelder effizienter eingesetzt werden, die Vergabe von Sozialleistungen restriktiver erfolgt und der Wert der Eigenverantwortlichkeit wieder gestärkt wird. Beides ist begrüßenswert und gerade in denjenigen Ländern, die sich wie Deutschland jetzt am meisten vor dem Steuerwettbewerb fürchten, ohnehin schon lange gefordert. Vernünftige Finanzierungen in die Infrastruktur werden auch mit höherem Standortinteresse und höherer Zahlungsbereitschaft von angemessenen Unternehmenssteuern belohnt. Welche Steuersätze für welchen Standort angemessen sind, wird der Wettbewerb aufdecken.

Man kann in dem neuen Europa, worin verschiedene Kulturen, gewachsene Institutionen und unterschiedliche Gesetzessysteme aufeinander treffen, sogar die ältesten Merkmale wiederentdecken. Karl Popper (2004, S. 228 ff.) sprach 1980 bei einem Vortrag anlässlich des 25-jährigen Jubiläums des österreichischen Staatsvertrags vom «fruchtbaren Zusammenprall der Kulturen», wie er sich typischerweise in Wien vollzogen hätte. Huntingtons «clash of civilizations» wird aus einer Popper'schen Perspektive nicht als Kriegsbedrohungs-, sondern als Entwicklungsszenario interpretiert. Diese Sicht sollte man gerade in den aktuellen Zeiten der Fremdkulturenskepsis nicht vergessen oder, aus welchen Beweggründen auch immer, kategorisch aussparen.

Die Bevölkerung Europas, so Popper, sei ohnehin seit Menschengedenken das Produkt zahlreicher Völkerwanderungen, die z. B. aus den innerasiatischen Steppen das europäische Territorium wieder und wieder überfluteten und eine intensive Auseinandersetzung der eingefallenen Kulturen mit den vorgefundenen unvermeidbar machten. Europa sei im Ergebnis ein «sprachliches, ethnisches und kulturelles Mosaik: ein Wirrwarr, ein Gemisch, das unmöglich wieder zu entwirren ist». Und inmitten dieses alten europäischen Wirrwarrs sei nun – nicht zuletzt unter dem Einfluss der Philosophen Rousseau, Fichte und Hegel sowie infolge der napoleonischen Kriege – «die irrsinnige Idee des Nationalitätenprinzips» entstanden. Dieser Nationalismus sei den antiken Gesellschaften der Griechen und Römer – und übrigens auch Alexander dem Großen – jedenfalls noch fremd gewesen. Diese Gesellschaften seien vielmehr durch den Zusammenprall verschiedener Kulturen erst entstanden. Ich denke, wir sollten uns auch diese Tatsache wieder stärker ins Bewusstsein rufen. Wenn die Europäer nach Identität suchen, sollten sie nicht vergessen, dass die Verdienste und Errungenschaften Europas nicht einer Nation, einem kulturellen oder gar einem genetischen Prototyp zu verdanken sind, sondern der permanenten Auseinandersetzung mit neuen Kulturen. Die Vielfalt der «europäischen Kultur» – soweit von einer solchen die Rede sein kann – ist die Konsequenz einer multikulturellen Gesellschaft. Europa bedeutete immer auch das Nebeneinander, den Wettbewerb und natürlich auch die Durchmischung vieler Kulturen und ist das beste Beispiel einer Viel-Kulturen-Gesellschaft.

FÜNF

VEREINIGTE STAATEN VON EUROPA?

Für viele Menschen, die an Europa glauben, gilt das US-amerikanische Modell automatisch als anzustrebendes Vorbild. Zunächst drängt sich die Idee von einer föderalen Staatengemeinschaft geradezu auf – die Mitgliedsstaaten bewahren zwar eine gewisse Eigenart und Souveränität, aber deren Bürger wählen gleichzeitig ein gemeinsames zentrales Bundesparlament mit einem alle überragenden Präsidenten. Die Vision von den Vereinigten Staaten von Europa ist – wie wir weiter oben bereits gesehen haben – schon beinahe so alt wie sein Vorbild, das jenseits des Atlantiks existiert. Ich denke allerdings, dass Europa, so wie es sich entwickelt hat, etwas anderes repräsentiert – nämlich einen Staatenbund, der weit mehr ist als eine Freihandelszone, der jedoch gleichzeitig ohne eine starke und allmächtige Zentralregierung auskommt. Insofern halte ich einen Aufbau nach dem klassischen föderalen Prinzip, wonach dann auf europäischer Ebene immer mehr Kompetenzen konzentriert werden, für ungeeignet und verfehlt.

In dem Buch *Jenseits von Brüssel*, das ich 2001 mit Herbert Henzler schrieb, haben wir bereits auf diese Fehlentwicklung aufmerksam gemacht. Entgegen der allgemeinen Annahme, die entscheidende Größe für die Zukunft Europas sei ihre Verfassung, die für ein wohl geordnetes, dem Nationalstaat nachgebildetes

Staatswesen sorgen solle, vertraten wir die Ansicht, «was zählt, ist die Fähigkeit dieses Gebildes, die Anpassung an die veränderten Bedingungen zu organisieren, neue Mitglieder zu integrieren und im weltweiten Wettbewerb gemeinsam als starker Spieler aufzutreten» (Späth/Henzler 2001, S. 240). Eine zentralistisch organisierte EU genügt diesen Anforderungen nicht. Hier werden vielmehr entwicklungs- und anpassungsfähige Netzwerkstrukturen benötigt, die sich durch Widerstandsfähigkeit und leichte Erweiterbarkeit auszeichnen (vgl. Späth/Henzler 2001, S. 246). Demnach muss man sich Europa als großes Netzwerk vorstellen, das zwar gemeinsame Grundwerte, aber ebenso Spielräume für Wettbewerb und immer neue Vernetzungen hat.

Die außerordentlich gewachsene kulturelle Vielfalt Europas stellt andere Anforderungen an die politische Struktur als die, die seinerzeit in den USA ausschlaggebend waren. Es stellt sich im Fall Europas ganz einfach die fundamentale Frage, ob die angestrebte Einheit der Vielfalt in einer vergleichbaren Struktur bewältigt werden kann. Da tauchen einerseits Fragen von ganz praktischer Natur auf: In wie vielen Sprachen kann etwa ein Parlament noch arbeiten, und wie groß kann es sein, ohne seine Funktionsfähigkeit zu verlieren? Und ganz entscheidend ist für eine demokratische Gesellschaft wohl die Frage, ob der Bürger überhaupt noch die Möglichkeit oder auch nur das Gefühl hat, die Zentrale zu erreichen, beziehungsweise mit seinen unterschiedlichen Problemen von ihr wahrgenommen zu werden?

Nach meiner Einschätzung ist es keine gangbare Strategie, immer mehr Aufgaben auf eine europäische Zentralregierung zu übertragen. Zum einen besteht durch eine solche Bewegung die Gefahr, dass der fruchtbare Wettbewerb um die besten Lösungen auf diese Weise ausgeschaltet wird. Zum anderen verlieren die demokratisch legitimierten Nationalregierungen ihre Gestaltungsmacht zugunsten eines Parlaments, von dem sich kaum jemand wirklich repräsentiert fühlt. Die geringe Wahlbeteiligung der Europawahl stützt diese Einschätzung. Als Ende 2003 die

Verabschiedung der europäischen Verfassung vorläufig scheiterte, rückte diese für einen kurzen Moment in das Blickfeld der Bevölkerung. Doch nicht die zur Diskussion stehende Verfassung selbst, sondern das politische Fiasko interessierte die Menschen. Renate Köcher (2003) vom Institut für Demoskopie Allensbach mahnte seinerzeit das Missverhältnis zwischen einerseits der Bedeutung und den Machtbefugnissen der europäischen Institutionen und andererseits der Aufmerksamkeit, die die deutsche Bevölkerung ihnen schenkt, an und belegte dies mit ein paar Ergebnissen einer Umfrage aus ihrem Haus.

Die Umfrageergebnisse waren ernüchternd. Noch kurz vor dem Fiasko hätten lediglich 42 Prozent der Bevölkerung überhaupt bewusst wahrgenommen, dass eine europäische Verfassung vorbereitet worden war. Der Rest, also 58 Prozent, gab an, noch nie von einem europäischen Verfassungskonvent und der Arbeit an einer gemeinsamen Verfassung gehört zu haben. Immerhin ein Drittel der Bevölkerung hatte sich im Vorfeld eine zumeist diffuse Meinung von der Arbeit des Konvents gebildet. Diejenigen, welche eine klare Vorstellung von den genauen Inhalten hatten, stellten aber nur eine verschwindende Minderheit dar. Zur Frage, wovon Deutschlands Zukunft abhängt, wurde den Befragten eine Liste von 20 Antworten vorgelegt. Eine der meistgewählten Antworten war: «Von den Entscheidungen der Bundesregierung». Auf den unteren Plätzen hingegen rangierten alle Antworten, die auf die EU Bezug nahmen. Die allerwenigsten entschieden sich für die ebenfalls vorgegebene Antwort: «Von den Inhalten der europäischen Verfassung». Hand aufs Herz: Wer von uns – wenn er nicht gerade professionell damit befasst ist – würde hier nicht Ähnliches zu Protokoll geben? An dieser Tatsache dürfte sich auch in Zukunft nicht viel ändern.

Die Deutschen kennen die Problematik, die mit der Verschiebung von Kompetenzen und den demokratischen Wahlen auf mehreren Gebietskörperschaftsebenen einhergeht. Schon die drei Ebenen des deutschen Föderalismus – Bund, Länder und Kommunen – verlangen dem Wähler ein zu hohes Maß an Kenntnis über Zuständigkeiten und politische Zusammenhänge ab. Auch emotional vermischen sich die Wahlen der verschiedenen Ebenen. Wie oft konnte man an den Abenden der Landtagswahlen in den letzten Jahren hören, das Ergebnis sei eine Abstrafung für die Bundespolitik und Ähnliches. Mit dem europäischen Parlament eine weitere Ebene hinzuzufügen, die zudem noch räumlich weiter entfernt ist, überfordert den Sachverstand eines Laien also fast zwangsläufig. Wen wundert es da, dass sich die Mehrheit der Bürger innerlich sogar weigert, dem europäischen Parlament den politischen Stellenwert beizumessen, den es schon längst hat. Die Bürger eines Landes können nicht gleichzeitig vier unterschiedlichen Regierungsmannschaften das notwendige Vertrauen aussprechen. Im Zweifelsfall wählen sie deshalb dieselbe Partei, die sie auch auf der anderen Ebene gewählt haben, oder wählen eine andere, weil sie unzufrieden mit deren Politik auf anderer Ebene waren. Das ist manchmal rational, häufig aber überhaupt nicht. Renate Köcher (2003) stellt in Anbetracht der zweifelhaften Tendenz zur zunehmenden und unangepassten Kompetenzverlagerung nach Brüssel die treffenden Fragen:

«Die europäischen Kommissare können den Wähler ignorieren, so wie sie von den Bürgern ignoriert werden. Aber wie entwickelt sich eine politische Kultur, in der die, die Verantwortung tragen, nicht zur Verantwortung gezogen werden und auf der anderen Seite diejenigen, die als die politische Macht empfunden und zur Verantwortung gezogen werden, immer weniger frei gestalten können? Und wie entwickelt sich die Mentalität des Souveräns, der Völker, die das politische Machtgefüge immer weniger durchschauen?»

Die Nationalregierungen Europas dürfen nicht, schon gar nicht in einem der Bevölkerung unbewussten Prozess, zu Regionalverwaltungen und zu Statthaltern einer Zentralregierung verkommen. Diese Form der Einigung braucht das neue Europa nicht. Es würde damit vielmehr seine Vorteile, die ich weiter oben zu skizzieren versucht habe, negieren. Die Bürger einer Nation müssen nach wie vor ihren Willen über ihre Nationalregierung in den europäischen Einigungsprozess einbringen können. Zwar muss der bisherige Konsens als Korridor dienen. Eine völlige Entkopplung über eine Zentralregierung birgt allerdings die große Gefahr, dass sich am Ende niemand mehr mit Europa identifiziert und die Einigung lediglich als eine Einigung unter einer weitgehend unbekannten politischen Elite empfunden wird, die niemandem nützt außer Brüsseler Bürokraten.

Europa sollte sich meiner Überzeugung nach von dem Ziel verabschieden, grundsätzlich alles, was bislang auf nationaler Ebene geregelt wurde, künftig unionsübergreifend in Brüssel regeln zu wollen. Meine Vorstellung ist die eines «Europa à la carte», wonach sich die Mitgliedsländer lediglich in einzelnen Bereichen enger zusammenschließen. Es gibt hierbei Teilbereiche, welche dringend der engen Kooperation bedürfen, während andere von einer Regulierung bewusst ausgenommen werden sollten und stattdessen einem Institutionen-Wettbewerb der Art, wie ich ihn unter dem vorangegangenen Punkt umrissen habe, ausgesetzt bleiben. Es stellt sich somit nun die Frage, wo das Netzwerk Europa eine zentral organisierte Kooperation braucht?

Es ist unbestritten, dass die EU sich in einer Verfassung gemeinsamen Werten verschreibt und deren Einhaltung von einem europäischen Verfassungsgericht auch überwacht werden muss. Da dies in den EU-Aufnahmebedingungen bereits verbrieft ist, kann man wohl behaupten, dass über die Grundwerte und Grundrechte ohnehin Einigkeit besteht. Das gilt ebenso für die Notwendigkeit, die Institution des Wettbewerbs europaweit zu schützen. Analog zu der Argumentation, die ich bereits im ersten Teil dieses Buchs im Zusammenhang mit dem globalen Wettbewerb vorgebracht habe, braucht ein fairer Wettbewerb ebenso eine unabhängige Behörde zu seinem Schutz, wie die gemeinsame Währung eine solche zur Wahrung der Stabilität benötigt. Wettbewerbsbeschränkungen und unlauterer Wettbewerb müssen auf europäischer Ebene geahndet werden. Nationale Lösungen versagen insbesondere dann, wenn die Auflage nationalistischer Hilfsprogramme wettbewerbsunfähigen Unternehmen das Überleben sichern sollen. Dieser falsch verstandene Patriotismus führt zu ineffizienten Marktergebnissen, unter denen letztendlich die gesamte europäische Bevölkerung zu leiden hat. Man denke etwa an die wettbewerbsbeschränkenden Praktiken eines deutschen Automobilherstellers: Der musste eine satte Strafe entrichten, weil er innerhalb Europas zum Teil hohe Preisdifferenzierungen erzwingen wollte, indem er dem ausländischen Händlernetz ernsthafte Sanktionen für den Fall androhte, dass man Autos deutschen Kunden zu den günstigeren Auslandspreisen verkaufe. In dieser Hinsicht haben wir also bereits ebenso ein «Europa à la carte» wie im Bereich der neuen gemeinsamen Währung, wo eine Europäische Zentralbank nach dem bewährten deutschen Vorbild für einen starken und stabilen Euro sorgt. Doch insbesondere in zwei Bereichen hat uns Europäer die jüngste Geschichte geradezu vorgeführt und uns klar gemacht, dass wir noch nicht am Ziel sind: die Rede ist von der Außen- und der Sicherheitspolitik.

Zunächst ein paar Worte zur europäischen Außenpolitik. Der mit trockenem Humor ausgestattete ehemalige amerikanische Sicherheitsberater und Außenminister Henry Kissinger scherzte über das europäische Defizit der uneinheitlichen Selbstpräsentation in außen- und sicherheitspolitischen Fragen gern mit den Worten: «When I wish to speak with Europe, what telephone number do I use?» Und darauf konnte ihm in der Tat niemand eine Antwort geben – es gab definitiv keine Telefonnummer, keinen Amtssitz und schließlich auch keinen Amtsträger, der Kissingers Ansprechpartner hätte sein können. Es gab ihn zu seinen Zeiten nicht, als er amerikanischer Außenminister war, und es gibt ihn bis heute nicht. Doch wie wichtig ein solcher Repräsentant wäre, der in kritischen weltpolitischen Fragen Europa vertreten kann, das haben die Konfliktsituationen der letzten Jahre gezeigt. Gerade der Fall des dritten Golfkrieges, also der amerikanischen Invasion des Iraks, brachte die Unzulänglichkeit einer führungslosen Außenpolitik der Europäer zur vollen Geltung. Das europäische Durcheinander im Vorfeld des Irakkriegs machte es klarer als je zuvor, dass die Mitgliedsstaaten der Europäischen Union sich nur dann ins weltpolitische Geschehen wirklich einbringen können, wenn sie gemeinsam auftreten. Einzeln waren sie gegeneinander ausspielbar. Die meisten Mitglieder sind zudem zu klein, um allein für sich überhaupt irgendein Gewicht von weltpolitischer Bedeutung darzustellen. Die EU mit aktuell nahezu einer halben Milliarde Einwohner kann hingegen weit schwieriger ignoriert werden, vorausgesetzt sie spricht mit einer Stimme. Eine europäische Verfassung muss daher das Amt eines Europarepräsentanten vorsehen und ihn mit ausreichenden Kompetenzen ausstatten. Mag sie ihn Außenminister, Außenbeauftragten oder Generalsekretär nennen – Hauptsache, er hat eine Telefonnummer und etwas zu sagen.

Nun zur Sicherheitspolitik. Die Situation für die nationalen Militärorganisationen Europas hat sich im 20. Jahrhundert komplett geändert. Das Militär eines jeden europäischen Staates vor Ende des Zweiten Weltkriegs war beherrscht von dem Auftrag, die gesamte Landesgrenze am Boden, zu Luft und zu Wasser gegen seine Nachbarstaaten verteidigen zu können. Bis zum Niedergang des Sozialismus und dem Ende des Kalten Krieges war die gemeinsame Abgrenzung gegen den Ostblock der zentrale Auftrag. Unter Führung des amerikanischen Militärs basierte diese Verteidigungshaltung west- und mitteleuropäischer Staaten bereits auf einer gewissen Kooperation. Dabei verlagerte sich der Schwerpunkt weg von den Szenarien konventioneller Kriegsführung hin zu einer Abschreckungsstrategie von mit atomaren Sprengköpfen bestückten Mittel- und Langstreckenraketen. Seit rund fünfzehn Jahren ist diese Bedrohung gottlob weitgehend eingedämmt.

Seit der Befriedung Europas sind militärische Auseinandersetzungen an den Landesgrenzen zumindest für die innen liegenden Staaten nicht mehr vorstellbar. Und auch für die Grenzstaaten stellt sich die Frage, welchem Feind sie sich an den europäischen Grenzen noch stellen müssen. Wenn die Länder Europas einer Bedrohung ausgesetzt sein sollten, so geht sie nicht mehr von benachbarten Staaten aus. Ein Angriff wird uns zudem nicht mehr auf konventionellem Weg ereilen. Der größte Feind unserer Zeit – so viel steht fest – heißt Terrorismus. Inwiefern und in welchem Umfang wir noch Landstreitkräfte im herkömmlichen Sinn brauchen, vermag ich als Laie auf diesem Gebiet in letzter Konsequenz nicht zu sagen. Doch man muss kein Militärexperte sein, um zu erkennen, dass eine Massenarmee nicht mehr das geeignete Mittel ist, um gegen die möglichen Feinde des Staatenbundes und der offenen Gesellschaft gewappnet zu sein.

In Europa herrscht trotz der Uneinigkeiten über den Irakkrieg große Übereinstimmung darin, dass Krieg grundsätzlich das allerletzte Mittel der Auseinandersetzung sein sollte. Aber leider – und da sollten wir Europäer uns nichts vormachen – kann eine kriegerische Auseinandersetzung mit den Feinden der offenen Gesellschaft nicht von vornherein vollkommen ausgeschlossen werden. Eine solche Annahme wäre gegenüber manchem Regime geradezu eine Einladung. Insoweit muss man dem Hardliner amerikanischer Machtpolitik Robert Kagan (2003) Recht geben, wenn er immer wieder darauf verweist, dass die Kant'sche Friedensordnung der Europäer nur im Schatten der Hobbes'schen Weltpolitik Amerikas gedeihen konnte, das den Schurken dieser Welt, die Immanuel Kant nicht kennen oder kennen wollen, Grenzen setzt. Die Nationalstaaten Europas müssen nicht mehr mit Panzern an den Grenzen stehen, doch die freie Welt als Ganzes – die offene Gesellschaft – muss in letzter Konsequenz wehrhaft sein, wenn es um ihre Kernwerte geht.

Solange sich die EU um ihren militärischen Beitrag drückt, den sie im Fall der Fälle leisten müsste, wird sie sich weder das Recht noch die Möglichkeit erwerben, der USA die Rolle als allein entscheidende Weltpolizei zu nehmen. Das wenigstens sollte klar sein, wenn man über dieses Thema diskutiert. Man denke nur an den Krieg in Bosnien-Herzegowina, Serbien und dem Kosovo. Hier hätte Europa in der Lage sein müssen, aus eigenen Kräften unvermeidbare Schritte gegen ein menschenverachtendes Regime zu unternehmen. Dass wir abermals auf die USA angewiesen waren, obwohl das Übel vor der Haustür des EU-Gebiets stattfand, war ein Offenbarungseid der europäischen Sicherheitspolitik. Europa muss sich auch mit den ethischen Fragen, wie es sich etwa bei gröbsten Menschenrechtsverletzungen außerhalb seines Territoriums verhalten soll, auseinander setzen. Beim Genozid im afrikanischen Ruanda 1994 wurden innerhalb von hundert Tagen 800 000 zumeist wehrlose Menschen regelrecht abgeschlachtet. Das war der größte Völkermord seit dem Zweiten Weltkrieg. Doch weder die USA noch Europa fühlten sich hier im Namen der Humanität berufen einzugreifen. Europa hätte es womöglich gar nicht gekonnt und verharrte ohnmächtig und tatenlos. Auch die UNO versagte hier und verweigerte – aus welchen Gründen auch immer – ihre Hilfe. Wie dem auch sei, wir Europäer haben kein Recht, den Moralapostel zu spielen, solange wir nicht selber die Möglichkeiten schaffen, in solchen Extremfällen hilflosen Menschen zur Seite stehen zu können.

Welche Schlüsse können wir aus diesen Argumenten und Ereignissen ziehen? Zunächst einmal müsste sich Europa militärisch stärker in den Dienst der Vereinten Nationen stellen. Wenn in dieser militärischen Umbruchphase die europäischen Nationen den Mut hätten, sich konsequent von einer nationalen Verteidigungspolitik zu verabschieden, könnte Europa anstelle der nationalen Armeen eine Netzwerkarmee aufbauen, die in der Lage wäre, auf Augenhöhe mit der US-Armee die modernsten technologischen Systeme zu entwickeln. Unter Netzwerkarmee verstehe ich eine arbeitsteilige Organisation, die aus einem internationalen Gefüge von Spezialtruppen besteht, die gemeinsam eine umfassend vorbereitete Armee darstellen. Mit einer Spezialisierung entsprechend nationalen Kompetenzen, nach David Ricardos Muster der komparativen Kostenvorteile, könnten wir auf die militärischen Herausforderungen unserer Zeit weit besser reagieren, als es die nationalen, noch alle Bereiche abdeckenden Streitkräfte aus den Zeiten des Kalten Krieges vermögen. Die Kosten, die bei der jetzigen, zuweilen überholten, nationalen Militärorganisation die staatlichen Haushalte belasten, könnten so sicherlich viel effektiver für modernste Kommunikationstechniken und Waffensysteme genutzt werden. Zudem böte eine Netzwerkarmee auch bessere Möglichkeiten, in der NATO gemeinsam mit den USA zu operieren, sofern etwa die UNO einen Einsatz für dringend erforderlich hielte. Eine gebotene Zurückhaltung und die restriktive Handhabung militärischer Mittel, wie von den meisten Europäern gewünscht, sollte von dieser Militärreform selbstverständlich unberührt bleiben.

SECHS

TAKTGEBER ZUKUNFTSWEISENDER TECHNOLOGIEN

Am 23. und 24. März 2000 trat der Europäische Rat zu einer Sondertagung in Lissabon zusammen. Der Anlass war die Festlegung eines neuen strategischen Ziels, in dessen Rahmen Beschäftigung, Wirtschaftsreform und sozialer Zusammenhalt als Bestandteil einer wissensbasierten europäischen Wirtschaft gestärkt werden sollten. In den so genannten «Schlussfolgerungen des Ratsvorsitzes» kann man die Ergebnisse dieser häufig zitierten Lissabonner Sondertagung nachlesen. Ihr bekanntester Satz ist wohl der folgende:

«Die Union hat sich heute ein neues strategisches Ziel für das kommende Jahrzehnt gesetzt: das Ziel, die Union zum wettbewerbsfähigsten und dynamischsten wissensbasierten Wirtschaftsraum in der Welt zu machen – einen Wirtschaftsraum, der fähig ist, ein dauerhaftes Wirtschaftswachstum mit mehr und besseren Arbeitsplätzen und einem größeren sozialen Zusammenhalt zu erzielen.»

Was dieser gut gemeinten Willensbekundung folgt, ist allerdings nicht mehr als eine Nennung sämtlicher allgemein anerkannter ökonomischer Weisheiten, die – sofern sie beachtet würden – für die nächsten Jahre eine durchschnittliche Wachstumsrate von

3 Prozent in Aussicht stellten. Bei einer Beschäftigungsquote von 70 Prozent sollten die Voraussetzungen für Vollbeschäftigung geschaffen werden. Die Schlussfolgerungen des Europäischen Rates lesen sich wie eine Reihung frommer Wünsche. Der Rat liefert dabei nicht mehr, als die Experten ohnehin schon wissen – etwa die Forderung, die Forschungsaktivitäten zu erhöhen, mehr in Menschen zu investieren und das europäische Gesellschaftsmodell – was immer das sein mag – zu modernisieren. Der Ansatz von Lissabon ist im Grunde nicht mehr als der gut gemeinte Versuch, die nachlassende Dynamik der europäischen Wirtschaft durch einen einfachen Beschluss umzukehren, woraus der Wunsch spricht, sich Europa im Jahr 2010 als die dynamischste Weltregion vorzustellen. Wen wundert es da, dass sich bereits im September 2004 die Wirtschafts- und Finanzminister der EU-Mitglieder während eines inoffiziellen Treffens in Den Haag mit den alarmierenden Befunden ihrer zuständigen Beamten und anderer Experten über das bevorstehende Scheitern der Lissabon-Ziele befassten. Das durchschnittliche Wirtschaftswachstum der letzten Jahre lag bei nur 1,2 Prozent, und die Beschäftigungsquote stagniert seit 2003 bei 64,3 Prozent. Damit ist das Zwischenziel für 2005 von 67 Prozent sehr deutlich verfehlt.

Was Europa in dieser Phase braucht, ist kein weiteres ökonomisches Lehrbuch, sondern eine Vision, wie wir in 20 oder 30 Jahren leben wollen. So wissen wir zwar aus vielen fachlichen Untersuchungen und Berechnungen, wie hoch bei gleich bleibender Entwicklung der Rentenbeitrag steigen wird, wenn wir die Renten nicht kürzen oder noch stärker über Steuern stützen. Wir sehen mit anderen Worten die Grenzen unseres jetzigen Sozialstaatsmodells sehr schnell auf uns zukommen. Aber wir befassen uns zu wenig mit der Zukunft und den Wandlungszwängen der europäischen Gesellschaft. Und wir tun das ebenso wenig mit der Frage, dank welcher Sozialstaatsstrukturen wir den unumgänglichen Wandel der europäischen Gesellschaft bewältigen wollen.

Doch wie wir bereits gesehen haben, wird es so nicht funktionieren. Weder der weltweite Bestand einiger zentraler Rohstoffe und Umweltressourcen lässt unseren Lebenswandel im Weltmaßstab zu noch das weltweite Bevölkerungswachstum. Es muss folglich eine gewaltige Neuorientierung geben. Wir spüren den Engpass bereits sehr deutlich auf dem Stahlmarkt. Seitdem das riesige China mit großen Schritten den Weltmarkt betritt, wird Stahl für die westliche Industrie knapp. Ganz genauso verhält es sich im Prinzip mit den globalen Umweltressourcen. Europa muss sich ebenso wie Amerika mit einem niedrigen Anteil der begrenzten Rohstoffe begnügen oder aber rasch Ideen und Konzepte entwickeln, wie durch erneuerbare Ressourcen wieder mehr Spielraum für alle zur Verfügung stehen könnte. Während etwa die großen Wachstumsnationen in Asien erst einmal die Lebensstandards Europas und der USA anzusteuern versuchen und dabei die Belastbarkeit der Lebensgrundlagen austesten werden, muss es entsprechend den Gesetzen der internationalen Arbeitsteilung die Aufgabe der modernsten westlichen Industrienationen sein, mit gewaltigen Forschungsprojekten neue Alternativen und Modelle zu entwickeln, die die benötigten Ressourcen langfristig unerschöpflich machen. Die Welt braucht Technologien, die sowohl in der Herstellung als auch in der Nutzung einen Bruchteil der aktuellen Naturressourcen benötigen. Und nur mit solchen Innovationen kann Europa sinnvollerweise die gewünschte wirtschaftliche Dynamik gewinnen, sie schließlich auch an die Länder nachholender Entwicklung vererben und so für neue Standards in der Welt sorgen.

Vielleicht ist das durch Überalterung bedrohte Europa geradezu prädestiniert, ein Wirtschafts- und Gesellschaftsmodell hervorzubringen, das sich auf den Produktionsfaktor Wissen konzentriert. Europa hat keine Alternative, weil es mit den einfachen Wachstumsstrukturen nicht mehr wettbewerbsfähig ist. Und dabei kann in den wichtigen Forschungsbereichen – erneuerbare Energien, Nanotechnologie sowie Bio- und Gentechnologie – für die junge Generation auch eine neue Form weltweiter Solidarität mit der so genannten Dritten Welt entstehen: weg von der Entwicklungshilfe, die auf barmherzige Almosen zur Beruhigung des Gewissens setzt, hin zu Entwicklungspartnerschaften, zu strategischer Zusammenarbeit, die das Ziel hat, tatsächlich etwas nachhaltig zu ändern. Wenn Europa hier alle Kräfte zusammenbringt, um mit ganz präzisen Programmen sich selbst und gleichzeitig speziell den ärmsten Regionen der Welt zu helfen, wird es auch für eine junge Generation wieder faszinierend sein, an diesen Entwicklungen mitzuarbeiten. In diesem Fall können wir an die Erfahrungen der südostasiatischen Flutkatastrophe anknüpfen. Jetzt gibt es plötzlich konkrete gemeinsame Entwicklungskonzepte etwa für neue Vorwarnsysteme bei Seebeben.

Materialismus allein kann keine Gesellschaft auf Dauer begeistern. Schon gar nicht die Generationen, die im Überfluss aufgewachsen sind. Marktführer und Exportweltmeister von Technologien zu sein, die wir oft gleichzeitig als Urheber globaler Naturkatastrophen identifizieren, kann die notwendige Begeisterung nicht über die materialistische Bedürfnisbefriedigung hinausheben. Technologiebegeisterung hat immer auch etwas mit Idealismus zu tun und dem Wunsch, die Welt zu verbessern. Die großen technischen Innovationen der Menschheit wurden stets von Visionen einzelner Unternehmer und Erfinder getragen, die eine Schaffung ganz neuer und sinnvoller Möglichkeiten zu ihrem Traum machten, den sie mit aller Kraft zu verwirklichen suchten. Stellen wir uns beispielsweise vor, daran zu arbeiten, Afrika – wie unlängst von der UNO gefordert – an das World Wide Web anzuschließen. Das heißt, jedem Menschen, etwa durch mindestens einen Zugang pro Dorf, die Möglichkeit zu eröffnen, sich ins weltweite Internet einzuloggen. Mit Sonnenenergie und Satellitentechnik dürfte das prinzipiell kein Problem sein. Was fehlt, ist die unternehmerische Vision, ein solches Netzwerk aufzubauen. Dasselbe gilt auch für andere Regionen. Hätten etwa Indonesien, Thailand und Sri Lanka eine dichte Internetversorgung gehabt, wäre die Tsunamiwarnung der Amerikaner wohl noch rechtzeitig eingetroffen und hätte vielen Menschen das Leben gerettet. Für bürokratische Wege blieb allerdings keine Zeit.

Eine Chance, Schwarzafrika und andere arme Gegenden an den Errungenschaften und Perspektiven des Kommunikationszeitalters stärker zu beteiligen, besteht auch konkret im Ausbau der Internettelefonie. Mit Hilfe eines Internetzugangs zu telefonieren stellt heutzutage kein Problem mehr dar. Die Sprachqualität ist etwas schlechter, als wir dies in hoch entwickelten Ländern gewohnt sind. Im Vergleich zur Mobilfunktechnik, auf die Afrikaner zumeist angewiesen sind, würde die Internettelefonie jedoch eine Verbesserung darstellen. Und entscheidend ist ihr Preis, der circa ein Fünftel der etablierten Netze betrüge. Obwohl in manchen Gebieten Afrikas die überlegene Lösung bereits spontan praktiziert wird, stößt sie insgesamt auf großen institutionellen Widerstand. Betreiber herkömmlicher Systeme sehen ihre Investitionen in Gefahr. Projekte dieser Art müssten von Europa stärker unterstützt werden, sowohl technisch als auch politisch. Sie helfen, das Leben in Afrika lebenswerter zu machen und besser zu ordnen. Und sie helfen damit auch, dem angrenzenden Wohlstandsgebiet Europa den Einwanderungsdruck zu nehmen.

Um Europa zur dynamischsten Weltregion zu machen, zum Taktgeber nachhaltiger Zukunftstechnologien, wäre eine der ersten vielversprechenden Maßnahmen ein umfassendes Konzept zur Wettbewerbsöffnung an europäischen Hochschulen. Hier könnte der bislang fehlende Geist für neue Ziele und neue Verantwortung entstehen. Schon im Hinblick auf den Rückgang der Studentenzahlen der jetzt kommenden schwächeren Jahrgänge wäre der Zeitpunkt gut gewählt, mutig neue Wege zu gehen. Wir haben in Teil II dieses Buchs gesehen, dass für die Entwicklung neuer Ideen und Konzepte, neuer Produkte und Verfahren ein Cluster, in dem sich Unternehmen und Universitäten, Fachhochschulen sowie Forschungseinrichtungen gegenseitig nähren, der ideale Humus ist, aus dem wiederum viele neue Unternehmen entstehen können. Warum sollte ein «Europa à la carte» nicht auch hier verwirklicht werden und die universitäre Bildung auf die europäische Speisekarte holen? Ein erster konkreter Schritt zur Dynamisierung bestünde darin, 30, 40 oder gar 50 Universitäten aus EU-Ländern zu einem Netzwerk zusammenzuschließen. So müssten Examina angeglichen und Englisch als universitäre Pflichtsprache eingeführt werden. Bisher gibt es allenfalls Anfänge. Vielleicht sind die Bemühungen im Rahmen des deutsch-französischen Partnerschaftsvertrags über kulturelle Zusammenarbeit noch am weitesten gediehen.

Hier könnte etwas entstehen, was gerade junge Menschen für Europa begeistern müsste. Wo sollten zum Beispiel europäische Manager ausgebildet werden, wenn die Bildungsstätten national blieben? Europäische Universitäten hingegen besäßen auch eine größere Anziehungskraft für Spitzenkräfte in Forschung und Lehre aus aller Welt. Wir können uns nicht damit zufrieden geben, dass so viele Nobelpreisträger aus europäischen Bildungseinrichtungen stammen, aber in den USA arbeiten, weil sie dort die besseren Arbeitsmöglichkeiten vorfinden. Es ist lächerlich zu glauben, Europa insgesamt könnte den Wettbewerb um Forschungseinrichtungen mit den USA nicht durchhalten. Ein Aspekt dabei ist das Engagement der öffentlichen Hand für Wissenschaft, Forschung und Bildung. Die EU hat seit der Periode 1984 bis 1987 das Budget für ihre Forschungsrahmenprogramme bereits von damals 3,3 Milliarden Euro auf 17,5 Milliarden Euro für die aktuelle Periode 2002 bis 2006 verfünffacht. Und für den darauf folgenden Zeitraum bis 2010 soll es nochmals verdoppelt werden.

Das finanzielle Engagement gehört sicherlich zu den notwendigen Voraussetzungen. Doch darf man sich nicht einbilden, dass die Bereitstellung von Forschungsbudgets eine hinreichende Maßnahme für eine explosive wirtschaftliche Dynamik ist. Neben neuen Konzepten – etwa der Idee europäischer Universitäten – ist die freiheitliche und offene Atmosphäre ein nicht zu unterschätzender Faktor bei Lebens- und Karriereplanung junger talentierter Wissenschaftler. Neuere Zahlen belegen zum Beispiel einen Rückgang der bislang eindeutigen Präferenz für die USA. Man interpretiert dies häufig als Reaktion auf die durch Antiterror geprägte neokonservative Politik der letzten Jahre. Offenbar scheinen die USA dabei auch einen Imageverlust zu erleiden. Das Neue Europa hat die Chance, hier endlich Boden gutzumachen und sich als Hochburg einer offenen und kulturell lebendigen Auseinandersetzung, als spannendste Weltregion für wissensdurstige Menschen zu etablieren.

Wie eng die öffentliche Forschung und Entwicklung mit einer Dynamisierung verknüpft ist, zeigt auch der immer wichtiger werdende Bereich der Verkehrssysteme. Wir wissen, dass die Schwellenländer – vor allem in Asien, aber auch in vielen anderen Weltteilen – in Verdichtungsgebieten völlig neue Massenverkehrssysteme brauchen. Die Amerikaner, die genügend Fläche für ihre Bevölkerung haben, werden moderne Hochleistungssysteme im Schienenverkehr nicht so sehr brauchen wie schon in Kürze die Europäer. Europas Logistiksysteme werden bald durch Verkehrswege und Autobahnen auf eine empfindliche Probe gestellt werden. Gerade die Öffnung der Grenzen in Europa, die Dynamik des industriellen Wachstums in Osteuropa und die sich dadurch stetig verstärkenden Verkehrsströme zwischen Ost und West, Nord und Süd werden die Kapazitäten der konventionellen Systeme sprengen und erfordern neue mutige Verkehrsentwürfe.

Man stelle sich einmal vor, wir würden nicht nur dauernd die mühsame Kooperation zwischen einigen europäischen Ländern im Schienensektor diskutieren, sondern ein europäisches Schnellverkehrsschienennetz unter Abstimmung mit den Infrastrukturen von Flughäfen organisieren und würden in einem europaweiten Forschungs- und Entwicklungskonzept die fortschrittlichsten Technologien Frankreichs, Deutschlands und anderer Länder zusammenführen und eine Art vorwettbewerbliche Modellstruktur entwickeln. Dadurch würde sich beispielsweise das Transrapid-Desaster nicht wiederholen. Es kann gar nicht sein, dass diese Ingenieurleistungen, die denjenigen der Chinesen oder Inder noch weit voraus sind, in Partnerschaftsmodellen mit diesen rasch wachsenden Massengesellschaften nicht eine sehr große Zahl von hochinnovativen Arbeitsplätzen in Deutschland und Europa hervorbringen sollten. Aber dazu bedarf es nicht zwanzig Jahre dauernder Konferenzen über die Anpassung der Verkehrssysteme und Verkehrsregeln, sondern eines politischen Willens und Entschlusses.

Wenn man sieht, wie mutig die kleine Schweiz bei der Gestaltung ihrer Schienensysteme vorangeht, um ihrer Aufgabe als Transferland gerecht zu werden, bekommt man eine Ahnung davon, was in der EU bislang verschlafen wurde. Oder nehmen wir das kleine Island. Die 280 000 Einwohner haben eine Energierevolution geplant und wollen innerhalb der nächsten drei Jahrzehnte das gesamte System vollkommen frei von Schadstoffemissionen betreiben. Island versucht, sich von allen herkömmlichen, Mensch und Umwelt belastenden Energiequellen zu verabschieden und Autos, Schiffe, Heizung und sonstige Energiefresser mit Wasserstoff zu betreiben. Zu dessen Herstellung wiederum wird immer stärker die Erdwärme und Wasserkraft genutzt. Ein großer Teil der öffentlichen Busse fährt bereits mit Wasserstoffbrennzellen und schon 70 Prozent des gesamten Energiebedarfs werden durch natürliche erneuerbare Quellen genutzt. Abgesehen von den Vorteilen für die Umwelt macht dies Island nicht nur unabhängiger von den stark schwankenden und allmählich steigenden Ölpreisen, sondern spart darüber hinaus eine Menge Geld ein. Natürlich lässt sich Islands Situation nicht einfach auf ganz Europa übertragen. Es ist aber interessant zu sehen, wie wichtig eine Vision und ein langfristiger Plan sind – ein Plan, an dessen Ende ein Ziel steht, das den Aufwand lohnt, weil es einen echten Beitrag zur Lösung drängender Probleme liefert. Das sollte man von Island und auch von der Schweiz lernen. Man kann darüber hinaus auch erkennen, welche Rolle gerade den kleinen Staaten in einem Staatenverbund, der den Wettbewerb zwischen den Ländern zulässt, zukommen kann. Sowohl die Schweiz als auch Island sind zwar europäische Staaten, aber keine Mitglieder der EU und daher auch keinem zentralen Brüssel unterworfen, dessen Paragraphendschungel den Aktionsspielraum seiner Mitglieder manchmal auch dort einschränkt, wo es keinen Sinn ergibt und einen gesunden Wettbewerb beschränkt.

In einer zweiten Stufe sind Großprojekte erforderlich, um zukunftsträchtige neue Systeme in ganz Europa und schließlich auf der ganzen Welt zu installieren. Solche Projekte können nur in einer gemeinsamen Anstrengung unter Beteiligung der öffentlichen europäischen Haushalte unternommen werden. Die Schweiz oder Island oder andere Länder könnten zunächst also quasi als Modellversuche fungieren und weitere Schritte leichter machen. Im Verkehrsindustriebereich gibt es bereits das positive Beispiel einer erfolgreichen Public-Private-Partnership, d.h. einer Zusammenarbeit von Staat (Frankreich, Deutschland, Großbritannien und Spanien) und Privatunternehmen: die Entwicklung des Airbus. Hier haben europäische Staaten und Unternehmen gezeigt, wie sie in einer großen Gemeinschaftsanstrengung den marktführenden US-Wettbewerber Boeing eingeholt, vielleicht sogar schon überholt haben. Auch wenn die Logistik dieses Unternehmens zuweilen auf die Sonderinteressen beteiligter Nationalstaaten eingehen musste, zeigt sich dennoch im ausreichenden Maß, welches Potenzial hier verborgen liegt.

Das wohl am meisten versprechende europäische Gemeinschaftsprojekt ist *Galileo*, ein satellitengestütztes Navigations- und Logistiksystem. Mit einem Aufwand von knapp drei Milliarden Euro sollen dreißig Satelliten in den Orbit geschossen werden, um in 10 000 Kilometer Höhe zu außermilitärischen Zwecken ein dichtes, weltumspannendes logistisches Informationsnetz zu gewährleisten. Es würde eine echte Alternative zu dem militärisch kontrollierten, von der amerikanischen NAVY weltweit betriebenen GPS darstellen und erhöht als zweites System, wo nötig, die Zuverlässigkeit der Weltraumortung. Galileo eröffnet einen Milliardenmarkt im Bereich Telematik, Navigation und so genannter zeitkritischer Anwendungen, die auf eine extrem genaue Zeitbestimmung angewiesen sind. Es ist daher verständlich, dass auch die Chinesen Galileo beitreten wollen. Sie haben bereits 200 Millionen Euro bereitgestellt, um sich an der Entwicklung des europäischen Systems zu beteiligen. Auch Indien will dem nicht nachstehen und hat mit der EU eine verstärkte Zusammenarbeit beschlossen. Das wird auch die zivile Vernetzung der Weltregionen voranbringen und kann nur gut für das Zusammenwachsen zu einer Welt sein. Soweit es um die militärische Nutzung des weltraumgestützten Satellitensystems geht, kann es kein Problem sein, über die NATO und ihre Struktur die Interessen beider westlicher Weltregionen zusammenzuführen. Aber im zivilen Wettbewerb kann Europa durch seine neue Größe und seine Offenheit gegenüber anderen Staaten auch neue Standards setzen.

All das zeigt, dass in einem echten und offenen Wettbewerb – auch zwischen Europa und den USA – die Europäische Union ihre neue Dimension ausspielen kann. Das erkennt man auch jenseits des Großen Teichs. Der amerikanische Trendforscher und Europakenner Jeremy Rifkin (2004), Präsident der Foundation on Economic Trends, sieht ein großes wirtschaftliches Potenzial in der Europäischen Union, welches dazu führe, dass global agierende Unternehmen europäischer Herkunft immer häufiger mit ihren amerikanischen Wettbewerbern mithalten können. Um das potenzielle Ausmaß der Veränderung Europas richtig einzuschätzen, rät Rifkin, beispielsweise Deutschland, das Land mit dem größten Sozialprodukt auf dem Kontinent,

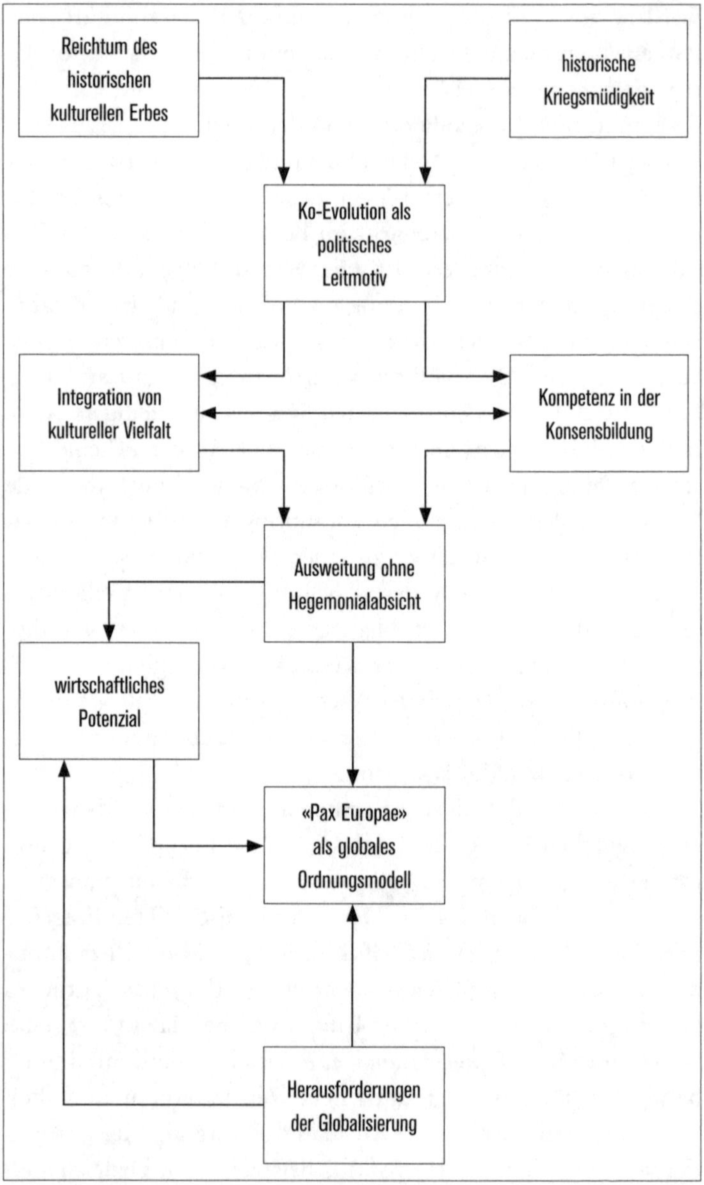

Abbildung 6: Strategie Europa

nicht mit den gesamten USA, sondern mit deren stärksten Bundesstaat Kalifornien zu vergleichen. In diesem Vergleich liegt Deutschland um fast 39 Prozent höher. Das zweitstärkste Land der EU, Großbritannien, liegt sogar doppelt so hoch wie sein Ranggenosse jenseits des Atlantiks, New York. Frankreich etwa übertrifft Texas um fast 50 Prozent, und selbst Finnlands Bruttoinlandsprodukt liegt über dem von Oregon. Wir sollten also mit frischem Selbstbewusstsein ans Werk gehen und die gute Ausgangslage nutzen. Wir werden es geschafft haben, wenn die Welt Brüssel nicht mehr als weltgrößte Bürokratiezentrale wahrnimmt, sondern als Generator für neue Ideen und Konzepte.

TEIL VIER

DIE REVITALISIERUNG DEUTSCHLANDS

EINS

DEUTSCHLAND UNTER REFORMDRUCK

Europas bevölkerungsreichstes Land ist Deutschland. Gemeinsam mit Frankreich war die Bundesrepublik von Beginn an eine treibende Kraft im europäischen Einigungsprozess. Deutschland ist zudem Europas größte Volkswirtschaft und war lange Zeit auch sein wirtschaftlicher Motor. Und schließlich ist Deutschland aufgrund seiner Leistungsfähigkeit bislang auch größter Nettozahler an die Europäische Union gewesen. Das sind vier gute Gründe dafür, dass jedes Mitglied der EU an einem wirtschaftlich starken Deutschland interessiert sein muss. Für die Deutschen selbst steht die Bedeutung dieses Ziels ohnehin außer Frage. Wie das vorangegangene Kapitel bereits nahe gelegt hat, werden Europas Chancen im Wettbewerb der Weltregionen erheblich gesteigert, je leistungsstärker seine Mitgliedsstaaten sind. Und da kommt man ohne ein kraftvolles und zielstrebiges Deutschland wohl kaum aus. Das Schicksal Europas ist daher vielleicht ebenso abhängig von der Erneuerung Deutschlands wie Deutschland seinerseits von der Entfaltung Europas. Der Aufbruch Europas muss auch der Aufbruch Deutschlands werden.

In den vorangegangenen Kapiteln haben wir einige Gründe kennen gelernt, weshalb sich die Welt verändert und warum sich alle Weltregionen und jede einzelne Nation mit diesen Veränderungen auseinander setzen müssen. Das gilt selbstverständlich auch für Deutschland. Die Anpassung an veränderte Bedingungen – seien sie von äußeren Faktoren verursacht oder aber hausgemacht – gehört im Grunde seit jeher zum menschlichen Leben. Dabei erweist sich die allgemein hohe Anpassungsfähigkeit der Menschen in ihrer bislang vergleichsweise noch recht kurzen Geschichte sogar als ein hervorstechendes Merkmal. Grund für diese ausgeprägte Fähigkeit ist wohl ein interessantes Zusammenspiel zwischen kognitiven und emotionalen Fähigkeiten. Nicht nur die Begabung zur Vernunft hat uns so weit gebracht, sondern auch die Kompetenz zu sozialer Bindung sowie die emotionale Begeisterungsfähigkeit, neue Wege zu gehen, nach Ursachen zu forschen und von einer besseren Zukunft zu träumen.

Andererseits fällt es uns Menschen keinesfalls leicht, vom Gewohnten abzulassen. Selbst dann übrigens nicht, wenn wir rational begriffen haben, dass das Festhalten an bestimmten Strukturen gar nicht zum Ziel führen kann. Eine Gesellschaft, die aus Tausenden oder gar Millionen Mitgliedern besteht, kann eben nur funktionieren, wenn sich die Erwartungen weitgehend erfüllen, die der Einzelne an seine kulturelle und soziale Umgebung hat. Keine Gesellschaft kann ohne dieses Vertrauen existieren. Der Grad an sozialer Bindung und Zuverlässigkeit der Geschehnisse um uns herum ist in einer von Veränderungsdruck freien Gesellschaft zweifelsohne am höchsten. Ein Gesellschaftszustand, wie etwa in der inzwischen historisch zu nennenden Deutschland AG, mag in diesem Sinne zwar homogen und stabil sein, fällt aber früher oder später äußeren Veränderungszwängen zum Opfer. So paradox es daher klingt: Eine anpassungsfähige menschliche Gesellschaft muss einerseits Neuerungskompetenzen entwickeln, andererseits auch immer auf die Beharrlichkeit ihrer Mitglieder bauen. Das ausgewogene Zusammenspiel von Konstanz und Erneuerung entschied daher stets über Aufstieg und Niedergang, manchmal auch über den Untergang einer Gesellschaft. Große Probleme, das erleben wir aktuell in Deutschland, entstehen, wenn aus Beharrlichkeit nicht nur Stabilität gesichert wird, sondern überdies sich abzeichnende Erneuerungsbedürfnisse verdrängt werden.

Das gilt heute für den Erfolg einzelner Nationen ebenso wie für die gesamte Menschheit. Im Falle Deutschlands trägt die nächste Entwicklungsstufe den Namen «Eintritt in die Wissensgesellschaft». Im Übergang von der Industriegesellschaft in die Wissensgesellschaft werden uns viele Ratschläge begegnen, die nicht neu sind. Doch erfordert der nächste Schritt auch ihre konsequente Umsetzung. Es heißt, Deutschland hätte kein Erkenntnisproblem, sondern nur ein Umsetzungsproblem. Man muss allerdings bedenken, dass in einer Demokratie das Volk der Souverän ist. Es nützt daher recht wenig, wenn die große Erkenntnis in kleinen Expertenkreisen hängen bleibt. Sie muss letztendlich das Volk erreichen und in allgemeine Erneuerungsbegeisterung umgewandelt werden. Nur dann können wir unsere Gesellschaft wirklich reformieren.

Wenn man die in diesem Buch beschriebene Dynamik des Globalisierungsprozesses sowie der Öffnung ehemals sozialistischer Staaten, China mit eingeschlossen, und zudem die überlasteten Umweltressourcen in Rechnung stellt, so ist eines vollkommen klar. Auch Deutschland – für sich genommen sowie als wichtiger Teil Europas – steht gewaltigen Anpassungsherausforderungen gegenüber. Seit den siebziger Jahren des vergangenen Jahrhunderts haben sich die westlichen Industriestaaten für den Rest des Millenniums in einen von materiellen Werten beherrschten Wachstumskorridor begeben, der ihnen den Blick auf die übrige Welt ebenso verstellt hat wie auf die eigene fernere Zukunft. Die sichtbar gewordenen Anzeichen für die Grenzen dieser Entwicklung und die Worte der Mahner wurden zu lange leichtfertig verdrängt. Heute sind wir schon einen wichtigen Schritt weiter. Die Diskussion über notwendige Veränderungen hat weite Teile der Gesellschaft erreicht. Die Politik der letzten Jahre war beherrscht von Reformthemen.

Nun ist es aber nicht so, dass die Deutschen, sobald es um konkrete Maßnahmen geht, von einer großen Einsichts- und Bereitschaftswelle zur Reformierung erfasst wären. Doch besteht immerhin die berechtigte Hoffnung, durch weitere Aufklärung und lebhafte Diskussionen unsere Wahrnehmung und unser Bewusstsein dahin gehend zu schärfen, dass uns die notwendigen nächsten Schritte noch rechtzeitig gelingen werden.

Ich will in diesem Buch kein detailliertes Reformprogramm entwerfen. Der Bestand an guten und sinnvollen Vorschlägen und veröffentlichten Maßnahmenkatalogen ist groß und ausreichend. Ich selbst habe in zahlreichen Vorträgen und verschiedenen Publikationen zu vielen der einschlägigen Themen Stellung genommen – zuletzt in der Aufsatzsammlung *Deutschland zwischen Wunsch und Wirklichkeit*. Was mir jedoch in der aktuellen welt- und nationalpolitischen Phase stärker am Herzen liegt, ist zweierlei: Wir brauchen erstens Aufschluss darüber, wo sich unsere Gesellschaft in diesem allgemein verwirrenden und turbulenten Gesamtprozess befindet. Zweitens müssen konkrete Anreize gegeben werden, damit sich grundlegende Faktoren ändern. Nach meinem Eindruck liegt im vorherrschenden Durcheinander der weitgehenden, überparteilichen Orientierungslosigkeit deutscher Politik und einer nicht zuletzt daraus resultierenden Verwirrung der Gesellschaft ein übergeordnetes Problem, das es als Erstes zu lösen gilt.

Es ist das Problem einer nachhaltigen politischen Konzeption, die unter völlig veränderten Bedingungen die Balance von Freiheit und Gerechtigkeit in einer offenen und doch solidarischen Gesellschaft neu austarieren muss. Am Anfang der von Ludwig Erhard geführten Gesellschaft der sozialen Marktwirtschaft war der Aufbauwille der von Krieg und Elend geschlagenen Menschen die Kraftquelle. Alle wollten arbeiten, alle hatten Arbeit, und die Ansprüche waren bescheiden. Das rasche Wachstum der Volkswirtschaft ließ Verbesserungen der Einkommen und «Wohlstand für alle» zu. Die Bürger lebten mit dem Gefühl, mehr Freiheit zu haben. Die Unternehmer und Selbständigen fuhren hohe Gewinne ein und konnten Vermögen im großen Stil aufbauen. Die Arbeiter, Angestellten und Beamten verbesserten ihre Lage durch größere und luxuriösere Mietwohnungen oder die Bildung von Wohneigentum, durch langlebige Konsumartikel wie Autos, Kühlschränke, Waschmaschinen und Fernseher sowie schließlich durch Urlaubsreisen im In- und Ausland.

Das über eine Art Pakt zwischen den Tarifparteien verteilte Wachstum des Sozialprodukts lag immer weit unter den Gesamtwachstumsraten. Die öffentliche Hand konnte so über progressiv wachsende Steuereinnahmen rasch den Ausbau der notwendigen Infrastruktur durchführen. Von dieser Infrastruktur (Kindergärten, Schulen und Universitäten, Verkehrseinrichtungen, Strom- und Wasserversorgung, Abwasserbeseitigung) profitierte die Gesamtbevölkerung spürbar. Als die Wünsche an die öffentlichen Leistungen größer wurden, als es die vorhandenen Mittel zuließen, konnte man einfach erklären, dass schließlich eine einzige Generation nicht alle Zukunftsinvestitionen finanzieren könne, und begründete mit dem Argument der Verteilung von Investitionslasten auf mehrere Nutzungsgenerationen die rasch wachsende öffentliche Verschuldung. In dieser Phase entstanden auch unsere Konzepte für den Sozialstaat. Gerechtigkeitsanliegen konnten im Hinblick auf die Alters- und Leistungsstruktur der Gesellschaft großzügig gelöst werden. Und mit dem Generationenvertrag, der die dynamische Rente ohne Kapitalbildung zuließ, wurde mutig neuer Finanzspielraum geschaffen. Für die hohe Sicherung im Falle der Arbeitslosigkeit war im Zeitalter der Anwerbung ausländischer Gastarbeiter ebenfalls keine Vorsorge zu treffen. Damit ergab sich genügend Spielraum zur Übernahme der Schul- und Studienkosten für In- und Ausländer. Das war zunächst eine allseits befriedigende Situation, bei der die trotzdem entstehenden kleineren Konflikte sich leicht durch Kompromisse lösen ließen. Dies zeigt schon die Tatsache, dass die Zahl der

Streiktage in Deutschland besonders gering war. Umfassender Kündigungsschutz und betriebliche sowie wachsende überbetriebliche Mitbestimmung machten Deutschland zum allseits bestaunten Weltmeister in Wachstum und Export.

Als die ersten Überforderungen des Systems sichtbar wurden, mahnte Ludwig Erhard zum strengeren Haushalten. Ich erinnere mich an eine typische Karikatur aus dieser Zeit. Dort wurden die Leute im Biergarten gezeigt, die ein volles Biermaß hochhielten, und darunter stand: «Der Kanzler sagt, wir sollen Maß halten.» Die Politik nahm im Glauben an vorübergehende Schwächen eher eine Neuverschuldung in Kauf, als den Bürgern Sparmaßnahmen zuzumuten. Sie klammerte sich dabei an das wirtschaftspolitische Konzept der nachfrageorientierten Keynesianer. Die weitere Entwicklung ist bekannt. Die deutsche Wiedervereinigung war – entgegen weit verbreiteter Ansicht – natürlich nicht aus der Portokasse zu finanzieren. Der gleichzeitig einsetzende globale Wettbewerb traf die alternde deutsche Gesellschaft und die zu diesem Zeitpunkt bereits gestresste Wirtschaft empfindlich. Die Wachstumsraten der Volkswirtschaft fielen zurück, die Zahl der Arbeitslosen stieg stetig. Menschen arbeiteten immer weniger, brauchten immer länger für Berufsqualifizierung, Ausbildung und Studium, gingen immer früher in den Ruhestand und wurden immer älter. Und am Ende gab es nichts mehr zu verteilen. Im Gegenteil, wir müssen heute mit weniger zurechtkommen, zugleich mehr für die Zukunft unserer alternden Gesellschaft vorsorgen und durch hohe Investitionen in Bildung und Forschung die Wettbewerbskraft der jungen Generation und damit der ganzen Gesellschaft stärken. Diese dreifache Belastung stellt selbstverständlich hohe Anforderungen an Bürger und Staat.

Aus diesen Gründen hat sich der Begriff Reform in der Wahrnehmung der Bürger verändert. Stand er früher positiv für Verbesserungen des Wohlstandes, meist durch neue oder zusätzliche öffentliche Leistungen, so signalisiert er heute notwendige Einschränkungen und ist deshalb negativ belegt. Die Forderung nach Reformen trifft auf eine verkrustete Gesellschaft, die durch den Wohlfahrtsstaat zu einer Anspruchsgesellschaft mutiert ist. Die Politik wiederum versucht nun, sich selbst und den Bürgern mit der Formel Mut zu machen, man müsse die Lasten der Gesellschaft neu verteilen, damit es am Ende allen besser gehe. Diese Taktik erweist sich nicht nur als falsch, sondern auch als gefährlich, weil sie erneut Enttäuschungen vorprogrammiert und für wirkliche Reformen wertvolles Vertrauen verspielt. Jahr für Jahr mussten die jeweiligen Regierungen einräumen, dass die Versprechung, im nächsten Jahr werde alles wieder gut, sich trotz steigenden Schuldenstands nicht erfüllte. Da die weltweiten Entwicklungen die Aufgaben und auch die Übersicht immer komplizierter machen, verliert die Politik das Vertrauen der Bürger.

Die Politiker müssen den Menschen anhand der vorliegenden Fakten erklären, wo wir durch unsere gemeinsam zu verantwortenden Fehler stehen. Sie müssen daraus ein Gesamtpaket von Reformen schnüren, eine Neuorientierung schaffen und so die Bereitschaft zu einer großen gemeinsamen Anstrengung, die Hoffnungen und Chancen birgt, wieder zum Leben erwecken. Viele Politiker meinen, die Zusammenhänge seien zu kompliziert, um sie den Menschen erklären zu können. So diskutieren sie nur Teilreformen, die notwendig, aber nicht hinreichend sind. Dabei erscheint jede Teilreform natürlich als ungerecht, wenn sie nicht im Kontext aller Maßnahmen gesehen wird. Der Widerstand gegen eine solche sukzessive Informationsstrategie ist besonders groß, weil die zuerst Betroffenen sich ungerecht behandelt fühlen. Auch viele der nicht Betroffenen solidarisieren sich, woraufhin die Politik das Konzept wieder korrigiert. Das Vertrauen in eine stabile und konstante Politik sinkt schließlich auch deshalb, weil auf diese Weise das Gesamtziel nicht erreicht wird. Das zerstörte Vertrauen macht es wiederum schwerer, den nächsten Schritt zu gehen.

Politik und Wirtschaft sind zwei verschiedene Welten. Für beide aber besteht heutzutage die Möglichkeit, bestimmte Entwicklungen bei konkreten alternativen Handlungsweisen vorauszusagen und damit die Folgen möglicher Entscheidungen aufzuzeigen. Hier sollte insbesondere auch die Politik neue Formen der Beratung entwickeln und mit den zeitgemäßen Mitteln der Informations- und Kommunikationstechnologie arbeiten. Das alles ersetzt, wie wir später sehen werden, nicht die politische Auseinandersetzung, wie unsere Verfassung sie in den entsprechenden Institutionen vorsieht. Aber solche Beratung kann die Zusammenhänge transparenter und verständlicher machen und den Entscheidungsprozess rationalisieren. Ein probates unternehmerisches Verfahren besteht beispielsweise darin, die eigenen Produkte und Dienstleistungen zu benchmarken, das heißt, sie mit denen anderer im Wettbewerb stehender Unternehmen zu vergleichen. Ein Benchmarking ist auch für politische Entscheidungen hilfreich. Gerade in der Reformpolitik ist es sinnvoll, auf die Zahlen und Lösungsansätze anderer Länder zu schauen. Hier wird häufig eingewendet, dass einzelne Institutionen unterschiedlicher komplexer Gesellschaften nicht miteinander vergleichbar seien und Lösungen nicht einfach übertragen werden könnten. Doch ich halte das in den meisten Fällen für eine Schutzbehauptung angesichts der Veränderungsnotwendigkeiten. Gerade innerhalb der OECD-Staaten lassen sich anhand von griffigen Benchmarks durchaus hilfreiche Vergleiche anstellen, die zumindest an den richtigen Stellen dicke Fragezeichen hinterlassen. So hat das Benchmarking teilweise auch schon Einzug in die politischen Reformdiskussionen gefunden.

Gerade anhand von Benchmarks kommt zum Vorschein, welche Probleme offensichtlich politisch beeinflussbar und welche Ziele prinzipiell erreichbar sind. Und so kann man auch erkennen, dass es mittlerweile in einigen zentralen Bereichen um Deutschland nicht mehr so gut steht. Das heißt nicht, dass wir im weltweiten Vergleich nicht weiterhin ungeheuer reich wären;

auch nicht, dass wir keine Unternehmen oder Wissenschaftler mehr hätten, die nach wie vor Spitzenleistungen vollbrächten; ebenso wenig, dass die meisten Bürger unseres Landes nicht prinzipiell leistungsfähig und leistungsbereit wären. Aber es bedeutet, dass sich bei unverändertem Fortgang ein eindeutig negativer Entwicklungstrend Deutschlands ankündigt. An der einen oder anderen Stelle leckt bereits das Dach. Einer, der in jüngster Zeit den beunruhigenden Zustand Deutschlands vielleicht am klarsten und kompetentesten dargestellt hat, ist der Chef des Münchener Ifo-Instituts Hans-Werner Sinn. Er bezeichnet Deutschland ganz unverblümt als «Europas kranken Mann» (Sinn 2004, S. 26). Und einige Zahlen geben ihm Recht. Das Sozialprodukt der deutschen Volkswirtschaft etwa hat zwischen 1995 und 2004 real nur einen Zuwachs von 10 Prozent gehabt und stellt damit das Schlusslicht der Europäischen Union dar, die im Durchschnitt um 18 Prozent gewachsen ist. Großbritannien, das in den achtziger Jahren unter der eisernen Lady Margaret Thatcher eine Rosskur durchlebte, erholte sich daraufhin bis zur Jahrtausendwende von der «britischen Krankheit» und wuchs seit 1995 sogar um satte 22 Prozent.

Ein bekanntes Benchmarking ist die Pisa-Studie. Die hier untersuchte Schulbildungsqualität in 40 OECD-Staaten beinhaltet besonders wichtige Informationen über die mögliche Zukunft einer Wissensgesellschaft. Natürlich wirkt sich die Wissensvermittlung von heute erst in einigen Jahren und in vollem Umfang sogar erst in Jahrzehnten aus. Doch wird man dann nicht mehr rechtzeitig auf die Missstände reagieren können. Die Ausbildung von heute ist die Wirtschaftskraft von morgen – abgesehen von allen anderen Werten und Freuden der Bildung. Doch wie steht es mit der durchschnittlichen Bildung unseres Nachwuchses? Auch wenn Deutschland in diesem Fall nicht das europäische Schlusslicht hält, belegten im Pisa-II-Test – bei leichter Verbesserung gegenüber Pisa I – die deutschen Schüler im Durchschnitt abermals nur mittlere Plätze: Mathematik Platz

19, Lesen Platz 21, Naturwissenschaften Platz 18 und Problemlösung Platz 16. Für das technologische Pionierland Deutschland kann eine solche Platzierung nicht befriedigend sein. Hier muss das Ziel lauten, unter die besten drei zu kommen. Die einzigen zwei Länder, die das in allen vier Bereichen geschafft haben, sind Südkorea und als einzige europäische Nation der Gesamtsieger Finnland.

Von den Siegern lässt sich sicherlich einiges lernen. Finnland verzichtet zum Beispiel auf eine frühzeitige Aufteilung der Schüler nach Leistungsstärken, intensiviert aber die Betreuung der heterogenen Klassen. Häufig wohnen mehrere Pädagogen zur gleichen Zeit dem Unterricht bei, um schwächeren Schülern unter die Arme zu greifen. Auch verbringen die Kinder und Jugendlichen mehr Zeit in der Schule. Die Unterrichtszeit ist von 8 bis 16 Uhr. Augenfällig ist im internationalen Vergleich der hohe Anteil der Bildungsausgaben am Sozialprodukt. Er liegt in Finnland um ein Drittel über dem europäischen Durchschnitt. Das in der Gesamtwertung von Pisa II zweitbeste Land Südkorea ist mit 8,2 Prozent des Bruttoinlandprodukts hier der Spitzenreiter, während Deutschland mit 5,3 Prozent weit hinter dem Durchschnitt der OECD-Staaten liegt. Und wer es gewohnt ist, die Bildungspräferenzen der USA als relativ gering einzustufen, der sollte bedenken, dass die Amerikaner satte 7,3 Prozent ihres Bruttoinlandprodukts in Bildung investieren – wenngleich auch mit stärkerem Privatengagement. Eine offensichtliche Diskrepanz besteht mittlerweile auch im Erwerb von akademischen Abschlüssen. Im OECD-Durchschnitt schafft fast jeder dritte Schulabgänger auch einen Hochschulabschluss. In Deutschland hingegen absolviert nur ungefähr jeder Fünfte ein Studium, während in Finnland sogar über 40 Prozent der Schüler zu Akademikern reifen. Man bemerkt anhand dieser Benchmarks schon sehr schnell, wie weit das deutsche Bildungsideal inzwischen von der Realität entfernt ist. Es wird höchste Zeit, etwas daran zu ändern.

Ein anderer Tatbestand macht ebenfalls schnell klar, dass die Alarmglocke nicht ohne Grund geläutet wird. Seit 2002 verstößt Deutschland – bislang zum dritten Mal hintereinander – gegen den Euro-Stabilitätspakt, weil es die Maastricht-Grenze der Neuverschuldung von maximal 3 Prozent des Bruttoinlandprodukts überschritten hat. Das ist besonders bitter, gerade weil Deutschland seinerzeit besonders auf diesen Grenzwert gedrängt hatte – und zwar aus der Angst heraus, der Euro könne im Gegensatz zur Deutschen Mark aufgrund der undisziplinierten Finanzpolitik einiger EU-Mitglieder Schaden nehmen. Doch wer anderen eine Grube gräbt, fällt selbst hinein! Auch wenn jetzt wegen der wachsenden Zahl von Sündern in der EU mehr Auslegungsspielräume geschaffen werden, bleibt der schale Geschmack eines Rückzugs von hehren Zielen, die dem deutschen Sparer auf den Magen schlagen.

Dann ist da selbstverständlich noch die hohe Arbeitslosenquote, mit steigender Tendenz. Nach einer veränderten statistischen Erfassungsmethode der Erwerbslosen wurde im Januar 2005 mit einer Quote von 12,1 Prozent die 5-Millionen-Grenze gesprengt. Die klammen Sozialkassen, die dadurch und zusätzlich durch die stete Alterung der Gesellschaft weiter belastet werden, verursachen den Bürgern berechtigte Sorgen. In einem weiteren internationalen Benchmarking der OECD – worin die Zahlen auf eine vergleichbare Basis gebracht wurden – lag Deutschland im Jahr 2003 bei einer Arbeitslosenquote von 9,3 Prozent. Hier sollte uns insbesondere der Blick zu einigen direkten Nachbarn ins Grübeln bringen: Dänemark 5,6 Prozent, Österreich 4,4 Prozent, Schweiz 4,1 Prozent und Niederlande sogar nur 3,8 Prozent. Allein diese Zahlen widerlegen die schnell geäußerte Annahme, die Globalisierung oder die EU-Osterweiterung hätten Schuld an den deutschen Arbeitsmarktproblemen. Die Probleme sind vielmehr hausgemacht. In Hartz IV sind bereits die positiven Erfahrungen aus den niederländischen Sozialreformen eingeflossen.

Doch die Ursachen der Arbeitslosigkeit sind vielschichtig. Beispielsweise passt die hohe Erwerbslosigkeit in Deutschland nicht zu den außerordentlich hohen Stundenlöhnen, die sich nicht zuletzt aus den geringen Arbeitszeiten ergeben. Der internationale Wettbewerbsdruck hat im letzten Jahr schon seine Wirkung gezeigt, die Wochenarbeitszeit wurde in einigen Bereichen der Wirtschaft und des öffentlichen Dienstes zum Teil erheblich nach oben korrigiert. Unangefochtener Weltmeister aber ist Deutschland bei den Urlaubs- und Feiertagen geblieben. Im Jahr 2002 hatten die Westdeutschen im verarbeitenden Gewerbe 43 Tage zur Verfügung. In Frankreich, Portugal und Schweden waren es 36 Tage, in Italien, Griechenland und Belgien 31 Tage. Und in den USA waren es sogar nur 23 Tage, knapp die Hälfte dessen, was wir in Deutschland haben.

Wenn wir über solche Warnzeichen reden, kommt nicht nur aus dem politischen Bereich oft der beruhigende Hinweis, dass wir trotz unserer hohen Kosten wachsende Exportüberschüsse hätten. 2004 erhöhte sich die Ausfuhrsumme um 10 Prozent und machte Deutschland mit einem Volumen von 730,9 Milliarden Euro zum Exportweltmeister. Dies wäre ein sichtbares Zeichen der Stärke unserer Wirtschaft im internationalen Wettbewerb. Es bestehe deshalb kein Grund zur Beunruhigung. Doch da ist Vorsicht geboten. Hans-Werner Sinn (2004, S. 29) weist zu Recht darauf hin, dass die deutsche exportorientierte Industrie immer mehr eine Art Basarökonomie darstelle. Der Begriff bezieht sich auf die Tatsache, dass die aus Deutschland exportierten Produkte zwar zum vollen Verkaufspreis in die Außenhandelsstatistik eingehen, aber zu einem unter Umständen sehr hohen Anteil aus importierten Vorprodukten zusammengesetzt werden. Für sich genommen ist das zwar kein Problem. Schließlich trägt ein solches Outsourcing von Teilen der Produktion ja wiederum zur internationalen Konkurrenzfähigkeit deutscher Fertigprodukte bei. Damit dies aber insgesamt ein gesunder wirtschaftlicher Prozess bleibt, müssten gleichzeitig in ausreichendem Maß

Branchen – vor allem im Dienstleistungssektor – nachwachsen, die im internationalen Kontext wieder neue wettbewerbsfähige Arbeitsplätze hervorbringen. Doch der Standort Deutschland scheint in vielen Bereichen für immer geringer werdende Teile der Wertschöpfungskette noch attraktiv zu sein und lebt zunehmend von der Preismixtur günstiger Importkomponenten mit nur geringen und zudem arbeitsextensiven Wertschöpfungsanteilen im Inland. Viele Untersuchungen zeigen, dass die Bereiche, in denen Deutschland konkurrenzlos gut ist, an Exportvolumina abnehmen. Die Exporte sind durchaus noch existent, aber ihr Anteil ist zu gering. Das gilt vor allem im Bereich von Hochtechnologien und internationalen Dienstleistungen der deutschen Wirtschaft.

Die entscheidende Frage bezüglich der Wettbewerbsfähigkeit ist, in welchem Land die Investoren ihr Kapital anlegen. Und da müssen wir erneut ein deutliches Warnzeichen zur Kenntnis nehmen. Deutschland hat laut Schätzungen der UNO-Konferenz für Handel und Entwicklung (UNCTAD) im Jahr 2004 als einziges großes Industrieland einen Rückgang der Direktinvestitionen erlitten, einen Rückgang von 49 Milliarden US-Dollar. Das heißt, die Investoren setzen stärker auf den Erfolg anderer Volkswirtschaften. Im Bereich der Wirtschaft würde man Deutschland eher der Gruppe der so genannten Earn-out-Unternehmen zuordnen. Das sind Unternehmen, deren Produkte gegenwärtig im Markt noch gut zu verkaufen sind, sodass man die Gewinne weiterhin mitnimmt. Langfristig aber plant man schon, dieselben Produkte an neuen, preisgünstigeren Standorten herzustellen, oder rechnet damit, dass die Produkte von Innovationen abgelöst werden. Ich habe diese Zusammenhänge ja bereits ausführlich in Teil II dargestellt.

Das alles zeigt, dass sich schleunigst etwas ändern muss. Selbstverständlich ist nicht alles schlecht in Deutschland. Und ich habe auch nicht die Absicht, unser Land schlechter zu reden, als es ist. Doch der kranke Mann Europas ist nicht im Vollbesitz seiner Kräfte, die er gerade jetzt so dringend bräuchte. Und die

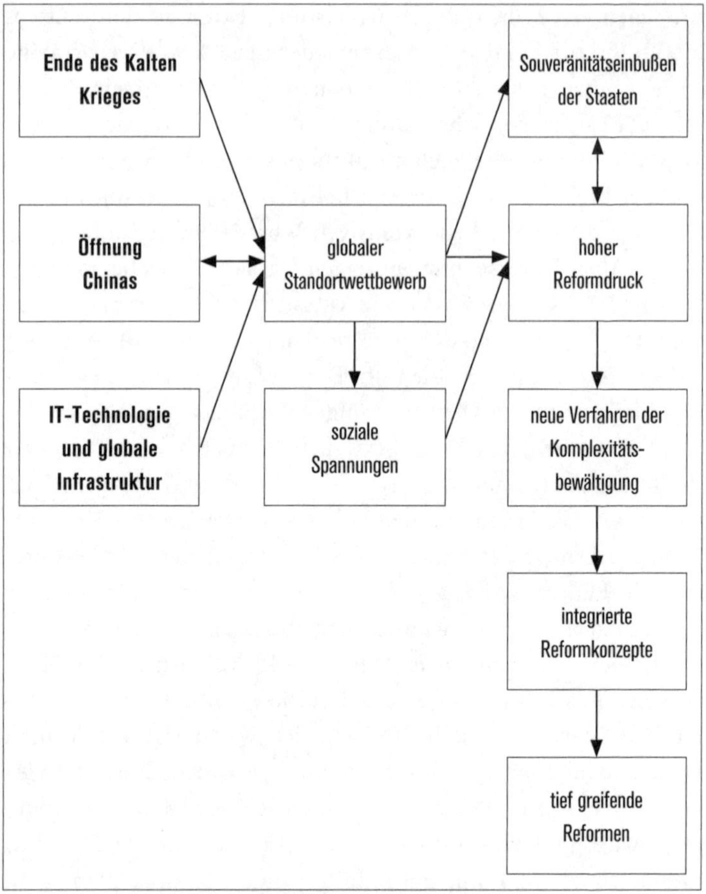

Abbildung 7: Globalisierung und Reformdruck

Zukunft wird ohne entsprechende Weichenstellung nicht besser, sondern schlechter. Einige grundlegende Reformen müssen auf den Weg gebracht werden, wenn die viel beschworene Aufbruchsstimmung kommen und der angeschlagene Mann sein Krankenlager bald verlassen soll.

ZWEI

DIAGNOSE: «INSTITUTIONELLE SKLEROSE»

Wäre Deutschland ein Mensch, müsste es sich aufgrund der vielfältigen Störungssymptome, die sein Organismus meldet, entschließen, den Arzt zu konsultieren. Der Arzt müsste als Ursache der Beschwerden eine allgemeine Erstarrungstendenz infolge einer langsamen Verkrustung durch die zunehmende Organisation von Sonderinteressen diagnostizieren – eine «institutionelle Sklerose», eine den Kreislauf behindernde Verkalkung. Der kluge Arzt würde seinen Patienten nach Hause schicken und ihm dringend raten, alle Symptome lindernden Medikamente abzusetzen, da die Summe der Nebenwirkungen den Organismus noch stärker belaste. Er solle sich stattdessen von den zahlreichen lähmenden Einflüssen befreien und mehr Bewegung suchen, damit der Organismus seine Vitalität zurückerhält.

Die Gesellschaft in dieser Weise als eine Art Organismus zu begreifen ist keinesfalls abwegig. Jedenfalls versteht man so viel schneller, dass ihr wirtschaftlicher Erfolg nichts Konservierbares ist, sondern vom Ablauf ständiger innerer Prozesse abhängt. Um sich wach zu halten, muss die Gesellschaft in permanenter Bewegung bleiben. Glaubt sie sich zur Ruhe setzen zu können, wird sie träge, verliert ihre Beweglichkeit und versteift sich auf einen Verteilungskampf um die Beute, anstatt auf Jagd zu gehen. So in etwa könnte man die Schlussfolgerung einer langjährigen Untersuchung über die Ursachen des Aufstiegs und Niedergangs von Nationen zusammenfassen, die der bekannte schwedisch-amerikanische Ökonom Mancur Olson 1982 veröffentlichte. Ausgangspunkt seiner hochinteressanten Analyse war ein scheinbarer Widerspruch: In den Jahrzehnten nach dem Zweiten Weltkrieg sah sich die Siegermacht Großbritannien großen wirtschaftlichen Problemen gegenüber, während die besiegte und dabei in Schutt und Asche gelegte Nation Deutschland ein Wirtschaftswunder sondergleichen durchlebte. Und das galt nicht so sehr für die ersten Jahre, in denen der Aufbaubedarf des zerstörten Landes am höchsten war, als vielmehr für die Zeit, als das gröbste Chaos schon beseitigt war.

Olson knüpfte an die Erkenntnisse von Adam Smith (siehe Teil I) und Joseph Schumpeter (siehe Teil II) an. Er sah in einer effektiven Offenheit der Märkte und einem daraus folgenden Wettbewerb, der innovative marktorientierte Unternehmer belohnt, die beste Grundlage für eine prosperierende Gesellschaft. Mit anderen Worten: Einer Gesellschaft, der es gelingt, sich einen Ordnungsrahmen zu geben, der diese Marktoffenheit gewährleistet, geht es wirtschaftlich gut. Das ist so weit nichts Neues. Mancur Olson aber fand heraus, dass eine politisch stabile Gesellschaft, der das alles ursprünglich einmal gelang, im Laufe ihres von großen Zerstörungen verschonten Bestehens und bei allgemeiner Koalitionsfreiheit systematisch dazu neigt, diese Marktoffenheit langsam erheblich einzuschränken. Schuld daran ist die Zunahme so genannter Verteilungskoalitionen, also von Lobbys, Organisationen mit Sonderinteressen, Kartellen und Zusammenschlüssen ähnlicher Art. So hatten die Siegermächte des Zweiten Weltkriegs zwar den Krieg gewonnen, dabei aber ihre alten Machtstrukturen, das heißt eben auch dieses jahrzehntelang gewachsene Geflecht an Sonderinteressengruppen, bewahrt.

Am deutlichsten traf dieser Zustand vor 60 Jahren auf das alte Empire Großbritannien zu. Das besiegte und niedergebombte Deutschland hingegen war nicht nur physisch ein Trümmerhaufen, sondern eben auch in machtstruktureller Hinsicht völlig neu zu gestalten. Die meisten Organisationen und Seilschaften wurden bei Kriegsende entmachtet und zerschlagen. Ihre Mitglieder mussten sich einer neuen Wirtschafts- und Gesellschaftsordnung unterwerfen, die ganz bewusst das Wohl der gesamten Gesellschaft anstrebte und jedem Einzelnen ein Höchstmaß an Möglichkeiten eröffnete, durch unternehmerische Aktivitäten oder intensive Ausbildung zu Wohlstand zu kommen. Verbunden mit der gebliebenen Leistungskraft und dem ungeheuren Aufbauwillen der von Krieg und Vertreibung geschundenen Menschen bereitete die offene Wettbewerbsordnung unter der geschickten Weichenstellung des legendären Wirtschaftsministers Ludwig Erhard die Grundlage für neuen Wohlstand und Stabilität. Doch diese Stabilität des Wohlstands und Friedens, so begehrenswert sie auch ist, wurde wieder zum besten Nährboden für die Blüte der Verteilungskoalitionen. In den siebziger Jahren war der Verteilungskampf schon deutlich spürbar und wurde in den Achtzigern unübersehbar.

Wenn man das vor mehr als 20 Jahren geschriebene Werk Olsons liest, hat man das Gefühl, er beschreibe die aktuelle Situation Deutschlands. Während man damals in diesem Zusammenhang noch von der «britischen Krankheit» sprach, ist heute von der «deutschen Krankheit» die Rede. Der Krankheitsträger ist nun ein anderer, doch die Erkrankung kann als dieselbe diagnostiziert werden: institutionelle Sklerose. Um dem Leser eine bessere Vorstellung von diesem langsamen Ausbremsungsprozess wirtschaftlicher Dynamik zu geben, der auch unser Land Stück für Stück lahm gelegt hat, möchte ich versuchen, Mancur Olsons (1982, S. 98) wichtigste Thesen kurz zusammenzufassen:

Es wird niemals ein Land geben, in dem seine Bürger sich in Interessengruppen organisieren, die symmetrisch zur gesellschaftlichen Interessenverteilung verlaufen. Der Grund dafür ist: Je enger Sonderinteressen sind, desto leichter sind sie organisierbar. Allgemeinere, umfassende Interessen, die womöglich die gesamte Gesellschaft umschließen, lassen sich hingegen schlecht oder gar nicht organisieren: Konsumenten, Steuerzahler, Arbeitslose oder Arme. Hinzu kommt die Tatsache, dass eine etablierte Organisation sich nicht selber in dem Moment auflöst, da sie ihr Ziel erreicht hat. Vielmehr gewinnt sie ein Eigenleben und sucht sich neue Aufgaben. Das trifft auf manchen Verband zu, und vielleicht kann auch das Schicksal der Gewerkschaften in diesem Licht gesehen werden. Für die Gesellschaft als Ganzes bedeutet dies jedenfalls eine große Ineffizienz, die Organisierten können dabei ihren Einfluss auf Politik und Gesellschaft in einem gewissen Rahmen zu Lasten der Unorganisierten geltend machen. Das behindert die ursprünglichen Wettbewerbsanreize des Marktes, verlagert sie auf eine politische und bürokratische Ebene und macht das politische Leben zwieträchtiger. Je stärker der Markt durch die Verteilungskoalitionen umgangen wird, desto zäher fallen auch die Entscheidungen in einer Gesellschaft. Da Verteilungskoalitionen zwangsläufig dazu neigen, in ihren notwendigen Einigungsprozessen überfüllte Tagesordnungen zu haben, gelangen sie langsamer zu einer Entscheidung, als es ihre am Markt agierenden Mitglieder – Bürger und Unternehmen – tun. Die Zunahme von Verteilungskoalitionen erhöht daher notwendigerweise die Regulierungskomplexität, die Bedeutung des Staates und die Komplexität von Einigungen. Die zentrale Schlussfolgerung Olsons (1982, S. 98) lautet nun:

> «Verteilungskoalitionen verringern die Fähigkeit einer Gesellschaft, neue Technologien anzunehmen und eine Reallokation von Ressourcen als Antwort auf sich verändernde Bedingungen vorzunehmen, und damit verringern sie die Rate des ökonomischen Wachstums.»

Deutschland will innerhalb Europas eine Pioniergesellschaft sein. Wie wichtig für die Wohlstandswahrung einer solchen

Gesellschaft der grundlegende Zusammenhang zwischen Innovation und Wachstum ist, habe ich ausführlich in Teil II auf der Grundlage von Schumpeters Überlegungen gezeigt. Und wie wichtig die so verstandene Anpassungsfähigkeit im Globalisierungsprozess ist, kann ich nur noch einmal wiederholen. Eine Gesellschaft, die sich auf allen Ebenen in hochkomplexe Verteilungskämpfe verstrickt und einen enormen Bürokratieaufwand in Kauf nimmt, um es jedem artikulierten Interesse recht zu machen, produziert aufgrund der von Olson gezeigten asymmetrischen Organisation laufend neue Ungerechtigkeiten und schadet am Ende durch die resultierenden Wachstumseinbußen mehr oder weniger allen Bürgern. Kaum ein Unternehmen kann sich noch in vollem Umfang auf das eigentliche Geschäft konzentrieren, ohne Gefahr zu laufen, Gesetze zu übertreten oder das Opfer von Vereinbarungen zu werden, bei denen es sich nicht einbringen konnte. Wie real die institutionelle Sklerose ist und wie entscheidend sie den wirtschaftlichen Erfolg beeinflusst, kann man vielleicht am besten anhand zweier Beispiele nachvollziehen: erstens an der Entwicklung der Steuergesetzgebung und zweitens an der Tarifpolitik der Gewerkschaften.

Ein Blick auf das Steuersystem zeigt schnell, wie stark es durch Sonderinteressen geprägt ist. Die Harvard-Universität machte 2004 gemeinsam mit dem Wirtschaftsforum eine internationale Vergleichsstudie und räumte diesbezüglich jeden Zweifel aus. Von 102 Ländern bekam Deutschland den letzten Platz zugewiesen. Kein anderes Steuersystem – weder dasjenige Frankreichs, der USA, Botswanas oder Tschechiens – sei so kompliziert und ineffizient wie das deutsche. 96 000 Verwaltungsvorschriften muss die Finanzbehörde beachten und dem Steuerzahler mit 118 Steuergesetzen und 185 Steuerformularen entgegentreten. Wie ineffizient das ist, sieht man schon daran, dass der Steuerzahler, der ja sowohl den Steuerberater direkt als auch die betreffenden Finanzbeamten indirekt bezahlen muss, nur für die Erhebung der Einkommenssteuer durchschnittlich 5,9 Prozent seines Einkommens aufwenden muss. Doch ist die Einkommenssteuer, deren Berechnung die meisten Bürger schon nicht mehr nachvollziehen können, nur eine von vielen Steuerarten. Jede Steuerart wiederum hat ihre ganz eigenen Finessen. Hinzu kommen verschiedene Ausnahmen wie Subventionen, Freibeträge und Befreiungen. Seit Jahrzehnten wird schon über die Unzulänglichkeit eines zu komplizierten und intransparenten deutschen Steuersystems diskutiert. Das Seltsame ist, alle sind sich in diesem Urteil einig: Experten ebenso wie Politiker aller Couleur. Doch sobald es an eine konkrete Einkürzung von Ausnahmen geht, beugen sich Politiker und Parteien wieder den Interessen ihrer Klientel, deren Stimmen sie auf keinen Fall verlieren wollen.

Das zweite Beispiel, das an dieser Stelle genannt werden muss, ist die Tarifpolitik der Gewerkschaften. Ich will keinesfalls die Bedeutung der gewerkschaftlichen Organisation für das Ende der teils unmenschlichen Ausbeutung im Kapitalismus des 19. Jahrhunderts in Frage stellen. Doch sind die Gewerkschaften längst über ihr Ziel hinausgegangen. Ihre ursprüngliche Aufgabe war die Durchsetzung der grundlegenden Rechte am Arbeitsplatz. Insbesondere dann, wenn Arbeitgeber monopolistisch auftreten konnten und zudem auch der Staat noch keine Mindestversorgung für den Notfall gewährleisten konnte, war die Entlassung eines Arbeiters von tatsächlich existenzieller Bedeutung. Ein einzelner Arbeiter konnte deshalb keinerlei Marktmacht aufbauen. Bei Widerspruch und Unzufriedenheit wurde gnadenlos mit Entlassung sanktioniert. Für die Familie bedeutete das eine Katastrophe. Die kollektive Aushandlung von menschenwürdigen Arbeitsbedingungen und Mindestlöhnen, die bei entsprechender Leistung ein humanes Familienleben gewährleisten würden, war eine angemessene und wirksame Reaktion auf verantwortungslose und gierige Arbeitgeber.

Doch die Gewerkschaftspolitik in der letzten Phase des 20.

Jahrhunderts war eher von dem Ehrgeiz getrieben, den Versorgungsstaat endgültig zu etablieren. Sie trug ganz wesentlich zur «britischen Krankheit» bei, der Erstarrung der Wirtschaftsdynamik. Und auch in Deutschland ist der Anteil der Gewerkschaftspolitik an der deutschen Sklerose nicht gering. Die Tarifverhandlungen dienten einer Wohlstandsmehrung, der nicht unbedingt eine Qualitätssteigerung des Arbeitsangebots gegenüberstand. Die Löhne sind nach Maßgabe der Produktivitätssteigerung erhöht worden. Dabei war es zunächst vollkommen gleichgültig, woraus die Steigerung resultierte. Allerdings wurden die Arbeitsproduktivität und damit die Löhne durch den verstärkten Einsatz von Maschinen und neuen Technologien erhöht, jedoch letztendlich auf Kosten der Beschäftigung im Niedriglohnbereich. Hier haben die Gewerkschaften stets die Möglichkeiten voll ausgereizt und nicht selten überreizt, vor allem durch überproportionale Forderungen für die Gruppe der ungelernten Niedriglohnempfänger.

Durch diese Art der Tarifverhandlungen hat sich der Anspruch der Arbeitgeber bei Neueinstellungen konsequenterweise erhöht. Schließlich muss sich die Einstellung eines weiteren Arbeiters aus betriebswirtschaftlicher Sicht lohnen. Das ist bei einem niedrigeren Lohn natürlich eher der Fall als bei einem hohen. So verringern sich aber die Möglichkeiten, Jobs für weniger produktive Arbeiter zu generieren. Für eine Mehrentlohnung besonders produktiver Arbeiter hingegen hätten sich immer Zusatzelemente finden lassen, die auch durch die natürlichen Anreize des Arbeitsmarktes eingeführt worden wären. Die flächendeckenden Tarifverträge, die notfalls durch Streiks stetige Lohnsteigerungen bei gleichzeitiger Kürzung der Wochenarbeitszeit und steigenden Sozialversicherungsbeiträgen erwirkten, haben somit im Endeffekt eine ständig wachsende Sockelarbeitslosigkeit erzeugt. Es ist daher nicht verwunderlich, dass der Wohlstandsbauch mit einem Arbeitslosenproblem einhergeht.

Die Gewerkschaft, die anfangs eine Selbsthilfegruppe der Ärmsten und Unterprivilegierten der Industriegesellschaft war, hat sich von ihren Schutzbedürftigsten abgewendet und bedient seit langer Zeit bestenfalls noch diejenigen erfolgreich, die aufgrund ihrer Fähigkeiten ohnehin einen sicheren Job haben. Sie erzeugt mit der ständigen Heraufsetzung der Mindestlöhne und anderer Standards ein Heer von Arbeitslosen und erhöht die Barrieren für deren Wiedereingliederung. Den schwarzen Peter konnten die Gewerkschaften aber den Arbeitgebern zuspielen. Schließlich, so das Argument, sind es ja die Arbeitgeber, die niemanden mehr einstellen und die Menschen entlassen. Das ist ein bitteres Urteil, doch es lässt sich nicht leugnen, dass die Verkrustung des Arbeitsmarktes seine Ursache in dieser Verteilungskoalition hat. Die Gewerkschaften, die trotz gestiegener Macht auch einen steigenden Mitgliederschwund zu beklagen haben, beugen sich langsam den Notwendigkeiten des internationalen Wettbewerbs. Doch so einfach und so schnell wird sich die jahrzehntelange Fehlentwicklung nicht korrigieren lassen. Die Einschnitte sind daher notgedrungen schmerzhaft.

Natürlich sind die verkrusteten Gewerkschaftsstrukturen bei weitem nicht die einzige Ursache der institutionellen Sklerose. Es sind viele Strukturen von Verteilungskoalitionen gewachsen, die ober- und unterschwellig versuchen, Märkte zu schließen und Preise künstlich hoch zu halten. Zu ihnen gehören auch Organisationen auf der Arbeitgeberseite: große bundesweite Verbände, wie auch kleinere regionale Mittelstandsorganisationen, die durchaus ihre Partikularinteressen vertreten.

Der Pluralismus, der sich aus der Fülle unterschiedlichster Verteilungskoalitionen ergibt, führt aus den Gründen, die Mancur Olson herausfand, eben nicht zu einer ausgeglichenen und gerechten Ordnung, sondern zu einer verzerrten, zugunsten der gut organisierten Sonderinteressen. Und die werden typischerweise vertreten durch Gruppierungen, die die finanzielle Kraft, zahlreiche Mitglieder oder aber ausreichend Zeit besitzen, sich in der Öffentlichkeit und bei den politischen Entscheidungsträgern bemerkbar zu machen. Das Ergebnis all dieser Prozesse ist ein überladenes, undurchsichtiges Gesetzesdickicht. Dieses Dickicht stückweise zurückzuschneiden wird nicht funktionieren. Die Entfernung einzelner Ausnahmen führt in der Tat meist wieder zu größeren Ungerechtigkeiten. Der Widerstand, der bei einem solchen Versuch sofort bei jeder betroffenen Gruppe aufkommt, ist aus dieser Perspektive daher meist sogar berechtigt und nachvollziehbar. Die einzig faire und konsequente Lösung wäre eine komplette Streichung aller Ausnahmeregelungen. Die Regierung, die sich das zum Ziel macht, tritt in diesem Fall jedoch nicht nur einzelnen Interessengruppen auf die Füße – was ihr meist schon schwer genug fällt –, sondern muss sich gleich mit einer ganzen Armada anlegen. Auch wenn deren Widerstand nicht berechtigt wäre, bräuchte eine Regierung eine Menge Mut und Durchsetzungskraft für diesen Schritt. Erst wenn die Wählermehrheit diese Notwendigkeit eingesehen hat, wird sie dies als gangbare Alternative akzeptieren, und erst dann würde es eine echte Wende geben können.

Eine demokratische Gesellschaft, deren politischer Willensbildungsprozess zunehmend von einer Ansammlung partieller Interessen geprägt ist, bietet keine verlässlichen Rahmenbedingungen mehr. Einem ständigen lobbyistischen Veränderungsdruck ausgesetzt, kommt es laufend zu neuen Konzepten und Gesetzesvorschlägen. Je weniger Konstanz hier aber herrscht, desto größer wird die Verunsicherung und desto unberechenbarer werden auch Investitionen. Das schreckt heimische Investoren ebenso ab wie ausländische. Die Verlässlichkeit der Rahmenbedingungen ist eine ganz entscheidende Größe für eine funktionstüchtige und zukunftsorientierte Wirtschaft. Und die Rahmenbedingungen müssen so sein, dass sie jedem Einzelnen eine Chance geben und die Gesellschaft insgesamt lebendig halten. Die offene Gesellschaft braucht offene Märkte.

DREI

KONTUREN ZUKUNFTSORIENTIERTER REFORMEN

Die Bestandsaufnahme der beiden vorangegangenen Kapitel zeigt vor allem eines: Es ist fünf vor zwölf. Wenn wir jetzt nicht entschlossen handeln, vergeben wir die letzte Chance, mit einem blauen Auge davonzukommen. Die internationalen Benchmarks haben uns eindeutige Hinweise gegeben, wo Reformen ansetzen müssen. Ich will sie im Folgenden auflisten.

Steuersystem

- Vereinfachung
- Streichung von Ausnahmen
- Verlagerung des Schwerpunktes auf Investitionsanreize und beschäftigungsbegünstigende Steuerstrukturen

Schulbildung und Erziehungssystem

- weg von der Orientierung auf Selektion und hin zur bestmöglichen Ausschöpfung individueller Möglichkeiten
- Lehrmethoden und Lehrpläne, die weniger Wert auf Reproduktionswissen legen und das analytische Verständnis sowie einen kreativen Umgang mit Problemstellungen stärker fördern
- der schulische Erfolg muss unabhängiger von den Voraussetzungen aus dem Elternhaus werden

- Einrichtung von Ganztagsschulen
- mehr Förderung im frühkindlichen Alter
- verstärkter Englischunterricht in der Grundschule

Hochschulwesen
- Anhebung der im internationalen Vergleich geringen Akademikerquote
- mehr Autonomie für die einzelnen Hochschulen einschließlich einer Dezentralisierung in der Bildungspolitik
- mehr Wettbewerb durch die Stärkung von Wahlmöglichkeiten sowohl auf Seiten der Professoren als auch auf Seiten der Studenten
- Einführung von Studiengebühren bei gleichzeitiger Einführung eines speziellen Darlehenssystems für mittellose Studenten
- Verbesserung der gesetzlichen Grundlagen für Kooperationen mit der Privatwirtschaft

Gesundheitssystem
- mehr Eigenverantwortung
- Reduzierung der Versicherungspflicht auf die wesentlichen Gesundheits- und Unfallrisiken
- Umstellung auf eine Finanzierung, die die Arbeitskosten weniger belastet
- mehr Wahlmöglichkeiten und Wettbewerb auf allen Ebenen

Rentensystem
- schrittweise Umstellung vom Generationenvertrag auf ein eigenverantwortlicheres Kapitaldeckungsverfahren, das die demographische Lücke schließt
- Entlastung der Rentenkassen durch Verbesserung der beruflichen Integration älterer Menschen
- effektive Anpassung der Lebensarbeitszeit

Einwanderungs- und Integrationspolitik

- Einwanderung muss über die EU geregelt werden, doch sollten gangbare Konzepte von Deutschland vorgelegt werden, die eine kontrollierte Einwanderung mit sozial ausgewogenen Quoten vorsehen
- ausgiebige und verbindliche Programme zur Erlernung der deutschen Sprache, insbesondere für schulpflichtige Einwanderungskinder
- ausführliche Einführung in die staatsbürgerlichen Rechte und Pflichten
- Anwerbeprogramme im Bereich hoch qualifizierter Personen, insbesondere Wissenschaftler

Arbeitsmarkt

- allgemeine Flexibilisierung insbesondere durch Lockerung des Kündigungsschutzes und die Aufweichung der Flächentarifverträge
- mehr erfolgsabhängige Lohnanteile und Gratifikationen
- Beteiligung der Belegschaft am Produktivvermögen durch stärkeren Einsatz von Investivlohnanteilen
- effektivere Arbeitsvermittlung

Mitbestimmung

- Dezentralisierung der Mitbestimmung durch betriebliche Lösungen
- Angleichung der Mitbestimmungsmodelle für Aktiengesellschaften an international übliche Regelungen

Öffentliche Verwaltung

- Vereinfachung und Ausdünnung der Verwaltungsvorschriften und Entrümpelung des Paragraphendschungels
- restriktiverer Umgang mit der Verbeamtung etwa im Bildungsbereich
- EDV-Vernetzung von öffentlichen Dienststellen zur effizienteren Nutzung für Bürger und Staatsdiener

Neben dem inhaltlichen Reformbedarf besteht noch ein zentrales verfassungsrechtliches Problem im Bereich der föderalen Struktur Deutschlands. Transparente und einfache Gesetzgebung sowie eine effektivere Verwaltung sind ohne die Lösung dieses Verfassungsproblems nicht möglich. Der Grundgedanke unserer Verfassungsväter war nach den Erfahrungen aus der jüngeren deutschen Geschichte, dem Zentralstaat starke Bundesländer nicht nur unterzuordnen, sondern auch entgegenzustellen, wobei die Länder zugleich für die Sicherung der kommunalen Selbstverwaltung zuständig sein sollten. In der so genannten Verwaltungshoheit der Länder liegt in der Regel auch deren Zuständigkeit für den Vollzug der Bundesgesetze. Darüber hinaus wurden den Ländern umfassende Mitwirkungsrechte bei der Bundesgesetzgebung eingeräumt. Entgegen den gesetzgebenden Institutionen etwa in den USA besteht die zweite Gesetzeskammer nicht aus einem Senat, dessen Mitglieder vom Volk in den einzelnen Bundesstaaten gewählt werden. Hierzulande entsenden die Landesregierungen eine festgelegte Zahl von Vertretern im Bundesrat, wobei die einzelnen Bundesländer einheitlich abstimmen müssen. Die Zusammensetzung des Bundesrates ändert sich also nach jeder Landtagswahl, wenn sich in einem Land die Mehrheitsverhältnisse und die Regierungszusammensetzung verändern.

Diese enge Verflechtung von Bundes- und Landeszuständigkeiten wurde durch eine Verfassungsänderung während der großen Koalition im Bund noch forciert. Hierin wurden so wichtige Aufgaben wie der Hochschulbau und die Regionalförderung, aber auch die Agrarstruktur und der Küstenschutz zu Gemeinschaftsaufgaben von Bund und Ländern erklärt. Seither lässt sich die Verantwortung auch dieser Politikbereiche nicht mehr eindeutig zuordnen. Schließlich wurden durch zahlreiche Staatsverträge und die aus diesen geborenen Fachministerkonferenzen (z.B. die Kultusministerkonferenz) eine Vielzahl von Abstimmungs- und Koordinationsgremien geschaffen, sodass für den normalen Bürger das Zuständigkeits- und das Verantwortungssystem kaum mehr zu erkennen, geschweige denn zu verstehen ist. Bedurften in den ersten Jahren der Bundesrepublik etwa ein Drittel der Bundesgesetze der Zustimmung des Bundesrates, so sind vor allem wegen der Ausführungs- und Verwaltungskompetenz der Länder nun mehr als die Hälfte der Bundesgesetze zustimmungspflichtig. De facto bedürfen damit alle wichtigen Reformgesetze der Zustimmung des Bundesrates. Das wäre kein großes Problem, wenn die Landesregierungen nur ausschließlich nach der Interessenlage ihres Landes stimmen würden. Aber da vor allem die gemeinsamen parteipolitischen Interessen in der Bundes- und Landespolitik, mit denen der Verfassungsgeber offensichtlich kaum gerechnet hatte, eine große Rolle spielen, entwickelte sich im Bundesrat sehr früh ein Abstimmungsmechanismus unter den SPD-geführten Ländern (A-Länder) und den CDU-geführten Ländern (B-Länder). Man übertreibt kaum mit der Feststellung, dass im Laufe der Zeit sich hier Verfassungsidee und Verfassungswirklichkeit stark auseinander entwickelt haben.

Selten waren in der bundesrepulikanischen Geschichte die Mehrheitsverhältnisse in Bundestag und Bundesrat deckungsgleich. Das hängt vor allem damit zusammen, dass innerhalb der vierjährigen Wahlperiode des Bundestages 16 Landtagswahlen stattfinden. Bei diesen Landtagswahlen führen die Wähler meist gezielt den Ausgleich der Kräfteverhältnisse beider Parlamente herbei, weil sie in den ersten Amtsmonaten einer neuen Bundesregierung typischerweise über die Diskrepanz von Wahlversprechungen und realer Politik enttäuscht sind. Dann kommt eine Landtagswahl nach der anderen, bei der die Wähler oft weniger über die landespolitischen Fragen abstimmen, als vielmehr ihrem Frust und Ärger durch eine Abstimmung zu Lasten der die Bundesregierung tragenden Parteien Luft machen. Während sich so die Mehrheiten im Bundesrat zuungunsten der jeweiligen Bundesregierung verschieben, ist diese nach den langwierigen Koalitionsverhandlungen gerade dabei, die ersten großen Gesetzesvorlagen einzubringen. Und so bleibt das kurze Zeitfenster, in dem in beiden Parlamenten möglicherweise dieselben Mehrheitsverhältnisse herrschen, für die Durchsetzung großer Reformen ungenutzt.

Danach sitzen für lange Zeit die Oppositionsführer, von denen viele wiederum Ministerpräsidenten eines Bundeslandes sind, auch im Vermittlungsausschuss, in dem Kompromisse zwischen Bundestag und Bundesrat gefunden werden sollen. Nicht selten überlagert das parteipolitische Konkurrenzverhältnis dann die Einigungsbereitschaft auf beiden Seiten. Faule Kompromisse, gegenseitige Blockaden und Vertagungen in die nächste Wahlperiode beeinträchtigen die Gesetzesarbeit in unverantwortlicher Weise. Gewiss gibt es Ausnahmen, doch die kommen äußerst selten vor. Hier bedarf es dringend einer Verfassungsreform. Obwohl die parteiübergreifende Föderalismuskommission erste Verbesserungen und Entflechtungen des Bund-Länder-Knäuels erarbeitet hat, ist sie einstweilen gescheitert. Der Bundespräsident hat zu Recht die Wiederaufnahme der Gespräche gefordert. Doch ist die Chance auf eine umfassende Lösung gering und wird aus den dargelegten Gründen mit dem Herannahen der großen Wahltermine noch geringer.

Das akute Dilemma besteht also darin, dass Deutschland niemals zuvor in so kurzer Zeit so viele Reformmaßnahmen zugleich durchführen musste. Und dies alles unter den Bedingungen der dargestellten gewaltigen verfassungspolitischen Hindernisse und den globalen wirtschaftlichen Zwängen, die kaum beeinflusst werden können. Es ist dabei ganz natürlich, dass durch den komplexen Globalisierungsprozess auch die politischen Problemlösungen immer komplexer werden müssen. Damit wächst selbstverständlich auch der fachliche Beratungsbedarf der politisch Handelnden. Man kann deshalb beobachten, dass die Parteien verstärkt Experten befragen oder ganze Fachkommissionen berufen, um Lösungskonzepte für die jeweiligen

Fachprobleme vorzuschlagen. Diese so entstehenden Reformvorschläge sollen dann mit Hinweis auf die Expertenbeteiligung gewissermaßen dem politischen Streit enthoben sein. Zweifellos ist es gut, wenn die Politik die Probleme und die möglichen Lösungsalternativen durch Fachleute erörtern lässt oder auch unter Beteiligung von Fachleuten erarbeitet. Das führt sicherlich auf jeden Fall weiter als die Vorgänger dieser Expertengruppen, die so genannten Bündnisse, wie sie etwa die Regierung mit den Tarifparteien für die Arbeitsmarktprobleme gebildet hatte. Dort saßen die wichtigsten Interessengruppen am Tisch und stellten erst einmal sicher, dass ihre grundsätzlichen Interessen unangetastet blieben. Da diese meist den Zielsetzungen der wirklich unabhängigen Fachleute und oft auch der Regierung zuwiderliefen, war der Spielraum für substanzielle Ergebnisse gering. Nur so wird verständlich, warum jahrzehntelang die wesentlichen Ratschläge des per Gesetz eingesetzten Rats der Fünf Weisen von den Parteien zuerst gelobt, dann je nach politischer Interessenlage falsch interpretiert und schließlich komplett ignoriert wurden.

Nun werden durch Expertenkommissionen der Regierung oder auch der Oppositionsparteien zentrale Fragestellungen aufgearbeitet. Der Sachverstand der Experten sorgt zunächst dafür – und das ist wichtig –, dass die Ausgangsdaten des Problems, wie zum Beispiel die Alterung unserer Gesellschaft, objektiv richtig sind. So weit, so gut. Doch bekommen auf diese Weise auch die Ergebnisse der Kommission den Anstrich der Objektivität, obwohl natürlich die beteiligten Politiker, die ebenfalls mit Expertenstatus entsandt wurden, dafür sorgen, dass von den alternativen Möglichkeiten diejenige gewählt und als die einzig zwingende gepriesen wird, die der Vorstellung ihrer Partei am nächsten liegt. So bleibt trotz aller Experten ungewiss, ob es zu einer sachgerechten Entscheidung kommt oder nicht. Ein positives Beispiel aus diesem Bereich ist indessen die Hartz-IV-Reform, bei der Experten und Fachpolitiker einen vernünftigen Kompromiss gefunden und diesen dann auch gemeinsam in den gesetzgebenden Institutionen durchgesetzt haben. Eine missglückte Veranstaltung dagegen war die Suche nach einem langfristig zukunftssicheren Krankenversicherungssystem. Die Regierung ging mit der nach ihrem Vorsitzenden benannten Rürup-Kommission an die Arbeit, die CDU mit ihrer ebenfalls nach dem Kommissionsvorsitzenden genannten Herzog-Kommission. Und die CSU hatte sogar eine eigene Expertengruppe. Dabei sind alle von folgenden Zielen ausgegangen:

Jeder Mann, jede Frau und jedes Kind muss erstens einen vernünftigen Versicherungsschutz haben.

Die höheren Einkommensbezieher müssen zweitens mit denjenigen, die niedrige Einkommen beziehen, in irgendeiner Weise Solidarität üben.

Die Rürup-Kommission schlug die so genannte Bürgerversicherung vor. Die besteht im Wesentlichen darin, den gesetzlichen Zwangsversicherungsschutz auf bisher nicht einbezogene Hocheinkommensbezieher zu erweitern sowie Kapitaleinkünfte in die Beitragsbemessung der gesetzlichen Krankenversicherung einzubeziehen und diese damit zu sanieren. Die Herzog-Kommission der CDU setzte dem ein Konzept entgegen, bei dem alle Versicherten der gesetzlichen Krankenversicherung, mit Ausnahme der Kinder, den gleichen Beitrag bezahlen (Kopfgeld) und ein größerer Teil der Lasten dem Steuerzahler aufgebürdet wird. Dabei ist das Argument prinzipiell richtig, dass der höhere Beitrag der Besserverdienenden im Rahmen des progressiven Steuersystems erbracht wird. Bei der anstehenden Steuerreform kann eine neue Lastenverteilung aus Gerechtigkeitsgründen dort gesucht werden. Das wäre eine ebenso transparente wie saubere Lösung. Auch für dieses Konzept ließen sich – vor allem in Verbindung mit einem umfassenden Reformansatz in allen Bereichen der Steuer- und Sozialpolitik – so viele wichtige und fachlich fundierte Argumente finden, dass sich die CDU auf ihrem Parteitag 2003 in Leipzig fast einmütig hinter dieses Kon-

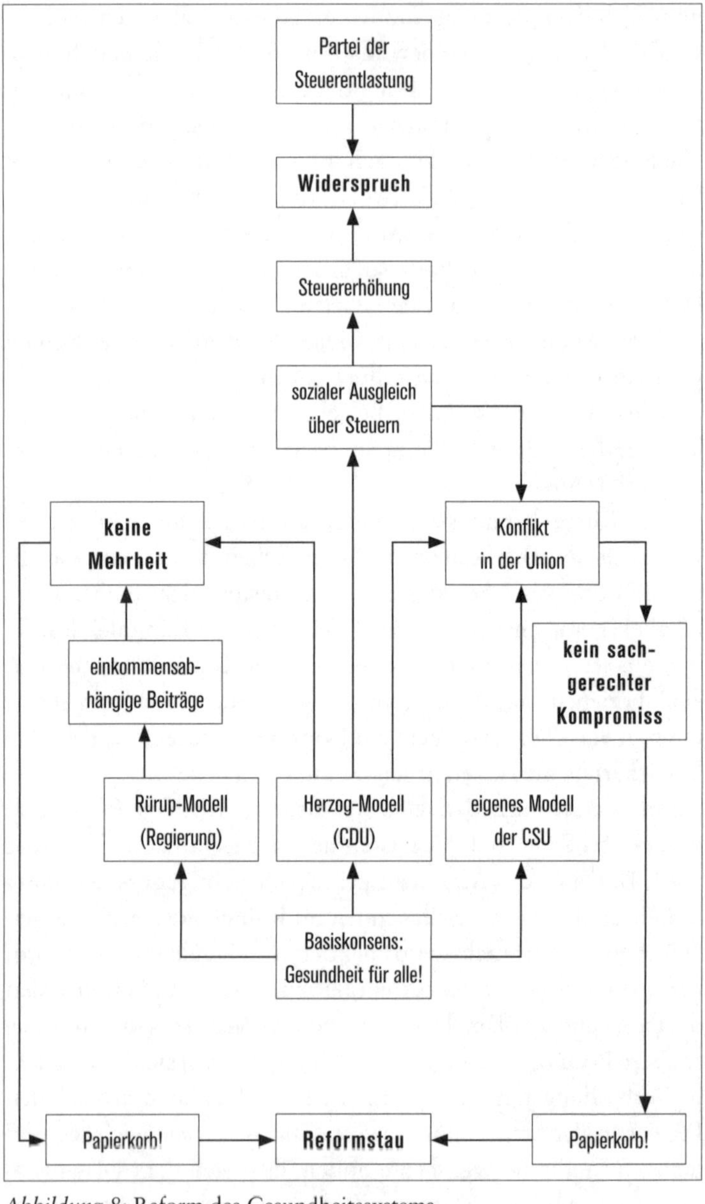

Abbildung 8: Reform des Gesundheitssystems

zept gestellt hat. Die Sache wurde aber besonders spannend, als die CSU auch unter Berufung auf zahlreiche Experten ein Konzept vorschlug, das weniger grundsätzlich als pragmatisch war und im Ergebnis das jetzige System der einkommensabhängigen Beitragssätze weiterentwickelt und in einigen Bereichen ergänzt.

Beide Unionsparteien hatten nun das Problem, dass sie sich auf die gemeinsamen Grundwerte ihrer Parteien berufen konnten und trotzdem ihre Konzepte nicht kompatibel waren. Der lang und offen geführte Streit irritierte die Bürger – vor allem die Anhänger der Unionsparteien selbst –, weil zunächst beide Parteien die zwei Konzepte als nicht integrierbar bezeichneten und deshalb eine Entscheidung zugunsten ihres Konzepts verlangten. Die wachsende Zahl der widersprüchlichen öffentlichen Erklärungen der Konzepte verwirrte das Volk so sehr, dass es den Inhalt nicht mehr verstand. Was in der Wahrnehmung der Bürger übrig blieb, war der Streit unter den Unionsschwestern, die daraufhin in Meinungsumfragen gnadenlos abgestraft wurden. Das wiederum führte dazu, dass die Führungen von CDU und CSU sich hektisch auf einen zwar unbrauchbaren, aber einigungsfähigen Kompromiss verständigten. Das schien ihnen eine gute Lösung zu sein, wohl wissend, dass das Problem weder aktuell noch von den Oppositionsparteien gelöst werden musste. Und wie sich herausstellte, ist es als Wahlkampfthema völlig ungeeignet, weshalb man im Wahlkampf wieder zu den einigungsfähigen Grundsätzen zurückkehren wird. Das Konzept landete still und leise auf der Recyclinganlage der Politik, wo aus denselben Gründen schon das Konzept der SPD liegt.

Bei diesem Beispiel zeigte sich zudem, dass eine partielle Reform eines einzelnen Sektors trotz Expertenberatung nicht zwangsläufig zu einer angemessenen Lösung führt. Dem Konzept der CDU stand nämlich ein Problem auf einem ganz anderen Schlachtfeld im Wege. Die Unionsparteien hatten zuvor schon weitere Steuersenkungen versprochen, was nach den bereits in drei Stufen erfolgten Steuererleichterungen und im Hinblick auf die nicht erreichten Wachstumsraten und die überbordende Verschuldung unmöglich erfüllt werden kann. Verfolgt man nun den zentralen Gedanken der Herzog-Kommission, die Finanzierungslücke bei der Kopfpauschale über Steuern zu finanzieren, braucht man eine erhebliche Steuererhöhung. Das aber ist für die sich als Steuersenkungspartei präsentierende Union ganz gefährlich. Und weil das Grundanliegen der Reform, nämlich die Lohnnebenkosten zu senken, bei der absehbaren Kostenentwicklung im Gesundheits- und Pflegebereich sowieso nicht zu erreichen ist, läuft alles auf eine Erhöhung der Steuerlast hinaus.

Im Mittelpunkt einer Steuerreform muss nach allgemeiner Ansicht eine Steuervereinfachung stehen. Aber diese Steuervereinfachung lässt sich wiederum nur bei hohen Wachstumsraten durchsetzen, weil dann eine allgemeine Steuerentlastung auch die relativ schlechter gestellten Steuerzahler befriedigt. Ohne Steuerentlastung sind viele Bevölkerungsgruppen, deren Reallöhne gegenwärtig sinken – wie bei Schichtarbeitern, Pendlern, Nachtschwestern und Pflegern –, benachteiligt. Hinzu kommt, dass es im Zuge einer solchen Steuerreform ratsam wäre, von vornherein eine stärkere Umschichtung von Lohn- und Ertragssteuern auf Verbrauchssteuern vorzunehmen. Gerade der im Allgemeinen eigenkapitalschwache Mittelstand, der 70 Prozent der Arbeits- und 80 Prozent aller Ausbildungsplätze bereitstellt, könnte hierdurch in die Lage versetzt werden, stärker zu investieren. Häufig fehlt es kleinen und mittleren Unternehmen weniger an Expansionswillen als an Kapital. Investitionsbereitschaft und Investitionsfähigkeit könnten dabei etwa durch eine günstigere Besteuerung für reinvestierte Gewinne unterstützt werden. Zur Steigerung der Wirtschaftsdynamik helfen nachhaltig nur neue Investitionen und nicht allein die Rufe nach mehr Konsum. Nachdem aber im Verbrauchssteuerbereich – von der Tabaksteuer bis zur Mineralölsteuer – mittlerweile alle Möglichkeiten ausgeschöpft sind, bleibt nur noch der große Topf der Mehrwertsteuer übrig. Nun haben allerdings alle Parteien hoch und heilig geschworen, eine Erhöhung der Mehrwertsteuer gäbe es in dieser Legislaturperiode nicht. Setzen sie jetzt trotzdem den Mehrwertsteuersatz herauf, wird ihnen das Lob der Sachverständigen kein Trost sein, wenn ihnen gleichzeitig die Wähler in Scharen davonlaufen. Die Politik hat sich selbst schachmatt gesetzt.

Und was lernen wir daraus? Sachverstand kann helfen, Ursachen und Entwicklungen, die zu Reformnotwendigkeiten führen, aufzuzeigen. Experten können wissenschaftlich basierte Alternativen und ihre Auswirkungen auf andere Politikbereiche aufzeigen. Solche Gesamtkonzepte können auch für die Einsicht sorgen, dass Reformen – auf den verschiedensten Gebieten gleichzeitig begonnen und durchgeführt – Synergieeffekte erzielen. Aber Sachverstand kann Politik nicht ersetzen. Er bleibt Beratungsinstitution. Diejenigen Institutionen, die im demokratischen Rechtsstaat die Entscheidungen treffen, bestimmt unser Grundgesetz hingegen eindeutig. Ein Blick in die Verfassung zeigt unmissverständlich, dass dort nicht vorgesehen ist, in Kommissionen und Kungelrunden, in Talkshows und über die tägliche Auswertung von Meinungsumfragen vorbereitend zu klären, was das Volk heute will und morgen vielleicht nicht mehr will. Gerade in Zeiten des Umbruchs müssen die politischen Meinungsführer in parlamentarischen Auseinandersetzungen zu grundsätzlichen Entscheidungen kommen und das Wertesystem offen legen, das sie und ihre Entscheidungsvorschläge trägt und leitet. Sie müssen sagen, wem und wann sie Opfer oder Veränderungslast aufbürden wollen und warum.

Die modernen Techniken und Methoden der Wissenschafts- und Kommunikationsgesellschaft lassen zu, dass die Konsequenzen politischer Entscheidungen klarer, nüchterner und auf gesicherterer Grundlage erörtert werden können. Aber letztlich geht es um Wertentscheidungen und immer wieder um die Werte

Freiheit, Gerechtigkeit und Solidarität. Deshalb müssen statt der als Parteitage inszenierten Feldgottesdienste und Krönungsmessen offene und strittige Auseinandersetzungen den Menschen zeigen, dass die sie vertretenden Politiker, so wie die Bürger dies selbst in Familie und Betrieb tun, um die richtige Entscheidung oder den fairen Kompromiss ringen. Das ist das Primat der Politik, und deshalb ist es auch Unsinn, wieder und wieder darüber zu diskutieren, ob wir nicht Gefahr laufen, in einen Zustand zu kommen, wo die Politik nur noch der Erfüllungsgehilfe globalwirtschaftlicher Entwicklungen ist.

VIER

WENIGER STAAT, MEHR EIGENVERANTWORTUNG: DIE NEUE BÜRGERGESELLSCHAFT

Doch wie kommen wir schneller zu den notwendigen gesellschaftlichen Veränderungen? Erinnern wir uns nochmal an die weiter vorn beschriebenen Verteilungskoalitionen Mancur Olsons. Die sich dort entwickelnden Ansprüche drücken eine Geisteshaltung aus, die die Verantwortung an eine übergeordnete Instanz, in diesem Fall den Staat, abgeben möchte, noch bevor die eigenen Möglichkeiten ausgeschöpft worden sind. Die unzähligen Interessengruppen, die Olson Verteilungskoalitionen nennt, verhalten sich nach innen solidarisch, entwickeln aber nur sehr wenig oder gar keine gesamtgesellschaftliche Solidarität. Das ist schädlich und führt unter anderem zur Überbeanspruchung und Überforderung des Steuerstaats.

In der Reformdiskussion Deutschlands, in der man oft genau das beklagt, taucht häufig das Wort «Eigenverantwortung» auf. Insbesondere bei Fragen über die Zukunft der sozialen Sicherungssysteme, aber auch darüber hinaus, wird eine Umstrukturierung zugunsten von mehr Eigenverantwortlichkeit oft als unumgänglich bezeichnet. Ich bin ebenfalls der festen Ansicht, dass sich unsere Gesellschaft in eine falsche Richtung bewegt hat und in der gegenwärtigen Krise nun endlich die Weichen für eine Bürger- oder Zivilgesellschaft stellen muss, die sich durch deutlich mehr Eigenverantwortung auszeichnet. Ich stimme dabei mit Meinhard Miegels (2002, S. 82) Einschätzung überein, der meint, dass die Chancen für die Umsetzung einer Bürgergesellschaft aus zwei Gründen so gut wie nie zuvor seien: Erstens herrsche ein in Deutschland noch nie da gewesener Massenwohlstand und zweitens gäbe es viel erwerbsarbeitsfreie, individuell verfügbare Zeit.

Einige Menschen lehnen die Bürgergesellschaft als unsolidarisches Konzept kategorisch ab, nur weil sie mit dem Wort Eigenverantwortung ein «Sich-selbst-Überlassen» verbinden. Doch das ist nicht mehr als ein oberflächliches Vorurteil. In Wahrheit ist das Gegenteil der Fall. Das Konzept der Eigenverantwortung baut auf dem Subsidiaritätsprinzip auf. Dieses Prinzip stammt aus der katholischen Soziallehre und wurde erstmals vom Grundsatz her 1891 in der Sozialenzyklika *Rerum novarum (Geist der Erneuerung)* unter Papst Leo XIII. formuliert. Die Enzyklika thematisierte die Not der Arbeiter im Industriezeitalter, die sie durch einen ungezügelten Wirtschaftsliberalismus verursacht sah. Die katholische Kirche lehnte seinerzeit jedoch gleichzeitig den marxistischen Klassenkampf ab und plädierte stattdessen für eine staatliche Sozialpolitik nach den Grundsätzen der Solidarität und Subsidiarität.

Das Prinzip der Subsidiarität geht von einer grundsätzlichen Eigenständigkeit der Individuen und sozialen Einheiten innerhalb einer Gesellschaft aus. Das ist ein Grundsatz, der später gerade vor dem Hintergrund der totalitären Regime des Faschismus und des Sozialismus bei der Konzeption einer freien Gesellschaft Einzug in unser Grundgesetz gefunden hat. Dies besagt schließlich, dass alles, was der Einzelne aus eigener Kraft heraus leisten kann, ihm nicht aus den Händen genommen werden und in die der Gesellschaft gelegt werden darf. Die Gemeinschaft aber ist dann zu einer Hilfe zur Selbsthilfe verpflichtet, sobald der Einzelne oder die dazwischen liegenden sozialen Einheiten objektiv überfordert sind. Dann und nur dann besteht ein berechtigter Anspruch auf Unterstützung durch die nächsthöhere gemeinschaftliche Instanz. Dieser Ansatz verpflichtet also nicht nur die Gemeinschaft zur Solidarität, sondern schützt den Bürger gleichzeitig auch vor einem ungezügelten Zugriff des Staates. Durch seine Beachtung wird ein Höchstmaß an Mitteln frei, um denjenigen zu helfen, die ohne die Hilfe der anderen nicht auskommen. Subsidiarität ist daher ein Mittel zu dauerhafter und nachhaltiger Solidarität.

Damit ist über den gesellschaftspolitischen Grundsatz einer Bürgergesellschaft praktisch schon alles gesagt. Dem können die meisten Bürger, das nehme ich zumindest an, zunächst auch uneingeschränkt zustimmen. Die Konsequenzen aus diesem grundsätzlichen Konsens sind allerdings vielfältig. Sie gehen weit über die bereits in Hartz IV umgesetzte Forderung hinaus, erst dann Anspruch auf Sozialhilfe zu gewähren, wenn der Antragsteller selbst über keinerlei finanzielle Mittel mehr verfügt. Die Verwirklichung einer Bürgergesellschaft ist nicht damit erreicht, dass die Ansprüche von Arbeitslosen oder Sozialhilfeempfängern eingeschränkt werden. Die Politik muss gleichzeitig auch wieder mehr Freiräume zur Selbstaktivierung schaffen – zur Reprivatisierung und Entprofessionalisierung von sozialen Diensten. Wie die Wirtschaft hat auch der ausufernde Wohlfahrtsstaat für ein so genanntes *crowding out*, eine Verdrängung privater Engagements durch das Angebot des Staates gesorgt. Die Gefahr dieses Effektes ist hoch. Im Sozialbereich mag die Verdrängung des privaten Engagements nicht gewollt gewesen sein, allerdings hat man sie bewusst in Kauf genommen. In jedem Fall sind die Konsequenzen aber gewaltig unterschätzt worden.

Der Sozialstaat der industriellen Erwerbsgesellschaft sah es als Ziel, im Namen der Menschenwürde zwischen Geber und Nehmer eine möglichst große Anonymität zu schaffen. Das hat gerade so lange funktioniert, wie die Bürger sich noch nicht auf diese vollkommene Anonymisierung und Verstaatlichung des sozialen Sicherheitsnetzes eingestellt hatten. In der zweiten und dritten Generation aber haben sich die Menschen an die vorgegebene Struktur angepasst und sie als zuverlässige Größe in ihre Lebensentwürfe eingebaut: wenig private Vorsorge, Abgabe von Fürsorgeverantwortung gegenüber Familienmitgliedern und Freunden an den Staat, sinkende Bereitschaft zur Familiengründung. Die vollendete Erwerbsgesellschaft bemisst den Wert einer Tätigkeit beinahe nur noch nach der Kategorie Einkommen. Und sie läuft Gefahr, auch den Wert eines Menschen daran zu messen.

Welche Auswirkung die hohe Bedeutung des Erwerbseinkommens hat, zeigt sich vielleicht am deutlichsten bei der Kindererziehung. Es ist offensichtlich, dass sich die Frauen und auch Männer nicht mehr obligatorisch an diese so wichtige Aufgabe binden lassen wollen. Das ist schon allein durch die Geringschätzung seitens der Gesellschaft gegenüber allen Tätigkeiten, mit denen kein finanzieller Erwerb einhergeht, deutlich. Es bedurfte erst eines Urteils des Bundesverfassungsgerichtes, bis unsere Gesellschaft kleine Anstrengungen unternahm, die Erziehung von Kindern zu honorieren. Es ist hochgradig ungerecht, wenn später diese Kinder hauptsächlich die Renten derer erwirtschaften müssen, die in derselben Zeit ohne die Belastung der Kindererziehung hohe Rentenansprüche erwerben konnten. Hier haben wir eine völlige Verdrehung des natürlichen Generationenvertrags. Gewiss, kaum einer wird sagen, Kinder großzuziehen sei eine schlechte Sache. Doch viele Bundesbürger betrachten seit längerem das Kinderkriegen als Privatangelegenheit und persönliches Anliegen. Als produktive und gemeinschaftsdienliche Leistung wird es hingegen selten gewertet. Wer sich über die Belastung beschwert, wird schnell mit dem Argument konfrontiert, man sei schließlich nicht dazu gezwungen worden und hätte sich auch für ein Leben ohne Kinder entscheiden können. Wer Kinder will, muss eben dafür zahlen. So entscheide sich das eine Paar für dreimal Urlaub im Jahr und zwei schnelle Autos, das andere für drei Kinder und eine gebrauchte Familienkutsche.

Nun sollte die Erziehung von Kindern keine freudlose Veranstaltung sein, sondern auch Befriedigung bringen – was, wie alle Eltern wissen, meistens auch der Fall ist. Doch dürfen Freude und Befriedigung nicht die Anerkennung einer für die Gesellschaft wichtigen Leistung ausschließen. In der Erwerbstätigkeit ist das schließlich auch nicht der Fall. Deutschland und viele andere europäische Staaten sind zu schrumpfenden Gesellschaften geworden, weil sich Kindererziehung nicht mit den Spielregeln unserer reinen Erwerbsgesellschaft verträgt. Man könnte pointiert sagen, dass die Erwerbsgesellschaft sich selbst wegverdient, indem sie Familien mit Kindern strukturell diskriminiert. Daran ändert auch ein wenig mehr Kindergeld nicht viel – schon gar nicht, wenn sofort wieder Stimmen laut werden, dieses für besser verdienende Familien zu streichen. Damit wird das Kindergeld wieder zu einer Sozialhilfekomponente degradiert, anstatt es als Anspruch auf eine ungeheuer wichtige Leistung für die gesamte Gesellschaft anzuerkennen und es als kleinen Ausgleich für eine strukturelle gesellschaftliche Benachteiligung zu sehen. Nach einem solchen Verständnis wäre das Kindergeld jedenfalls unabhängig vom Einkommen der Eltern. Wer das Geld nicht braucht, dem steht es ja frei, es gemeinnützig einzusetzen, wie es auch jedem anderen Einkommensbezieher freisteht, Teile seines Einkommens für gemeinnützige Zwecke zu spenden.

Ein Problem, das ebenfalls auf die Erwerbsgesellschaft zurückgeht, tritt bei der älteren Generation zutage, wenn sie aus dem Berufsleben ausscheidet. Weil in vielen Fällen die Erwerbsarbeit über Jahrzehnte hinweg die einzige soziale Verankerung darstellt, werden ältere Bürger bei der Verrentung förmlich aus dem Leben gerissen. Die jahrelange Vorfreude auf die Freizeit im Alter schlägt häufig schnell in ein Gefühl der Nutzlosigkeit und Langeweile um. In der Höhe ihrer Rente sehen sie – im Gegensatz zu den Kindererziehern – zwar unter Umständen noch rückblickend den Wert ihrer Arbeit, doch kann das die drohende Vereinsamung, die sie oft erwartet, nicht aufwiegen. Und bei vielen ist die Rente viel zu niedrig, um sich die gewünschte Unterhaltung zu erkaufen. Kommen diese Menschen dann in ein Alter, in dem man Hilfe, vielleicht sogar Pflege braucht, müssen sie auf professionelle Helfer zurückgreifen, die sich aus Erwerbsgründen die Mühe machen, aber wegen der hohen Kosten nur für das Allernötigste sorgen können. Eine menschliche Gemeinschaft kann das nicht ersetzen. Und bald wird man den Alten und Kranken sagen müssen, dass sogar die professionelle Hilfe – trotz der Einrichtung einer Pflegeversicherung – nicht mehr abgedeckt ist. Die Anonymität hat auch hier einen zu hohen Preis, der letztendlich gar nicht bezahlbar ist.

Wir haben eine stetig wachsende Arbeitslosigkeit. Sie schwankt saisonal oder durch andere Einflüsse bedingt etwas, doch langfristig nimmt sie immer weiter zu. Viele Menschen sind der Ansicht, das läge daran, dass wir nicht genug Arbeit hätten. Doch das ist sicherlich nicht der Grund. Arbeit gibt es genug. Letztendlich ist es nur die Frage, wie und zu welchem Preis sie organisiert werden kann. Wir haben weiter oben verschiedene Aspekte kennen gelernt, die man berücksichtigen muss, wenn wieder mehr Arbeitsplätze entstehen sollen. Ein ganz zentraler besteht darin, das Unternehmertum zu stärken. Auch das ist ein ganz wesentlicher Bestandteil der Bürgergesellschaft. Dabei geht es nicht darum – wie manche voreiligen Kritiker missverstehen –, den Spitzensteuersatz für gut verdienende Firmenbosse zu senken, sondern um die Bereitstellung einer institutionellen Struktur, die Initiativen auch im wirtschaftlichen Bereich – materiell wie ideell – belohnt und nicht mit Bürokratismus und Neid bestraft. Das fängt bei der restriktiven Darlehensvergabe an, geht über langwierige behördliche Genehmigungsverfahren, steuerliche Komplexität, hohe Sozialversicherungskosten und übertriebenen Kündigungsschutz bis hin zu unserer alles überragenden Sicherheitskultur. Und auch die ausgeprägte Bewahrungskultur, die den gescheiterten Unternehmer zum Verlierer der Nation erhebt, schreckt gerade umsichtige Menschen vor der Übernahme solcher Risiken ab. Unternehmertum bedeutet, mit Ideen und Mut zum Risiko neue, überlegene Lösungen aufzutun und Verantwortung für Menschen zu übernehmen, die diesen Schritt, aus welchen Gründen auch immer, nicht tun können oder wollen.

Menschen mit denselben Organisations- und Durchsetzungsfähigkeiten wie wirtschaftliche Unternehmer, die bereit sind, Verantwortung zu übernehmen, werden ebenso im sozialen Bereich benötigt. Man könnte sie institutionelle oder soziale Unternehmer nennen. Arbeit, wenn auch keine Erwerbsarbeit, gibt es auch dort mehr als genug. Leider sind die Kosten für ein rein staatlich organisiertes soziales Betreuungssystem, das die komplette Professionalisierung aller Dienstleistungen zur Folge hat, nicht finanzierbar. Daher wird es auf diesem Weg auch niemals zu einer Jobexplosion kommen, die unsere Arbeitslosenquote senkt. Im Endeffekt müsste man sich einfach mit der professionellen Unterversorgung begnügen und die teils menschenunwürdigen Zustände so hinnehmen. Wenn wir das nicht wollen, müssen wir die Konsequenz ziehen und eine bürgerschaftliche Organisation von entsprechenden sozialen Dienstleistungen und menschlich notwendigen Kontakten entwickeln. Man braucht sich nur einmal vorzustellen, was getan werden könnte, wenn wir in Schulen, Altersheimen, Kindergärten, Bibliotheken, Schwimmbädern, Parks, Krankenhäusern, Hospizen, Jugendzentren, Sportanlagen und vielen sonstigen gemeinschaftlichen Einrichtungen nicht alle sinnvollen und produktiven Tätigkeiten mit Steuergeldern bezahlen müssten.

Der Staat wird – gemäß der Logik der reinen Erwerbsgesellschaft – inzwischen für vieles herangezogen, was auf den unteren Ebenen der Gesellschaft in einer Art genossenschaftlicher oder kommunaler beziehungsweise lokaler Organisation geleistet werden könnte. Staat und Markt allein können den Ansprüchen eines wirklichen Gemeinwesens nicht gerecht werden. Benötigt wird eine Ebene bürgerlicher Initiative, auf der jeder das einbringt, was er leisten kann: freiwillige Beiträge aus Finanzvermögen, aus Sach- und Grundvermögen bis hin zum Humanvermögen, wobei letzteres in all seinen Variationen verwertet werden kann. Wer nichts besitzt außer Zeit, kann der bürgerlichen Gemeinschaft eine Menge an fürsorglichen, körperlichen und geistigen Beiträgen zur Verfügung stellen. Bürger, die beruflich so stark eingespannt sind, dass ihnen hierfür kaum Zeit bleibt, können Geld beisteuern. In einer überalternden Gesellschaft wird es zunehmend viele Rentner geben, die wenig Geld, aber viel Zeit haben. Auch wenn wir das Renteneintrittsalter um zwei oder drei Jahre nach oben verschieben, werden wir in absehbarer Zukunft Scharen an Rentnern haben, die noch jung und vital genug sind, sich einige Jahre aktiv in Bürgergemeinschaften einzubringen, bevor sie vielleicht selber deren Hilfe benötigen. Innerhalb der letzten hundert Jahre hat sich die Lebenserwartung der Deutschen um mehr als dreißig Jahre erhöht. Und gemessen an seinem körperlichen und mentalen Leistungsvermögen ist ein 70-jähriger Deutscher heutzutage fünf Jahre jünger als noch im Jahr 1980. Hinzu kommt die starke Überalterung der Gesellschaft. Teilt man die Gesellschaft in vier Altersgruppen zu je 20 Jahren auf, wobei die älteste nach oben offen bleibt, dann wird der Anteil der über 60-Jährigen schon in wenigen Jahren die größte Altersgruppe sein. Und das wird sich im gesamten 21. Jahrhundert und sogar darüber hinaus nicht mehr ändern.

Man sagt, in den nächsten Jahren werde in Deutschland so viel Vermögen vererbt wie niemals zuvor. Da wittert bei einer schlechten Haushaltslage jeder Finanzminister eine Chance für zusätzliche Einnahmen und möchte gern die Gesetzeslage entsprechend darauf einrichten. Doch in der Perspektive einer Bürgergesellschaft bieten sich bessere Chancen, die Vermögenslage der Bürger nutzbar zu machen. Insbesondere derjenige, der über ein sehr großes Vermögen verfügt, muss interessante Möglichkeiten bekommen, sich etwa über die Gründung einer eigenen

Stiftung einer gemeinnützigen Aufgabe zu widmen. Oft wächst bei älteren Menschen, die wirtschaftlich erfolgreich waren und Kinder und Enkel versorgt wissen, das Bedürfnis, durch eine mit ihrem Namen versehene Leistung für die Allgemeinheit in der Erinnerung der Nachwelt zu bleiben. Soziale Einrichtungen wie Kindergärten, Altenheime, Behinderteneinrichtungen, Wissenschafts- und Forschungseinrichtungen, Kunst- und Kulturinvestitionen können auf ihren Mäzen hinweisen. Ich nenne das «intelligente Reichtumsvernichtung». Ein großes Netzwerk solcher Stiftungen einschließlich Bürgerstiftungen, die sich im kommunalen Bereich den Dingen widmen, die im Hinblick auf die öffentliche Finanzlage sonst zurückstehen müssten, schaffen das echte Klima der Bürgergesellschaft. Manch einer fühlt sich gut, wenn er das Anliegen einer Stiftung durch Spenden oder eine Zustiftung unterstützen kann. Eine solche Entwicklung würde auch dazu beitragen, Tendenzen der Neidgesellschaft entgegenzuwirken. Ein Michael Schumacher, der zehn Millionen Dollar für die Flutopfer in Südostasien spendet, wird von den Bürgern nicht nur als sportliches Vorbild gesehen.

Auch hier muss der Gesetzgeber alle überflüssigen bürokratischen Hürden abschaffen, welche die Errichtung gemeinnütziger Stiftungen behindern. Anstatt darüber nachzudenken, wie man der nächsten Sterbegeneration größere Teile des von ihr erarbeiteten und versteuerten Vermögens per Erbschaftssteuer zwangsentziehen kann, sollte man diesen Bürgern lieber klare positive Anreize geben, sich noch zu Lebzeiten im gemeinnützigen Bereich zu engagieren und dadurch ihre Liebe zum Heimatland und seinen künftigen Generationen zum Ausdruck zu bringen. Mit dem wohlfeilen Argument, die Erben hätten ja im Gegensatz zu den Erblassern nichts zur Bildung des Vermögens beigetragen, dient man eher der Neid- als der Bürgergesellschaft. Darüber hinaus muss man im Fall einer Verschärfung der Erbschaftssteuer realistischerweise eine Kapitalflucht ins Ausland einberechnen. Je höher das Vermögen eines einzelnen Bürgers ist, desto größer sind Versuchung und auch Möglichkeit, die Schätze in fernen Ländern in Sicherheit zu bringen.

Trotz alledem kann der Finanzminister wohl mit wachsenden Einnahmen aus der Erbschaftssteuer rechnen. Und insbesondere zwei Aspekte werden auch eine vernünftige Erbschaftssteuerreform verlangen: Erstens bewirkt die deutlich gestiegene Lebenserwartung, dass die direkten erbberechtigten Nachkommen eines Verstorbenen sich für gewöhnlich selbst nicht mehr im Alter des Vermögensaufbaus befinden. Wer meinetwegen im Alter von 85 Jahren stirbt, hinterlässt möglicherweise Kinder, die sich kurz vor der Rente befinden und ihre eigene Vermögensbildung abgeschlossen haben. Zweitens ist die wachsende Anzahl kinderloser Singles in unserer Gesellschaft keinesfalls mehr eine zu vernachlässigende Größe.

Unser ausufernder Steuer- und Wohlfahrtsstaat hat seine Ursache auch darin, dass die Bedeutung von Geld in allen Lebensbereichen wächst. Die reife Industriegesellschaft ist zu sehr darauf fixiert, alles, was sie zum Leben braucht, mit dem Geld zu kaufen, das sie vornehmlich im Angestelltenverhältnis erworben hat. Selbstverständlich will ich nicht die Vorteile der Arbeitsteilung gegenüber der Subsistenzwirtschaft und nicht die des Geldes gegenüber dem Naturalientausch in Frage stellen. Doch müssen wir akzeptieren, dass die Ökonomisierung der Gesellschaft an ihre Grenzen gestoßen ist. Sowenig wir über die Tatsache hinwegsehen können, dass die staatlich organisierte Solidarität nicht mehr in dem erforderlichen Maß finanzierbar ist, sowenig können wir akzeptieren, dass sich unsere Gesellschaft in Erwerbstätige und Arbeitslose, diese drinnen und jene draußen, aufteilt.

Im Kern der Problematik steht daher nicht mehr die isolierte Frage nach mehr Arbeitsplätzen, sondern die viel umfassendere, wie wir in Zukunft leben wollen. Mit den alten Mitteln herumzudoktern ist da wenig hilfreich. Wir brauchen wirklich neue Ansätze, die gezielt zu gemeinnütziger Arbeit und einem Gemeinschaftssinn motivieren. Die deutsche Gesellschaft muss sich von dem Ziel verabschieden, ein Höchstmaß an Anonymität zu bewahren und praktisch jede Art von Hilfe auf dem Umweg über die staatlichen Behörden regeln zu wollen. Wir brauchen eine Bürgergesellschaft, die wieder Transparenz in die Transferleistungen bringt und Menschen – sei ihre Leistungsfähigkeit auch noch so gering – integriert und nicht in «brauchbar» und «unbrauchbar» einteilt. Das ist der Schlüssel für ein würdevolles und sinnerfülltes Leben – und nicht etwa die Frage, wie gut man konsumieren kann. Dies ist vielleicht der wichtigste Schlüssel, unser Wertesystem neu zu gestalten, in dem ich am liebsten auch die neuen oder wiederbelebten Gedanken um Heimatliebe und Patriotismus eingebettet sehe.

FÜNF

FREIHEIT UND SOLIDARITÄT: CHAOS IN DER PARTEIENLANDSCHAFT

Wenn man die Politik der letzten zehn Jahre Revue passieren lässt und sich zudem den einhergehenden Unmut der Wähler vergegenwärtigt, dann sticht am stärksten die allgemeine Orientierungslosigkeit hervor. Es kommt nicht von ungefähr, dass die Frustration über die demokratischen Prozesse in der Bevölkerung so groß ist. Der Wahlverdruss hat zugenommen und das Vertrauen in die politischen und auch gesellschaftlichen Eliten abgenommen. Viele Bürger halten Regierung und Opposition für beliebig austauschbar. Gerade die beiden Volksparteien scheinen keine angemessene Bewegung in den Reformprozess bringen zu können. Obwohl Sozialdemokraten und Christdemokraten in einigen Bereichen oft sogar dieselben Missstände bemängeln, sind sie nicht einmal in der Lage, sie gemeinsam zu beseitigen. Das ist wahrlich eine unbefriedigende Situation. Viele Vorwürfe sind nicht ganz neu, haben allerdings an Dringlichkeit zugenommen. Der Grund dafür liegt am akuten Reformbedarf, der in der Geschichte der Bundesrepublik niemals höher war als gegenwärtig. Und trotzdem bewegt sich so wenig. Der Historiker Paul Nolte (2004) bezeichnet Deutschland treffend als die «blockierte Republik».

Die Blockade tritt tatsächlich jedes Mal in Kraft, wenn ein Gesetz, das prinzipiell die Lage der Republik verbessern könnte, erst von der eigenen Partei zerpflückt wird und dann im Bundesrat an der Mehrheit der Opposition scheitert. Sie zeigt sich auch dann, wenn diejenigen Gesellschaftsgruppen, die von einer Gesetzesänderung in irgendeiner Weise zunächst negativ berührt werden könnten, zum organisierten Protest auflaufen. Doch entscheidend für die geringe Reformaktivität Deutschlands ist die politische Konzeptionslosigkeit der Parteien. Sie begünstigt die zuvor genannten Blockaden ganz wesentlich. In einer repräsentativen Demokratie sollte eine gewählte Regierung nicht nur das notwendige Tagesgeschäft erledigen. Die Exekutive umfasst mehr als rein administrative Tätigkeiten, die Hauptfunktion der Regierung besteht in der politischen Führung. Auf politische Führung kann nämlich in demokratischen Systemen nicht verzichtet werden. Demokratie heißt zwar Herrschaft des Volkes, meint aber im modernen Sinn nicht, dass sich das Volk selbst führt. Die zur Wahl stehenden Parteien haben die Pflicht, den Wählern ein gangbares Konzept vorzulegen, zudem dafür zu kämpfen, dass die Bürger ihren Überzeugungen und Wertvorstellungen folgen und ihnen mehrheitlich das Vertrauen für deren Umsetzung schenken. Joseph Schumpeter entwarf in seinem berühmten Buch *Kapitalismus, Sozialismus und Demokratie* 1942 (S. 427ff.) eine realitätsnahe Demokratietheorie, die der Tatsache Rechnung tragen sollte, dass das Volk keine feststehende rationale Ansicht über jede einzelne Frage und daher auch keine Liste konkreter Forderungen besitzt, für die es dann nur noch Erfüllungsgehilfen wählen muss. Vielmehr sei die Rollenverteilung eher umgekehrt. Deshalb beschreibt Schumpeter (1942, S. 428) den demokratischen Willensbildungsprozess folgendermaßen: «Die demokratische Methode ist diejenige Ordnung der Institutionen zur Erreichung politischer Entscheidungen, bei welcher einzelne die Entscheidungsbefugnis vermittels eines Konkurrenzkampfs um die Stimmen des Volkes erwerben.»

Nach dem gleichen Muster wie im wirtschaftlichen Wettbewerb, wo Unternehmen – sosehr sie auch die Wünsche ihrer

Kunden berücksichtigen müssen – nicht einfach dadurch erfolgreich sein können, dass sie sich von den Kunden diktieren lassen, was und wie sie etwas produzieren sollen, können auch Parteien im politischen Wettkampf nicht auf diese Weise vorgehen. Hier wie dort ist ein Angebot an die Bürger notwendig. Die Führungskompetenz desjenigen, der auf dem Weg in eine gute Zukunft mehr Bürger überzeugt, bekommt die Chance, sich zu bewähren. Sosehr die Wirtschaft auf einen Unternehmer angewiesen ist, der sich der Produktion und der Umsetzung neuer Lösungen annimmt, ist auch eine echte politische Führung besonders dann notwendig, wenn man neue Pfade beschreiten muss. Kollektive, so Schumpeter, könnten beinahe ausschließlich unter der Akzeptanz einer Führung handeln. Demokratie, so wie wir sie in den modernen, anonymen Großgesellschaften verstehen, ist also ein Konkurrenzkampf zwischen Parteien. Sie müssen sich mit unterschiedlichen Konzepten dem Volk zur Wahl stellen und um die politische Führung kämpfen. Und genau hier wird Deutschlands aktuelles Grundproblem sichtbar.

Will eine Partei diese politische Führung übernehmen, muss sie zuallererst wissen, wohin sie gehen möchte. Kein Mensch kann echte Führung übernehmen, wenn er das Ziel nicht kennt. Das Ziel zu kennen heißt in diesem Fall wiederum, feste Überzeugungen zu haben und eine klare Vorstellung von der gewünschten gesellschaftlichen Zukunft aufzuzeigen. Führen zu können erfordert zweitens, zumindest eine Ahnung davon zu haben, wie man ans Ziel gelangt. Das wiederum setzt ein Konzept voraus, das mehr als die gesammelten Maximalwünsche aller wichtigen Wählergruppen ist. Die Wahlprogramme stellen sich für gewöhnlich aber nicht mehr als solche dar. Mir jedenfalls ist kein Wahlprogramm einer Partei bekannt, das durch konzeptuelle Stärke überzeugen würde. Das, was die Überzeugungen und die Führungskompetenz einer Partei ausmacht, lässt sich dann doch besser und einfacher an den konkreten Taten oder doch wenigstens an der Persönlichkeit ihrer autorisierten Repräsentanten ablesen. Denn innerparteilich herrscht ja ebenfalls die Notwendigkeit zur Führung.

Wohin eine Partei gehen will, kann man daher zuverlässiger an der Existenz von Überzeugungen und visionären Angeboten einzelner Führungsmitglieder erkennen. Das Verhalten der meisten Wähler ist also alles andere als naiv oder gar irrational, wenn sie versuchen, statt verheißungsvollen und wohl formulierten Versprechungen der Wahlprogramme zu folgen, lieber die Hauptrepräsentanten und deren Führungsqualität einzuschätzen. Dass sich Deutschland in einer Führungskrise befindet, muss nicht heißen, dass wir prinzipiell keine Politiker mehr hätten, die für diese Funktion tauglich wären. Doch ist der Führungsaspekt in einer Zeit, da man den Wohlstand für endgültig gesichert hielt und alle Fragen der Sicherheit getrost den Amerikanern überlassen konnte, immer mehr in den Hintergrund getreten. Mit dem Ende des Kalten Krieges und der deutschen Wiedervereinigung schienen die wirklich ernsthaften Schwierigkeiten in diesem Bereich für die meisten Politiker und Bürger gänzlich erledigt zu sein. Der SPD-Parteivorsitzende Franz Müntefering mag es anders gemeint haben, als er zu Beginn seiner Amtszeit noch sagte, wir seien schließlich schon da, wo die anderen erst noch hinwollten. Dennoch entlarvt sich darin die falsche Einstellung, am Ziel aller Anstrengungen angekommen zu sein. Wohin also sollte man führen, wenn man doch schon da ist? Da kann es ja eigentlich nur noch um Bewahrung gehen. Wir können nach all den Argumenten, die wir in diesem Buch zusammengetragen haben, jetzt klar erkennen, dass das natürlich ein Trugschluss ist!

Wenn ich hier Konzepte einfordere, so meine ich nicht Akten voller konkreter bürokratischer Anordnungen. Das sind Details, die mit Unterstützung des umfangreichen Staatsapparats und gegebenenfalls weiteren Experten erörtert werden können. Das Geschäft eines Führungspolitikers und dessen Partei muss es vielmehr sein, eine Vision anzubieten. Er muss eine Konstellation der wesentlichen gesellschaftlichen Varianten aufstellen, nach Prioritäten ordnen und eine ethische Gerechtigkeitsbegründung liefern. Und das alles muss zusammenpassen, auch auf die Gefahr hin, der Überbringer schlechter Nachrichten zu sein. Aber nur so kann ein Politiker die Glaubwürdigkeit erlangen, die er für einen echten demokratischen Sieg braucht. Demokratie ist auf Vertrauen und Hoffnung angewiesen. Jeder Amtsantritt einer neuen Regierung muss deshalb auch ein neuer Versuch sein, das Konzept der alten, abgewählten Regierung qualitativ zu übertreffen. Es ist eine Verpflichtung für regierende wie oppositionelle Parteien gleichermaßen, stets ein aktuelles Konzept zu besitzen, das gesellschaftspolitische Inhalte und nicht nur Wahlstrategien festlegt.

Aber wie steht es zurzeit mit dieser Pflicht? Die Leitbilder und Überzeugungen aus der Gründungszeit der Bundesrepublik sind zum Teil überkommen und entsprechen nicht mehr den aktuellen Herausforderungen. Die Zeiten, in denen nicht nur die Sitzordnung im Plenarsaal des Bundestages in rechts und links eingeteilt war, sondern auch die Beiträge der Parlamentarier klar den Parteien zuzuordnen waren, sind vorbei. Welche Partei heute wofür steht, ist ebenfalls nicht mehr eindeutig zu erkennen – von vielen Politikern nicht und erst recht nicht von den Bürgern, die sie wählen sollen. So richtig das Verlassen alter, eingefahrener Positionen auf beiden Seiten der «politischen Mitte» ist, so unzulänglich ist das ziellose und unbeherzte Durcheinander eines politischen Pseudowettbewerbs. Seit vielen Jahren fehlen die gesellschaftspolitischen Konzepte. Und es fehlt in der Breite vielleicht sogar der unentbehrliche Idealismus einer nachwachsenden Politikergeneration, die mit diesen Defiziten zum Teil schon ganz selbstverständlich groß geworden ist.

Mit dem Ende des Industriezeitalters müssen neue Lösungsansätze für die gesellschaftlichen Probleme gefunden werden. Doch die Parteien haben noch keine entsprechenden Positionen eingenommen. Besonders dramatisch ist, dass die großen Volksparteien hier an erheblichen Anpassungsproblemen leiden. Der Zwang, viele Richtungen unter einen Hut bringen zu müssen, hat sie zu lange am Konsens der alten Leitbilder festgebunden. Betrachten wir als Erstes die Sozialdemokratie. Ihr Dilemma ist vielleicht am offensichtlichsten, weil ihre Gründung unmittelbar an die Sorgen und Nöte der Arbeiterklasse angeknüpft hatte. Die Sozialdemokratie grenzte sich ursprünglich zwar insbesondere durch eine grundsätzliche Akzeptanz des Kapitalismus vom Marxismus ab, nicht aber durch den Klassenkampf zwischen Arbeitern und Kapitalisten. Die Unterscheidbarkeit zweier sich gegenüberstehender gesellschaftlicher Klassen ist von Beginn an quasi existenziell für die sozialdemokratische Partei gewesen. Die große Nähe zu den Gewerkschaften, der schlagkräftigsten Waffe im Klassenkampf, zeigte sich stets in der großen Schnittmenge der Mitglieder, die bis heute tragend ist.

Nun ist unsere Gesellschaft zwar nicht egalitär, doch sie ist keine Klassengesellschaft mehr. Was aber geschieht mit einer Partei, deren Selbstverständnis darin besteht, die Interessen einer von Ausbeutung bedrohten Klasse zu vertreten, wenn sich im Glanz der gesellschaftlichen Entwicklung diese Klasse aufgelöst hat? Rein theoretisch gesehen müsste sie sich von ihrer ethischen Gesinnung her am ehesten den Schwächsten der Gesellschaft zuwenden und denjenigen eine Stimme geben, die sich aufgrund ihrer finanziell und sozial schlechten Lage nicht bemerkbar machen können. Diese Menschen gibt es ja durchaus noch – selbst in einem reichen Land wie Deutschland. Doch ihre Anzahl ist zu gering, um bei Wahlen Mehrheiten zu bekommen. Zu ihnen gehört zudem ein großer Anteil der Arbeitslosen. Wie wir zuvor bereits sehen konnten, profitieren die Arbeitslosen aber gar nicht vom Kampf der Gewerkschaften. Um eine wirkungsvolle Politik gegen Arbeitslosigkeit der gering qualifizierten unteren Einkommensschichten zu gestalten, ist die SPD gezwungen, gegen die althergebrachten Strategien der Gewerkschaften zu agieren. In diesem Dilemma befindet sich die

Sozialdemokratie seit langem. Doch erst in den letzten Jahren ist der Konflikt unter dem Druck des internationalen Wettbewerbs und der leeren Sozialkassen voll ausgebrochen. Das wird am anschaulichsten durch die Übergabe des Parteivorsitzes von Gerhard Schröder an Franz Müntefering dokumentiert. Der Wechsel sollte eine effizientere Arbeitsteilung zur Umsetzung einer widersprüchlichen Strategie ermöglichen. Doch diese Konstellation kann kein dauerhaftes Konzept sein, sondern nur ein Ersatzreifen, mit dem man bis zur nächsten Werkstatt – sprich zum nächsten Wahltermin – kommt. Auch wenn die Notoperation vorläufig gelungen sein sollte.

Die SPD war bei der Regierungsübernahme 1998 programmatisch schlecht aufgestellt. Sie hatte es in der 16 Jahre langen Oppositionsphase versäumt, die Zeichen der Zeit zu erkennen und ein neues Grundsatzprogramm zu entwerfen. Mag sein, dass der Zusammenbruch des Sozialismus und die Wiedervereinigung die Notwendigkeit, dies zu tun, verschleierten. Zumindest empfand Oskar Lafontaine 1996 die historischen Ereignisse als ausreichenden Grund, eine Neuformulierung des Grundsatzprogramms für überflüssig zu erklären. 1959 hatten die Sozialdemokraten sich in Bad Godesberg vom Klassenkampf zwar offiziell verabschiedet und sich den Kräften des gedeihenden Wohlfahrtsstaats voll anvertraut. Aber es sollte kein Abschied für immer sein. Paul Nolte (2004, S. 165) meint, dass die Globalisierung und die Trends der Entstaatlichung und Entkollektivierung als «Verrat an der List des sozialdemokratischen Weltgeistes» empfunden wurden. Anstatt ein zweites, noch radikaleres Bad Godesberg zu entwerfen, sei die SPD in alte Schemata von Gut und Böse verfallen.

Erst nach Oskar Lafontaines Abgang wagte Gerhard Schröder im Juni 1999 gemeinsam mit dem britischen Premierminister Tony Blair den leisen Erneuerungsversuch im so genannten Schröder-Blair-Papier. Dort war auf einmal von mehr Eigenverantwortung und weniger Umverteilung die Rede. Am deutlichsten formulierte der Bundeskanzler und damalige SPD-Parteivorsitzende Schröder diese Ansicht vielleicht in einem Artikel aus dem Jahre 2000 mit dem Titel «Die zivile Bürgergesellschaft»: Es wäre eine der großen Illusionen, vor allem der sozialdemokratischen Gesellschaftspolitik, mehr Staat als das beste Mittel für mehr Gerechtigkeit anzusehen. Mehr Chancen- statt Verteilungsgerechtigkeit sei gefragt. Man müsse der Gesellschaft Raum schaffen, ihre Belange selbst zu regeln, und zugleich den Beitrag jedes Einzelnen zur Gestaltung seines eigenen und des gesellschaftlichen Lebens einfordern. In der Hartz-IV-Gesetzgebung, die bislang einzige Maßnahme, die den Titel Reform halbwegs verdient, hat die Regierungskoalition unter Führung der SPD dann erstmalig ihre inoffiziellen neuen Werte umgesetzt.

Womit wir bei der Politik der Christdemokraten angelangt sind. Hätte es nicht eigentlich den konservativen Kräften zukommen müssen, ein Hartz IV zu implementieren? Ist die Stärkung der Eigenverantwortung nicht der Kern, um den die unionspolitischen Überzeugungen kreisen müssten? Ist die damit verbundene Vorstellung von einer Bürgergesellschaft nicht die Zukunftsmusik der einstigen Konservativen? Der Historiker Paul Nolte (2004, S. 200) sieht auch die CDU in einer tiefen Krise, die nicht so sehr durch die Personaldebatte seit ihrer Wahlniederlage 1998 bestimmt sei, als vielmehr Teil der Krise des deutschen Konservatismus. Dieser scheine, so Nolte, «im Bermuda-Dreieck zwischen Schröder'scher Neuer Mitte, Spaßgesellschaft und DNA-Entschlüsselung versunken zu sein».

In der Tat sind entscheidende Themen nicht konsequent besetzt worden. Dort, wo es versucht wurde, ist man meist schon an der innerparteilichen Zerrissenheit gescheitert. Eines der spektakulärsten Beispiele der jüngeren Zeit war der Rücktritt von Horst Seehofer. Zwar muss man anerkennen, dass der Gesundheitsexperte der CSU augenscheinlich nach seinen Überzeugungen handelte, als er sich unnachgiebig gegen eine Krankenversicherung per «Kopfpauschale», einer außerordentlich unglücklichen Bezeichnung, stellte. Doch bleibt festzuhalten, dass seine Argumente in ein Konzept der SPD und nicht eines der Union passten. Sozialpolitisch basiert der Konservatismus auf der katholischen Soziallehre, in deren Mittelpunkt, wie wir bereits sahen, die Prinzipien Solidarität und Subsidiarität stehen. Diese Prinzipien gelten nicht wahlweise, sondern gemeinsam: Solidarität durch Subsidiarität. Seehofers Fürsorgepriorität trägt hingegen dem sozialdemokratischen Wohlfahrtsstaat Rechnung, der die Umverteilung in den Vordergrund schiebt und einfachen Menschen immer ein gewisses Maß an Unmündigkeit unterstellt.

Unbeholfen und geradezu desinteressiert gehen die christdemokratischen Parteien mittlerweile mit einigen ihrer ursprünglichen konstitutiven Elemente um. Gewiss, der Verweis auf die christliche Lehre allein kann in einer säkularisierten Gesellschaft nicht der richtige Ansatz sein. Aber viele unserer Grundwerte in der Verfassung kommen aus gemeinsamen christlichen Grundüberzeugungen – der Freiheitsdrang des Christenmenschen genauso wie der Begriff der Brüderlichkeit. Doch wie steht es mit den Grundwerten der Sozialen Marktwirtschaft? Mehr als der – phrasenhaft gebrauchte – Begriff selbst ist in Diskussionen nicht mehr zu hören. Wie steht es mit dem der sozialen Marktwirtschaft zugrunde liegenden Ordoliberalismus der Freiburger Schule? Was ist mit der legendären Integrationsfigur Ludwig Erhard? Als Wirtschaftsminister hat Erhard seine Rolle des politischen Führers beispielhaft erfüllt. Wer sein Buch *Wohlstand für Alle* liest, wird feststellen, dass er nach einem klaren und schlüssigen Konzept handelte. Der direkte Rückgriff auf die Lehren des Ordoliberalismus brachte Nachkriegsdeutschland die Orientierung, die es für eine Aufbruchsstimmung brauchte. Ohne diese klare Orientierung, die Erhard in keiner noch so schwierigen Situation seiner Amtszeit verlor, wäre trotz aller Anstrengungen kein solches Wirtschaftswunder möglich geworden. Das

Konzept der sozialen Marktwirtschaft ist kein Oldtimer, der nur noch schön anzusehen ist. Es bietet gemeinsam mit dem der Bürgergesellschaft genügend Material, um den Unionsparteien ein neues konzeptionelles Grundgerüst zu verleihen, das auf alten Idealen steht. Erst wenn diese Hausaufgaben gemacht sind, kann sich auch eine politische Führungskraft entfalten.

Was den aktuellen Alltag auf beiden Seiten des Parlaments prägt, ist ein wildes Gerangel um die mehrheitsfähige breite Mitte. Das ist nicht mehr als ein Rechenspiel: Wem es gelingt, ein Puzzle von Wählerschichten zusammenzulegen, das mehr als 50 Prozent der Wahlwilligen ausmacht, hat gewonnen. Doch wie steht es in diesem Spiel mit der Rolle der politischen Führerschaft? Sie bleibt geradezu unbesetzt. Wer keine 50 Prozent der Stimmen auf sich vereinen kann, muss sich einen Verbündeten suchen. Bündnis 90/Die Grünen und die FDP kreisen wie Monde um die gewichtigen Planeten und versuchen mit deren Kraft ihre speziellen Themen zu platzieren. Auch diese Konstellation fördert leider nicht die integrative Politik, die Deutschland jetzt braucht.

Fairerweise muss man zugeben, dass die Grünen in dieser Beurteilungsperspektive eine bessere Figur machen als die Freien Demokraten. Während die FDP ihre Vision weitgehend auf Steuersenkung für Besserverdienende reduziert hat, ist aus der reinen Umweltpartei längst eine Partei geworden, die neben dem Wertekonservatismus fortschrittliche Gesellschaftsentwürfe vertritt. Aber auch sie hat die inneren Widersprüche zwischen Pragmatikern und Ideologen noch nicht überwunden und wird es vielleicht auf absehbare Zeit auch nicht schaffen. Insbesondere die Widersprüche um das Thema Globalisierung und Sicherheitspolitik hängen der jüngsten der vier wichtigsten deutschen Parteien noch wie ein Klotz am Bein und machen sie zu einem defensiven Akteur, der zur politischen Führung noch nicht taugt. Allein der Anspruch der politischen Führerschaft würde schon auf ideologische Grenzen innerparteilicher Gruppen stoßen.

Die Liberalen, die als dritte traditionelle Kraft im Land nur ein Zehntel der absoluten Mehrheit brauchen, um wie gewohnt mitspielen zu dürfen, nutzen nicht die Möglichkeiten, ihre alten, durchaus wertvollen Ideale auszuspielen. Der Kampf für die Freiheit darf sich nicht nur auf einen Kampf gegen hohe Staats- und Steuerquoten beschränken. Er muss sich vielmehr gegen jede Form der Machtkonzentration richten. Ein übermächtiger Staat darf und muss bekämpft werden. Doch wohin wollen uns die Beschützer vor dem unmäßigen Staatszugriff führen? Diese Frage sollten die Vertreter des Liberalismus schon beantworten können. Freiheit ist ein Stoff, aus dem sich ein großer Mantel schneidern ließe, der alle Bereiche der Gesellschaft bedecken könnte. Doch der politische Führungsehrgeiz der Freidemokraten scheint da eher gering. Und so hält man wohl auch eine entsprechend ausführliche Konzeption nicht für notwendig.

Mit dieser Bestandsaufnahme und der Perspektive, dass die Ansprüche an die politische Gestaltungskraft immer schneller wachsen, gleichzeitig aber die Spielräume immer enger werden, lohnt sich auch ein kurzes Benchmarking mit anderen Verfassungssystemen. Dabei fällt auf, dass beispielsweise in Großbritannien das starke mehrheitsbildende Wahlsystem faktisch einer von zwei großen Parteien die politische Verantwortung überträgt. Und auch durch die Gewichtung zwischen Oberhaus und Unterhaus wird die Handlungsfähigkeit der Regierung sichergestellt. Margaret Thatcher hätte nach dem deutschen Wahlsystem niemals die parlamentarische Mehrheit im Unterhaus erhalten, die ihre rigorose Reformpolitik erst ermöglicht hat. Eine so grundsätzliche Reformpolitik, wie Thatcher sie betrieb, hat die Premierministerin am Ende zwar ihr Amt gekostet. Doch sie konnte ihre Zeit nutzen, den Reformprozess so zu gestalten, dass er praktisch unumkehrbar war. Sogar New-Labour-Chef Tony Blair konnte eine für Großbritannien im Großen und Ganzen erfolgreiche Politik fortsetzen, weil ihm die radikalen Reformen, die seine Partei nicht mitgetragen hätte, aufgrund von Thatchers Taten erspart blieben.

Auch das Wahlsystem in den USA bringt klare Mehrheiten hervor. Zusammen mit einer starken Stellung des Präsidenten teilt es die politische Verantwortung derjenigen Partei zu, die den Präsidenten stellt. Verglichen mit Deutschland könnte man bei einer so verkürzten Betrachtung schließen, dass der Regierung ein stark mehrheitsbildendes Verfassungssystem in Krisenzeiten mehr Kraft verleiht als ein auf breiten Konsens und Kompromisse angelegtes System, wie es in Deutschland existiert.

Der Versuch, ein mehrheitsbildendes Wahlrecht zu schaffen, ist in der ersten großen Koalition in Deutschland (1966 bis 1969) gescheitert, obwohl dieses Vorhaben ein wichtiger Programmbestandteil der Koalition war. Die SPD-Führung ist seinerzeit allerdings den Verlockungen erlegen, selbst mit der FDP eine Regierungskoalition zu bilden und zu führen. Welchen Weg hätte Deutschland mit einem neuen Wahlrecht eingeschlagen? Wir wissen es nicht. Schließlich gibt es im internationalen Vergleich auch gute Beispiele für Reformen, die im Parteienkonsens durchgeführt wurden. Ich denke da etwa an Schweden oder die Niederlande. Aber eines ahnen wir angesichts des rasch wachsenden Reformdrucks und der Hilflosigkeit der politischen Klasse, unter den möglichen verfassungs- und parteipolitischen Konstellationen eine nachhaltige und langatmige Reformpolitik zu gestalten: Unser Verfassungssystem, das für den Aufbau der Deutschland AG geschaffen wurde, stärkt eher die Kräfte des Beharrens als die des Fortschritts.

SECHS

MIT ALTEN TUGENDEN UND NEUEN KRÄFTEN IN DIE ZUKUNFT

Zum Schluss stellt sich nun die Frage, was Deutschland als gesellschaftliche Einheit zusammenhält und woher die Kräfte kommen können, um die zweifellos krisenhafte Situation zu überwinden? Deutschland, das Kernland Europas, kann den jungen Generationen nur als ein Teil der Europäischen Union eine gute Zukunft bieten. Dabei wird in den nächsten Jahren und Jahrzehnten das nationale Element in allen europäischen Staaten in den Hintergrund treten müssen. Nur so kann das europäische Gemeinschaftswerk den Erfolg haben, den alle seine Mitgliedsstaaten brauchen und sich erhoffen. Aber was hält dann die Nation zusammen? Worin besteht noch ihre Funktion? Diese Fragen stellen sich vor allem für unser föderales Staatswesen, worin die Zugehörigkeit zu den einzelnen Bundesländern die nationale Identität vielleicht überflüssig machen könnte. Und das gilt nicht nur für die Bayern, Thüringer und Sachsen, die ihre freistaatlichen Eigenheiten als besonderes Identifikationsmerkmal pflegen.

Das geteilte Nachkriegsdeutschland war ohnehin niemals eine richtige Nation. In der Präambel des Grundgesetzes ist sogar ausdrücklich von einer «Übergangszeit» die Rede, in der es dem Staatswesen eine neue Ordnung verleihen solle. Das

Grundgesetz habe gewissermaßen nur so lange Geltung, bis die gesamte deutsche Nation sich in Freiheit wiedervereinige. Beide Teile Deutschlands waren in zwei verschiedene Blöcke mit unvereinbaren Gesellschaftssystemen eingebunden und hatten im Hinblick auf den letzten Teil ihrer nationalen Geschichte eher Anlass zu quälenden Selbstzweifeln als zur selbstbewussten Suche nach identitätsstiftenden Elementen. Wir im Westen stürzten uns auf den Wiederaufbau und kreierten das Modell der sozialen Marktwirtschaft, dessen Erfolge weltweites Staunen und Anerkennung brachten – und uns vielleicht eine Art neuer, dabei oberflächlicher Identität als Bürger eines Wohlfahrtsstaates mit Rundumversorgung bescherte. Das deutsche Wirtschaftswunder half uns so gesehen auch seelisch, weshalb wir uns nicht gezwungen sahen, so furchtbar tief nach gemeinsamen ideellen Werten zu graben. Dies reichte zumindest deshalb aus, weil wir ja an den Verfassungswerten der westlichen Demokratien teilhatten. Durch den Eisernen Vorhang und die Bedingungen des Kalten Krieges wurden wir ein Teil und sogar einer der Motoren der westeuropäischen Gemeinschaft. Und innerhalb dieser Gemeinschaft stachen wir durch die wirtschaftliche Führungsrolle bei gleichzeitig beschränkter außenpolitischer Handlungsfähigkeit hervor. Diese neue Rolle Deutschlands passte möglicherweise besonders gut zu der Kombination aus geschwächtem Nationalbewusstsein und gestärkten Kassen. Der Begriff der «Scheckbuchdiplomatie» hat wohl hier seinen Ursprung. Die Menschen in Ostdeutschland wurden hingegen vom großen Bruder Sowjetunion sowohl außenpolitisch als auch in ihren inneren Gestaltungsräumen klein gehalten. Aber selbst unter diesen schwierigen Bedingungen eroberten sie innerhalb des Rates für gegenseitige Wirtschaftshilfe eine beachtliche wirtschaftliche Bedeutung.

Und jetzt, da wir Deutschen wiedervereint sind und die gesamtdeutsche Nation zurückgewonnen haben, geben wir aus Überzeugung immer mehr nationale Souveränitätsrechte an die Europäische Union ab. Gleichzeitig zwingt uns der Druck der

Globalisierung zu gewaltigen Veränderungen und beschränkt unsere Spielräume für nationale Finanz- und Wirtschaftspolitik. Der globale Standortwettbewerb stärkt im föderalen System eher die Länder- oder sogar die regionale Ebene. Und ausgerechnet jetzt müssen wir auch noch die Krise unseres Wohlfahrts- und Sozialstaates bewältigen, eine Krise, die nicht zuletzt durch die Überalterung der Bevölkerung hervorgerufen wird. Spätestens in diesem Moment ist Deutschland gänzlich in eine Identitätskrise geraten und seither weitaus stärker verunsichert als unsere europäischen Nachbarn.

Auf die Frage, warum die Deutschen stärker unter Stress geraten als ihre internationalen Leidensgenossen, wenn sie Wohlstand einschließlich der weit reichenden Sozialversicherungen in Gefahr sehen, liefert Warnfried Dettling (2004, S. 4f.) eine ebenso verblüffende wie überzeugende Antwort: Im Rückblick lasse sich deutlich erkennen, dass das Selbstbewusstsein der alten Bundesrepublik auf dem Wirtschaftswunder und dem Sozialstaat beruhe. Zudem sei die einzige deutsche gesellschaftspolitische Konstante der letzten 120 Jahre, die durch vier verschiedene politische Regime (Kaiserreich, Weimarer Republik, Nationalsozialismus und Bundesrepublik), zwei Weltkriege und mehrere Inflationen geprägt gewesen sind, der Sozialstaat. «Er war», so Dettling, «die große Kontinuität über all den Katastrophen und Abstürzen, Anfängen und Aufbrüchen.» Keinem vergleichbaren Staat, weder Großbritannien, den USA, Frankreich, den Niederlanden oder Italien, gingen Stolz und Selbstwertgefühl verloren, wenn sie partielle Niederlagen einstecken oder eine Errungenschaft ihrer Vergangenheit aufgeben müssten. Was aber bliebe den Deutschen, wenn man ihnen Wohlstand und Wohlfahrt, Wirtschaftswunder und Sozialstaat wegnähme?

Wenn Dettling Recht hat – und ich habe diesen Eindruck –, dann fehlt es Deutschland vor allem an ideeller Identität. Wir können unser Land, das wir nach Ansicht einiger Meinungsführer plötzlich wieder patriotisch verteidigen sollen, nicht einmal richtig definieren, außer über materielle Werte und soziale Ansprüche. Geben wir diese preis, verlieren wir zwar den letzten Rest an Identität, bekommen dafür aber eine neue Chance. Geben wir sie nicht preis, können wir keine positive ideelle Identität gewinnen und verlieren die dünne, alte dennoch Stück für Stück. Wir müssen daher das Abenteuer in eine höhere Ungewissheit wagen. Andernfalls werden wir alles verlieren und nichts dazugewinnen. Und so meint auch Dettling (2004, S. 6), langsam dämmere es Politikern wie Bürgern, «dass sie der größten aller Utopien nachgehangen sind, der Hoffnung nämlich, es könne immer so weiter gehen und immer mehr vom Gleichen geben».

Ich habe in diesem Buch versucht, Argumente vorzutragen, weshalb diese Erkenntnis ebenso richtig wie wichtig für eine Revitalisierung Deutschlands ist. Wir müssen wie alle anderen Nationen auch unsere Kraft aus der Liebe zu unserem Land, seiner Geschichte sowie unseren ideellen Werten und Tugenden ziehen und wieder Begeisterungsfähigkeit für den Wettbewerb mit anderen Nationen um die besten Lösungen in einer neuen Welt entwickeln. Das hat für mich nichts mit der neu aufgekommenen Debatte um eine Leitkultur zu tun. Aber auch wir Deutschen dürfen ohne Hemmungen und Verkrampfungen Patrioten sein, die stolz auf ihr Land sind und das, was es hervorgebracht hat. Ich weiß, dass viele Deutsche mit der Patriotismusdiskussion Schwierigkeiten haben. Vor allem, wenn der Patriotismus – wie auch in Debatten aus jüngerer Zeit – gewissermaßen zum Politikum erhoben wird, ruft er schnell Skepsis hervor.

Es war Horst Köhler, der – als er seinerzeit um das Amt des Bundespräsidenten warb – häufig in ungewöhnlicher Frische von seiner Liebe zum Land sprach. Es habe ihm persönlich viel gegeben, und er wolle nun versuchen, Deutschland etwas davon zurückzugeben. Dass ein hochrangiger Deutscher auf diese Weise über sein Verhältnis zum Staat sprach, war ungewöhnlich. Und wenn Bundespräsident Horst Köhler heute für einen «selbstverständlichen Patriotismus» wirbt, käme man niemals auf den Gedanken, er verwechsle Stolz mit Gnade der Geburt. Köhler hat jahrelang im Ausland gelebt und ist daher vielleicht besonders gut in der Lage, ein Gefühl dafür zu entwickeln, worauf ein deutscher Bürger einerseits stolz sein kann und in welcher Weise er sich andererseits an den Charakteristika seines geliebten Heimatlandes erfreuen kann. Ich persönlich bin stolz auf den Erfindungsgeist, die enorme Aufbauleistung nach dem Krieg, die Gründlichkeit und Präzisionsliebe sowie nicht zuletzt auf den freiheitlichen und weltoffenen Charakter unserer Gesellschaft. Ich bin stolz auf die außergewöhnlichen Persönlichkeiten, die die deutsche Gesellschaft hervorgebracht hat, weil ich glaube, dass auch meine Generation deren Erbe wenigstens zum Teil gut bewahrt hat. Wissenschaftler, Künstler, Philosophen und Musiker – von Johannes Kepler über Thomas Mann bis zu Richard Wagner, von Gottlieb Daimler, Robert Bosch und Carl Zeiss über Friedrich Schiller und Johann Wolfgang von Goethe bis zu Arthur Schopenhauer und Friedrich Nietzsche, von Albert Einstein über Ludwig van Beethoven bis zu Immanuel Kant und viele mehr. Ich liebe meine Heimat, deren Landschaften, Sprache und menschliche Eigenheiten, die ungeheuere Vielfalt, die vielen kulinarischen Spezialitäten einschließlich des typisch deutschen Biers und des guten Weins.

Doch Deutschland ist weder ein Museum noch ein Wachsfigurenkabinett. Die Geschichte geht weiter und die Leistungen von heute sind der Stolz unserer Kinder, Enkel und Urenkel. Wer daher auf die Taten und Errungenschaften der Vergangenheit stolz ist, verpflichtet sich gleichzeitig, sein Bestes zu geben, um auch seinen Nachkommen diese Möglichkeit zu bewahren. Auch das gehört zur intergenerativen Gerechtigkeit. Wir haben erlebt, welch bitterer Einschnitt das «Dritte Reich» selbst in dieser Hinsicht war und welch schweres ideelles Erbe die Nachkriegsgenerationen tragen mussten.

Jede Zeit stellt ihre besonderen Anforderungen und bietet

besondere Möglichkeiten. Ich habe «Europas Chance» im dritten Teil dieses Buches skizziert. Das ist die Aufgabe, die auf uns wartet und zu der man – sollte sie uns gelingen – später einmal sagen kann: Ich bin stolz, Europäer zu sein, und ich liebe mein Heimatland Deutschland. Vaterlandsliebe ja, doch für einen Nationalstolz im alten, herkömmlichen Sinn ist da wenig Platz in einer Zeit, deren Programm die Reduzierung der Nationalstaatlichkeit ist. Eine Gesellschaft definiert sich immer stärker durch andere Merkmale als die Zugehörigkeit zu einer Nation. Haben wir etwa ein Problem damit, dass in der deutschen Fußballnationalmannschaft ein in Ghana geborener Gerald Asamoah, der Deutsch-Pole Miroslav Klose oder ein Deutsch-Brasilianer namens Kevin Kuranyi spielen? Nein, wir sehen sie zu Recht als Persönlichkeiten an, die auch ein Produkt der deutschen (Fußball-)Gesellschaft sind und mit Stolz in deren Namen einen Wettkampf austragen.

Wenn gerade jetzt in der Krise der Patriotismus heraufbeschworen wird, dann steckt im Grunde doch der Wunsch nach einer sinnstiftenden gemeinsamen Identität dahinter. Patriotismus soll nach Ansicht mancher Politiker den «Sinnverlust der Politik», wie ihn der Göttinger Politikwissenschaftler Franz Walter (2004, S. 15) beklagt, quasi ausgleichen. Doch Patriotismus kann oder sollte zumindest kein Sinn an sich sein. Walter benennt mit dem Sinnverlust ein Kernproblem der deutschen Gesellschaft, das ich weiter oben im Zusammenhang mit der politischen Führerschaft bereits ausführlich dargelegt habe. Sinn sei, so Walter (2004, S. 15), eine elementare Ressource für Engagement, Anstrengung, Leistung, Altruismus, Leidensfähigkeit, Solidarität, Ehrgeiz und Kreativität. Er trifft damit ins Schwarze. Die zentrale Frage heißt also nicht, wie macht man einen deutschnationalen Patriotismus endlich wieder salonfähig, sondern noch einmal: Was hält unsere Gesellschaft zusammen? Der vermisste Patriotismus kommt dann von ganz allein. Die Institutionen des Zusammenhalts wie Familie und Generationenvertrag, Nachbarschaftsbündnisse und Gemeindezugehörigkeit oder Kirchenmitgliedschaft bieten vielen Menschen oft keinen ausreichenden Anhaltspunkt mehr für eine allgemeine Motivation. Die eingeforderte kollektive Begeisterungsfähigkeit wird hieraus also nicht mehr entstehen, denn eine globalisierte Erfahrungswelt erfordert globale Sinnzusammenhänge. Deutschland muss sich dem globalen Wettbewerb offensiv stellen, indem es im weltweiten Maßstab nach den besten Lösungen für die Zukunft der Menschheit sucht, statt sich einzuigeln und fatalistisch den Verlust seiner Wettbewerbsfähigkeit zu bejammern. Nicht das Einklagen vergangener Erfolge hilft uns weiter, sondern die Bereitschaft, sich den aktuellen Herausforderungen zu stellen und selbstbewusst auch unter den neuen Bedingungen um Erfolge zu ringen.

Wie bei den Olympischen Spielen, für die Athleten lange und hart trainieren, um sich alle vier Jahre aufs Neue mit Konkurrenten aus aller Herren Länder friedlich, aber ehrgeizig zu messen, muss sich auch im wirtschaftlichen Bereich die Menschheit auf einen fairen Wettbewerb einlassen. Dessen Ziel ist es, die Erde zu einem dauerhaft lebenswerten Platz für alle Menschen zu machen. Hier sollten die Deutschen alle sich bietenden Herausforderungen annehmen. Das Ziel materieller Wohlstandssicherung auf nationaler Ebene kann gerade junge Menschen, für die der Wohlstand eine Selbstverständlichkeit ist, nicht begeistern. Es sind die neuen Herausforderungen, die das Leben spannend machen. Deutschland hat nach der selbst verursachten Katastrophe des Zweiten Weltkriegs unter Beweis gestellt, zu welchen positiven Leistungen es in der Lage ist. Unter den günstigeren ordnungspolitischen Bedingungen des Westens hat die Bundesrepublik aus der Brandmarkung «Made in Germany» ein Markenzeichen für beste Qualität gemacht. Und schon lange vor dem «Dritten Reich» haben Deutschlands Erfindungsgeist und findiges Unternehmertum die Grundlagen für einige der wichtigsten Basisindustrien des 20. Jahrhunderts geliefert, darunter die Automobilindustrie, Chemie- und Pharmaindustrie, Optikindustrie und – auch wenn man inzwischen ihren Ausstieg anstrebt – die Kernkraftenergie. Deutschland hatte sich den Ruf ausgezeichneter Ausbildung und hoher Arbeitsmoral lange Zeit redlich verdient. Deutschlands Produkte gelten trotz negativer Tendenzen auch heute noch als innovativ und solide. Doch wir sind dabei, diesen Ruf zu ruinieren. Die Pisa-Studie bescheinigt dem Bildungssystem und damit dem Nachwuchs bestenfalls noch Mittelmäßigkeit.

Deutschland muss seine alten Tugenden wiedergewinnen. Es wartet insbesondere in den Bereichen Biotechnologie, Nanotechnologie, erneuerbare Energien und Medizintechnik ein ganzes Arsenal an Herausforderungen auf uns. Wer glaubt, das Ende der Technikgeschichte und der Innovationsmöglichkeiten sei gekommen, der irrt sich gewaltig. An theoretischen Möglichkeiten sowie an praktischen Notwendigkeiten wird es noch unabsehbar lange nicht fehlen. Die Frage ist vielmehr, wie wir die alte Begeisterung für die Entwicklung neuer Lösungen wieder auf eine breite gesellschaftliche Basis stellen können. Bundespräsident Köhler sprach vom «Land der Ideen». Um an die Triumphe der Vergangenheit anknüpfen zu können, müssen wir uns allerdings von unserem Sicherheitswahn befreien und wieder mehr Vertrauen aus unseren schon oft bewiesenen Fähigkeiten schöpfen. Wir haben eigentlich keinen Grund, uns vor den aktuellen Herausforderungen zu fürchten. Wir könnten den Wettbewerb in einigen Disziplinen ohne weiteres gewinnen. Aber nur derjenige, der gewillt ist, das Risiko des Scheiterns einzugehen, wird auch die Chance auf den Sieg bekommen. Wie bei den Olympischen Spielen werden erst die Wettkämpfe zeigen, wer welchen Platz erringt, und da muss jeder sein Bestes geben, sonst hat er keine Chance. Die Sieger der vergangenen Spiele sind vielleicht die Favoriten, aber nicht automatisch auch die neuen Sieger. Erst diese Einsicht wird uns den Sportsgeist bescheren, den wir brauchen, um ganz vorne mit dabeizubleiben. Doch mit der Prämisse, gleichzeitig alle Errungenschaften der Vergangenheit zu bewahren, ist jede Gesellschaft zwangsläufig überfordert.

Neues anzugehen bedeutet immer auch die Bereitschaft, von Altem abzulassen und sich mutig, womöglich unter Risiko, auf Neues einzulassen. Krampfhaft am Status quo festzuhalten ist die typische Reaktion des Ängstlichen. Eine Gesellschaft, die sich möglichst gegen alle Wechselfälle des Lebens versichert, hat den Mut zum Risiko offensichtlich verloren. Und ich meine, hierin liegt im Grunde unser deutsches Problem. Klaus Harpprecht (2005) hat jüngst darauf hingewiesen, dass die deutsche Vokabel «Angst» sogar Einzug in die englische Sprache gehalten hat. «Angst» ist in Websters New Word Dictionary ein wenig wolkig als ein «düsteres, oft neurotisches Gefühl der unbegrenzten Besorgnis und Niedergeschlagenheit» definiert. Das passt wohl recht gut zur aktuellen Stimmung Deutschlands. Haben wir Deutschen nicht einfach Angst vor einer Zukunft, die wir weitaus schlechter als früher berechnen und absichern können? Klaus Harpprecht warnt im Rückgriff auf alte Weisheiten eindringlich, dass Furcht jedoch die gefährlichste Lenkerin unserer Geschicke wäre. «Wer in Furcht lebt, ist nicht frei», rief einst Horaz den Alten zu. Hölderlin schrieb an den Freund Neuffer, fast 150 Jahre vor Roosevelt: «[...] ich fürchte mich nur vor der Furcht.» Und Harpprecht fügt hinzu: «[...] vor den Folgen eines Lebens unter der Knute der Angst, das ein Dasein der Knechtschaft wäre.»

Patriotismus heißt für mich daher, endlich den Mut zu haben, gemeinsam unserem ängstlichen Kleinmut entgegenzutreten und die Einigung unseres Kontinents weiter voranzubringen – eines Kontinents der vielen Kulturen, der gemeinsamen Werte und der großen vielfältigen geschichtlichen Erfahrungen. Europa als starken, stabilisierenden Faktor in einen friedlichen globalen Wettstreit einzubringen bedeutet auch, Risiken einzugehen. Es wird Aufs und Abs, Verzögerungen und Rückschläge geben. Doch wenn wir mit fester Überzeugung darangehen, das europäische Modell des friedlichen Miteinanders der Kulturen, eine Pax Europae zu gestalten und unsere Nachbarn an den Grenzen Europas in ein gemeinsames offenes Netzwerk mit einzubeziehen, dann können wir auch den kollektiven europäischen Geist wiederbeleben. Wenn wir diese Aufbruchsstimmung erreichen, werden plötzlich unsere täglichen Politikprobleme in der richtigen Proportion erscheinen und der politische Streit um Detailfragen findet in angemessenen Dimensionen statt. Es ist wie im alltäglichen Leben auch. Mancher, der etwas ängstlich in ein Flugzeug oder ein schnelles Auto einsteigt, spürt, wie sich beim Start die Dynamik der Turbinen und Motoren auf ihn überträgt und die leisen Ängste verfliegen.

Ich habe versucht zu zeigen, dass wir unser Schicksal nach wie vor selbst in der Hand haben. Der fruchtbare Nährboden für unsere Mühen ist vorhanden. Doch von allein wächst nur das Unkraut. Wir müssen die Landschaften schon beackern, bevor sie blühen können. Deutschland kann sich dabei als ein guter europäischer Gärtner beweisen.

LITERATUR

LITERATURVERZEICHNIS

Birg, Herwig: Die demographische Zeitenwende. Der Bevölkerungsrückgang in Deutschland und Europa, München 2001.

Birg, Herwig: Verteilungsstress zwischen Alt und Jung, in: Internationale Politik, Nr. 5, 2004, S. 49–57.

Dettling, Warnfried: Abschied aus dem Jammertal. Deutschland im Übergang, in: Internationale Politik, Nr. 5, 2004, S. 1–10.

Erhard, Ludwig: Wohlstand für Alle (1957), mit einem Vorwort von Lothar Späth, München 2000.

Fukuyama, Francis: Das Ende der Geschichte, München 1992.

Harper, John Lamberton: American Vision of Europe: Franklin D. Roosevelt, George F. Kennan, and Dean G. Acheson, Cambridge 1996.

Harpprecht, Klaus: Politikum 2005: Angst, in: CICERO, Nr. 1, 2005.

Hayek, Friedrich August von: Freiburger Studien. Gesammelte Aufsätze, Tübingen 1969.

Hobbes, Thomas: Der Leviathan (1651), Stuttgart 1970.

Huntington, Samuel Paul: The Clash of Civilizations, in: Foreign Affairs, Vol. 72, Nr. 3, S. 22–49, New York 1993.

Huntington, Samuel Paul: Kampf der Kulturen. Die Neugestaltung der Weltpolitik im 21. Jahrhundert, München 1997.

Kagan, Robert A.: Macht und Ohnmacht. Amerika und Europa in der neuen Weltordnung, München 2003.

Kant, Immanuel: Kritik der praktischen Vernunft (1788), Wiesbaden 2003.

Köcher, Renate: Die ignorierte Macht, in: FAZ vom 17. Dezember 2003, Nr. 293, S. 5.

Laszlo, Ervin: Der Macroshift, Frankfurt a. M. 2003.
Messner, Dirk: Armut und Reichtum in der Welt, in: Informationen zur politischen Bildung, Heft 274, 2002.
Miegel, Meinhard: Die deformierte Gesellschaft. Wie die Deutschen ihre Wirklichkeit verdrängen, Berlin 2002.
Morus, Thomas: Utopia (1515), herausgegeben von Horst Günther, Frankfurt a. M. 1992.
Nolte, Paul: Generation Reform. Jenseits der blockierten Republik, München 2004.
Ohmae, Ken'ichi: Die Macht der Triade. Die neue Form des weltweiten Wettbewerbs, Wiesbaden 1985.
Olson, Mancur: Aufstieg und Niedergang von Nationen (1982), Tübingen 1991.
Olson, Mancur: Macht und Wohlstand. Kommunistischen und kapitalistischen Diktaturen entwachsen, Tübingen 2002.
Popper, Karl: Die offene Gesellschaft und ihre Feinde, Tübingen 1992.
Popper, Karl: Alle Menschen sind Philosophen, München 2004.
Rifkin, Jeremy: Der Europäische Traum. Die Vision einer leisen Supermacht, Frankfurt/New York 2004.
Samuelson, Paul A.: «Wir sollten das Tempo der Globalisierung drosseln», Interview im Handelsblatt, 20. September 2004.
Schmale, Wolfgang: Geschichte Europas, Wien 2001.
Schmidt, Helmut: Lasst den Worten endlich Taten folgen!, in: Die Zeit, Nr. 24, 2001.
Schmidt, Helmut: Die Mächte der Zukunft. Gewinner und Verlierer in der Welt von morgen, München 2004.
Schröder, Gerhard: Die zivile Bürgergesellschaft. Anregungen zu einer Neubestimmung der Aufgaben von Staat und Gesellschaft, in: Die neue Gesellschaft – Frankfurter Hefte, Nr. 4, 2000.
Schumpeter, Joseph A.: Kapitalismus, Sozialismus und Demokratie (1942), Tübingen 1987.
Schumpeter, Joseph A.: Theorie der wirtschaftlichen Entwicklung (1934), Berlin 1987.
Seitz, Konrad: Wettlauf ins 21. Jahrhundert. Die Zukunft Europas zwischen Amerika und Asien, Berlin 1999.
Sinn, Hans-Werner: Ist Deutschland noch zu retten?, München 2003.
Sinn, Hans-Werner: Europas kranker Mann, in: Internationale Politik, Nr. 5, 2004, S. 25–34.
Smith, Adam: Wohlstand der Nationen. Eine Untersuchung seiner Natur und seiner Ursachen (1789), herausgegeben von Horst Claus Recktenwald, München 1978.

Soros, George: Der Globalisierungsreport. Weltwirtschaft auf dem Prüfstand, Berlin 2002.

Soto, Hernando de: Freiheit für das Kapital, mit einem Vorwort von Lothar Späth, Berlin 2002.

Späth, Lothar: Die Stunde der Politik. Vom Versorgungsstaat zur Bürgergesellschaft, München 2000.

Späth, Lothar: Deutschland zwischen Wunsch und Wirklichkeit, Stuttgart 2005.

Späth, Lothar und Henzler, Herbert: Jenseits von Brüssel. Warum wir die europäische Idee neu erfinden müssen, Berlin 2001.

Troll, Christian W.: Der Dialog mit dem Islam. Seine religiöse und seine ethische Dimension, in: Auslandsinformationen der Adenauer-Stiftung, Dezember 2004, S. 45 ff.

UN-World-Population-Prospect, New York 2000.

UN-World-Population-Prospect, New York 2003.

UNICEF, Progress For Children, New York 2004.

Walter, Franz: Zielloses Missvergnügen. Über das Elend deutscher Politik, in: Internationale Politik, Nr. 5, 2004, S. 11–24.

World Wildlife Fund: Living Planet Report, London 2000.

Zollner, Reinhard: Einführung in die Geschichte Ostasiens, München 2002.

Zweig, Stefan: Die Welt von Gestern, Frankfurt a. M. 1970.

PARMENIDES FOUNDATION

Die Parmenides-Stiftung ist eine gemeinnützige Forschungseinrichtung. Sie hat sich die Aufgabe gestellt, das Phänomen des Denkens zu erforschen. Dies wird im Rahmen eines interdisziplinären Forschungsansatzes vollzogen, der insbesondere Neurowissenschaften und Philosophie, Neuroinformatik und kognitive Psychologie, Linguistik und evolutionäre Anthropologie verbindet.

Die praktische Relevanz der Forschungsergebnisse ergibt sich vor allem auf drei Feldern:

- In einer zunehmend komplexen und sich rasch verändernden Welt sind die Entscheidungsträger mit laufend schwieriger werdenden Herausforderungen konfrontiert. Sie dabei durch ein besseres Verständnis der Strukturen und Prozesse des Denkens zu unterstützen, ist eine zentrale Aufgabe.
- In einer zunehmend wissensbasierten Weltwirtschaft wird Denken – als Prozess der Erzeugung von Wissen – zur Schlüsselkompetenz. Aufbauend auf neuen Erkenntnissen und mit Hilfe neuer methodologischer Ansätze gilt es dabei, die Prozesse der Erzeugung von Wissensspeicherung und -nutzung zu unterstützen.
- Im Bildungssystem wird bislang Denkfähigkeit im Wesentlichen als ein Effekt der «Einfüllung von Inhalten» vermittelt. Ergänzend sollte in Zukunft Denkkompetenz direkt thematisiert und gefördert werden.

Um die Umsetzung dieser Forschungsergebnisse in Wirtschaft und Politik zu unterstützen, unterhält die Parmenides-Stiftung zwei eigenständige Einrichtungen: das *Parmenides Policy Lab* (PPL) und das *Center for Applied*

Thinking (C. A. T.). Ausgehend von den in diesem Buch entwickelten Thesen wurde im PPL ein «Denkwerkzeug» erarbeitet, das es ermöglichen soll, verschiedene Denkansätze und Strategien für die Weiterentwicklung der Europäischen Union interaktiv zu veranschaulichen.

Siehe dazu: http://ppl.parmenides-foundation.org